Joseph Roth: Hiob. Roman eines einfachen Mannes

Text 5

Anhang 157

1. Autor und Werk 157
   Joseph Roths Leben 157
   Hans-Jürgen Blanke: Entstehung des „Hiob" in
   einer persönlichen Umbruchsituation Roths 161
   Helmuth Nürnberger: Joseph Roths Heimat Galizien . . . 162
   Soma Morgenstern: Ihm war das Irgendwo lieber
   als das Zuhause 166
   Joseph Roth: Juden auf Wanderschaft (Auszug) 168
   Wilhelm von Sternburg: Ein Dichter säuft sich
   systematisch zu Tode 169
   Joseph Roth: Die Legende vom heiligen Trinker
   (Auszug) 172

**2. Zur Situation der Ostjuden zu Beginn
des 20. Jahrhunderts** 174
   Christina Kayales, Astrid Fiehland van de Vegt:
   Leben in der Diaspora – Einige Beispiele 174
   Königreich Galizien und Lodomerien 176
   Jüdische Bevölkerung im Osten Galiziens 178
   Joseph Roth: Ostjuden im Westen
   (aus: Juden auf Wanderschaft) 182
   Schulbildung im Schtetl – Der Cheder 184
   Manès Sperber: Zablotow 186
   Alfred Paffenholz: Zionismus, Shoa und der
   Staat Israel 189
   Werner Trutwin: Die Chassidim – Die osteuropäischen
   Frommen 191

Elie Wiesel: Die Kraft des Erzählens –
Eine chassidische Geschichte 193

3. Jüdische Riten und Symbole 195

Werner Trutwin: Wer ist ein Jude? 195
Joseph Roth: Die Freude an der Thora. 197
Sch'ma Israel 199
Marc-Alain Ouaknin: Tallit und Zizit 200
Simon Philip de Vries: Der Seder. 201

4. Das alttestamentliche Buch Ijob 208

Heinrich Groß: Das biblische Buch Ijob 208
Auszüge aus dem Alten Testament 212
Künstlerische Umsetzungen 214
Werner Trutwin: Gott und das Leiden 216

5. Literarische Variationen des Hiob-Motivs 218

Georg Langenhorst: Hiob in der Dichtung unserer Zeit. . 218
Georg Langenhorst: „Es liegt an dir Hiob –
du willst nicht" (zu A. Döblin „Berlin Alexanderplatz") . . 219
Alfred Döblin: Berlin Alexanderplatz (Auszug) 220
Mascha Kaléko: Enkel Hiobs 222
Johannes R. Becher: Hiob 223
Ulrich Schacht: „Gott, auch nur ein Mensch". 224

6. Hinweise zur Analyse und Interpretation
   eines Romanauszugs 225

Hiob
Roman eines einfachen Mannes

Erster Teil

I

Vor vielen Jahren lebte in Zuchnow[1] ein Mann namens Mendel Singer. Er war fromm, gottesfürchtig und gewöhnlich, ein ganz alltäglicher Jude. Er übte den schlichten Beruf eines Lehrers aus. In seinem Haus, das nur aus einer geräumigen Küche bestand, vermittelte er Kindern die Kenntnis der Bibel. Er lehrte mit ehrlichem Eifer und ohne aufsehenerregenden Erfolg. Hunderttausende vor ihm hatten wie er gelebt und unterrichtet.

Unbedeutend wie sein Wesen war sein blasses Gesicht. Ein Vollbart von einem gewöhnlichen Schwarz umrahmte es ganz. Den Mund verdeckte der Bart. Die Augen waren groß, schwarz, träge und halb verhüllt von schweren Lidern. Auf dem Kopf saß eine Mütze aus schwarzem Seidenrips, einem Stoff, aus dem manchmal unmoderne und billige Krawatten gemacht werden. Der Körper steckte im halblangen landesüblichen jüdischen Kaftan[2], dessen Schöße flatterten, wenn Mendel Singer durch die Gasse eilte, und die mit hartem regelmäßigem Flügelschlag an die Schäfte der hohen Lederstiefel pochten.

Singer schien wenig Zeit zu haben und lauter dringende Ziele. Gewiss war sein Leben ständig schwer und zuweilen sogar eine Plage. Eine Frau und drei Kinder musste er kleiden und nähren. (Mit einem vierten ging sie schwanger.) Gott hatte seinen Lenden Fruchtbarkeit verliehen, seinem Herzen Gleichmut und seinen Händen Armut. Sie hatten kein Gold zu wägen und keine Banknoten zu zählen.

Dennoch rann sein Leben stetig dahin, wie ein kleiner armer Bach zwischen kärglichen Ufern. Jeden Morgen dankte Mendel

---

[1] fiktiver, geografisch nicht lokalisierbarer Ort in Russland
[2] langes Obergewand

Gott für den Schlaf, für das Erwachen und den anbrechenden Tag. Wenn die Sonne unterging, betete er noch einmal. Wenn die ersten Sterne aufsprühten, betete er zum dritten Mal. Und bevor er sich schlafen legte, flüsterte er ein eiliges Gebet mit müden, aber eifrigen Lippen. Sein Schlaf war traumlos. Sein Gewissen war rein. Seine Seele war keusch. Er brauchte nichts zu bereuen, und nichts gab es, was er begehrt hätte. Er liebte sein Weib und ergötzte sich an ihrem Fleische. Mit gesundem Hunger verzehrte er schnell seine Mahlzeiten. Seine zwei kleinen Söhne, Jonas und Schemarjah, prügelte er wegen Ungehorsams. Aber das Jüngste, die Tochter Mirjam, liebkoste er häufig. Sie hatte sein schwarzes Haar und seine schwarzen, trägen und sanften Augen. Ihre Glieder waren zart, ihre Gelenke zerbrechlich. Eine junge Gazelle.

Zwölf sechsjährige Schüler unterrichtete er im Lesen und Memorieren der Bibel. Jeder von den zwölf brachte ihm an jedem Freitag zwanzig Kopeken[1]. Sie waren Mendel Singers einzige Einnahmen. Dreißig Jahre war er erst alt. Aber seine Aussichten, mehr zu verdienen, waren gering, vielleicht überhaupt nicht vorhanden. Wurden die Schüler älter, kamen sie zu andern, weiseren Lehrern. Das Leben verteuerte sich von Jahr zu Jahr. Die Ernten wurden ärmer und ärmer. Die Karotten verringerten sich, die Eier wurden hohl, die Kartoffeln erfroren, die Suppen wässerig, die Karpfen schmal und die Hechte kurz, die Enten mager, die Gänse hart und die Hühner ein Nichts.

Also klangen die Klagen Deborahs, der Frau Mendel Singers. Sie war ein Weib, manchmal ritt sie der Teufel. Sie schielte nach dem Besitz Wohlhabender und neidete Kaufleuten den Gewinn. Viel zu gering war Mendel Singer in ihren Augen. Die Kinder warf sie ihm vor, die Schwangerschaft, die Teuerung, die niedrigen Honorare und oft sogar das schlechte Wetter. Am Freitag scheuerte sie den Fußboden, bis er gelb wurde wie Safran. Ihre breiten Schultern zuckten auf und nieder im gleichmäßigen Rhythmus, ihre starken Hände rieben kreuz und quer jedes einzelne Brett, und ihre Nägel fuhren in die Sparren und Hohlräume zwischen den Brettern und kratzten schwarzen Unrat hervor, den

---

[1] kleine russische Münzen

Sturzwellen aus dem Kübel vollends vernichteten. Wie ein breites, gewaltiges und bewegliches Gebirge kroch sie durch das kahle, blau getünchte Zimmer. Draußen, vor der Tür, lüfteten sich die Möbel, das braune hölzerne Bett, die Strohsäcke, ein blank gehobelter Tisch, zwei lange und schmale Bänke, horizontale Bretter, festgenagelt auf je zwei vertikalen. Sobald die erste Dämmerung an das Fenster hauchte, zündete Deborah die Kerzen an, in Leuchtern aus Alpaka[1], schlug die Hände vors Angesicht und betete. Ihr Mann kam nach Hause, in seidigem Schwarz, der Fußboden leuchtete ihm entgegen, gelb wie geschmolzene Sonne, sein Angesicht schimmerte weißer als gewöhnlich, schwärzer als an Wochentagen dunkelte auch sein Bart. Er setzte sich, sang ein Liedchen, dann schlürften die Eltern und die Kinder die heiße Suppe, lächelten den Tellern zu und sprachen kein Wort. Wärme erhob sich im Zimmer. Sie schwärmte aus den Töpfen, den Schüsseln, den Leibern. Die billigen Kerzen in den Leuchtern aus Alpaka hielten es nicht aus, sie begannen, sich zu biegen. Auf das ziegelrote blau karierte Tischtuch tropfte Stearin[2] und verkrustete im Nu. Man stieß das Fenster auf, die Kerzen ermannten[3] sich und brannten friedlich ihrem Ende zu. Die Kinder legten sich auf die Strohsäcke in der Nähe des Ofens, die Eltern saßen noch und sahen mit bekümmerter Festlichkeit in die letzten blauen Flämmchen, die gezackt aus den Höhlungen der Leuchter emporschossen und sanft gewellt zurücksanken, ein Wasserspiel aus Feuer. Das Stearin schwelte, blaue dünne Fäden aus Rauch zogen von den verkohlten Dochtresten aufwärts zur Decke. „Ach!", seufzte die Frau. „Seufze nicht!", gemahnte Mendel Singer. Sie schwiegen. „Schlafen wir, Deborah!", befahl er. Und sie begannen, ein Nachtgebet zu murmeln.

Am Ende jeder Woche brach so der Sabbat[4] an, mit Schweigen, Kerzen und Gesang. Vierundzwanzig Stunden später tauchte er unter in der Nacht, die den grauen Zug der Wochentage anführte,

---

[1] „Neusilber", eine metallene Beschichtung von silberner Farbe
[2] Kerzenmasse aus Palmöl und tierischem Fett
[3] aufraffen, zusammenreißen
[4] der jüdische Ruhetag

einen Reigen aus Mühsal. An einem heißen Tag im Hochsommer, um die vierte Stunde des Nachmittags, kam Deborah nieder. Ihre ersten Schreie stießen in den Singsang der zwölf lernenden Kinder. Sie gingen alle nach Hause. Sieben Tage Ferien begannen. Mendel bekam ein neues Kind, ein viertes, einen Knaben. Acht Tage später wurde es beschnitten und Menuchim genannt.

Menuchim hatte keine Wiege. Er schwebte in einem Korb aus geflochtenen Weidenruten in der Mitte des Zimmers, mit vier Seilen an einem Haken im Plafond[1] befestigt wie ein Kronleuchter. Mendel Singer tippte von Zeit zu Zeit mit einem leichten, nicht lieblosen Finger an den hängenden Korb, der sofort anfing, zu schaukeln. Diese Bewegung beruhigte den Säugling zuweilen. Manchmal aber half gar nichts gegen seine Lust, zu wimmern und zu schreien. Seine Stimme krächzte über den Stimmen der zwölf lernenden Kinder, profane, hässliche Laute über den heiligen Sätzen der Bibel. Deborah stieg auf einen Schemel und holte den Säugling herunter. Weiß, geschwellt und kolossal entquoll ihre Brust der offenen Bluse und zog die Blicke der Knaben übermächtig auf sich. Alle Anwesenden schien Deborah zu säugen. Ihre eigenen älteren drei Kinder umstanden sie, eifersüchtig und lüstern. Stille brach ein. Man hörte das Schmatzen des Säuglings.

Die Tage dehnten sich zu Wochen, die Wochen wuchsen sich zu Monaten aus, zwölf Monate machten ein Jahr. Menuchim trank immer noch die Milch seiner Mutter, eine schüttere, klare Milch. Sie konnte ihn nicht absetzen. Im dreizehnten Monat seines Lebens begann er, Grimassen zu schneiden und wie ein Tier zu stöhnen, in jagender Hast zu atmen und auf eine noch nie da gewesene Art zu keuchen. Sein großer Schädel hing schwer wie ein Kürbis an seinem dünnen Hals. Seine breite Stirn fältelte und furchte sich kreuz und quer, wie ein zerknittertes Pergament. Seine Beine waren gekrümmt und ohne Leben wie zwei hölzerne Bögen. Seine dürren Ärmchen zappelten und zuckten. Lächerliche Laute stammelte sein Mund. Bekam er einen Anfall, so nahm man ihn aus der Wiege und schüttelte ihn ordentlich, bis sein Angesicht bläulich wurde und der Atem ihm beinah' verging.

---

[1] an der Decke des Raumes

Dann erholte er sich langsam. Man legte gebrühten Tee (in mehreren Säckchen) auf seine magere Brust und wickelte Huflattich[1] um seinen dünnen Hals. „Macht nichts", sagte sein Vater, „es kommt vom Wachsen!" „Söhne geraten nach den Brüdern der Mutter. Mein Bruder hat es fünf Jahre gehabt!", sagte die Mutter. „Man wächst sich aus!", sprachen die andern. Bis eines Tages die Pocken in der Stadt ausbrachen, die Behörden Impfungen verschrieben und die Ärzte in die Häuser der Juden drangen. Manche verbargen sich. Mendel Singer aber, der Gerechte, floh vor keiner Strafe Gottes. Auch der Impfung sah er getrost entgegen.

Es war an einem heißen sonnigen Vormittag, an dem die Kommission durch Mendels Gasse kam. Das letzte in der Reihe der jüdischen Hauser war Mendels Haus. Mit einem Polizisten, der ein großes Buch im Arm trug, ging der Doktor Soltysiuk mit wehendem blondem Schnurrbart im braunen Angesicht, einen goldgeränderten Kneifer auf der geröteten Nase, mit breiten Schritten, in knarrend gelben Ledergamaschen[2] und den Rock[3], der Hitze wegen, über die blaue Rubaschka[4] lässig gehängt, dass die Ärmel wie noch ein paar Arme aussahen, die ebenfalls bereit schienen, Impfungen vorzunehmen: Also kam der Doktor Soltysiuk in die Gasse der Juden. Ihm entgegen scholl das Wehklagen der Frauen und das Heulen der Kinder, die sich nicht hatten verbergen können. Der Polizist holte Frauen und Kinder aus tiefen Kellern und von hohen Dachböden, aus kleinen Kämmerchen und großen Strohkörben. Die Sonne brütete, der Doktor schwitzte. Nicht weniger als hundertsechsundsiebzig Juden hatte er zu impfen. Für jeden Geflohenen und Unerreichbaren dankte er Gott im Stillen. Als er zum vierten der kleinen blau getünchten Häuschen gelangt war, gab er dem Polizisten einen Wink, nicht mehr eifrig zu suchen. Immer stärker schwoll das Geschrei, je weiter der Doktor ging. Es wehte vor seinen Schritten einher. Das Geheul derjenigen, die sich noch fürchteten, verband sich mit

---

[1] Heilpflanze mit hustenlindernder Wirkung
[2] Überschuh
[3] Mantel
[4] traditionelles russisches Leinenhemd

dem Fluchen der bereits Geimpften. Müde und vollends verwirrt ließ er sich in Mendels Stube mit einem schweren Stöhnen auf die Bank nieder und verlangte ein Glas Wasser. Sein Blick fiel auf den kleinen Menuchim, er hob den Krüppel hoch und sagte: „Er wird ein Epileptiker." Angst goss er in des Vaters Herz. „Alle Kinder haben Fraisen[1]", wandte die Mutter ein. „Das ist es nicht", bestimmte der Doktor. „Aber ich könnte ihn vielleicht gesund machen. Es ist Leben in seinen Augen."

Gleich wollte er den Kleinen ins Krankenhaus mitnehmen. Schon war Deborah bereit. „Man wird ihn umsonst gesund machen", sagte sie. Mendel aber erwiderte: „Sei still, Deborah! Gesund machen kann ihn kein Doktor, wenn Gott nicht will. Soll er unter russischen Kindern aufwachsen? Kein heiliges Wort hören? Milch und Fleisch essen und Hühner auf Butter gebraten, wie man sie im Spital[2] bekommt? Wir sind arm, aber Menuchims Seele verkauf' ich nicht, nur weil seine Heilung umsonst sein kann. Man wird nicht geheilt in fremden Spitälern." Wie ein Held hielt Mendel seinen dürren weißen Arm zum Impfen hin. Menuchim aber gab er nicht fort. Er beschloss, Gottes Hilfe für seinen Jüngsten zu erflehen und zweimal in der Woche zu fasten, Montag und Donnerstag. Deborah nahm sich vor, auf den Friedhof zu pilgern und die Gebeine der Ahnen anzurufen, um ihre Fürsprach beim Allmächtigen. Also würde Menuchim gesund werden und kein Epileptiker.

Dennoch hing seit der Stunde der Impfung über dem Haus Mendel Singers die Furcht wie ein Ungetüm, und der Kummer durchzog die Herzen wie ein dauernder, heißer und stechender Wind. Deborah durfte seufzen, und ihr Mann wies sie nicht zurecht. Länger als sonst hielt sie ihr Angesicht in den Händen vergraben, wenn sie betete, als schüfe sie sich eigene Nächte, die Furcht in ihnen zu begraben, und eigene Finsternisse, um zugleich die Gnade in ihnen zu finden. Denn sie glaubte, wie es geschrieben stand, dass Gottes Licht in den Dämmernissen aufleuchte und seine Güte das Schwarze erhelle. Menuchims Anfälle

---

[1] fiebrige Krampfanfälle
[2] Krankenhaus

aber hörten nicht auf. Die älteren Kinder wuchsen und wuchsen, ihre Gesundheit lärmte wie ein Feind Menuchims, des Kranken, böse in den Ohren der Mutter. Es war, als bezögen die gesunden Kinder Kraft von dem Siechen[1], und Deborah hasste ihr Geschrei, ihre roten Wangen, ihre geraden Gliedmaßen. Sie pilgerte zum Friedhof durch Regen und Sonne. Sie schlug mit dem Kopf gegen die moosigen Sandsteine, die aus den Gebeinen ihrer Väter und Mütter wuchsen. Sie beschwor die Toten, deren stumme tröstende Antworten sie zu hören vermeinte. Auf dem Heimweg zitterte sie vor Hoffnung, ihren Sohn gesund wiederzufinden. Sie versäumte den Dienst am Herd, die Suppe lief über, die tönernen Töpfe zerbrachen, die Kasserollen verrosteten, die grünlich schimmernden Gläser zersprangen mit hartem Knall, der Zylinder der Petroleumlampe verfinsterte sich rußig, der Docht verkohlte kümmerlich zu einem Zäpfchen, der Schmutz vieler Sohlen und vieler Wochen überlagerte die Dielen des Bodens, das Schmalz im Topfe zerrann, die Knöpfe fielen dürr von den Hemden der Kinder wie Laub vor dem Winter.

Eines Tages, eine Woche vor den hohen Feiertagen (aus dem Sommer war Regen geworden, und aus dem Regen wollte Schnee werden), packte Deborah den Korb mit ihrem Sohn, legte wollene Decken über ihn, stellte ihn auf die Fuhre des Kutschers Sameschkin und reiste nach Kluczýsk[2], wo der Rabbi wohnte. Das Sitzbrett lag locker auf dem Stroh und rutschte bei jeder Bewegung des Wagens. Lediglich mit dem Gewicht ihres Körpers hielt Deborah es nieder, lebendig war es, hüpfen wollte es. Die schmale gewundene Straße bedeckte der silbergraue Schlamm, in dem die hohen Stiefel der Vorüberkommenden versanken und die halben Räder der Fuhre. Der Regen verhüllte die Felder, zerstäubte den Rauch über den vereinzelten Hütten, zermahlte mit unendlicher feiner Geduld alles Feste, auf das er traf, den Kalkstein, der hier und dort wie weißer Zahn aus der schwarzen Erde wuchs, die zersägten Stämme an den Rändern der Straße, die aufeinandergeschichteten duftenden Bretter vor dem Eingang zur Sägemüh-

---

[1] Kranker
[2] fiktiver Ort im russisch-polnischen Grenzgebiet

le, auch das Kopftuch Deborahs und die wollenen Decken, unter denen Menuchim begraben lag. Kein Tröpfchen sollte ihn benetzen. Deborah berechnete, dass sie noch vier Stunden zu fahren hatte; hörte der Regen nicht auf, musste sie vor der Herberge halten und die Decken trocknen, einen Tee trinken und die mitgenommenen ebenfalls schon durchweichten Mohnbrezeln verzehren. Das konnte fünf Kopeken kosten, fünf Kopeken, mit denen man nicht leichtsinnig umgehen darf. Gott hatte ein Einsehen, es hörte zu regnen auf. Über hastigen Wolkenfetzen bleichte eine zerronnene Sonne, eine Stunde kaum; in einem neuen tieferen Dämmer versank sie endgültig.

Die schwarze Nacht lagerte in Kluczýsk, als Deborah ankam. Viele ratlose Menschen waren bereits gekommen, den Rabbi zu sehn. Kluczýsk bestand aus ein paar Tausend niedrigen stroh- und schindelgedeckten Häusern, einem kilometerweiten Marktplatz, der wie ein trockener See war, umkränzt von Gebäuden. Die Fuhrwerke, die in ihm herumstanden, erinnerten an steckengebliebene Wracks; übrigens verloren sie sich, winzig und sinnlos, in der kreisrunden Weite. Die ausgespannten Pferde wieherten neben den Fuhrwerken und traten mit müden klatschenden Hufen den klebrigen Schlamm. Einzelne Männer irrten mit schwankenden gelben Laternen durch die runde Nacht, eine vergessene Decke zu holen und ein klirrendes Geschirr mit Mundvorrat[1]. Ringsum, in den Tausend kleinen Häuschen, waren die Ankömmlinge untergebracht. Sie schliefen auf Pritschen neben den Betten der Einheimischen, die Siechen, die Krummen, die Lahmen, die Wahnsinnigen, die Idiotischen, die Herzschwachen, die Zuckerkranken, die den Krebs im Leibe trugen, deren Augen mit Trachom[2] verseucht waren, Frauen mit unfruchtbarem Schoß, Mütter mit missgestalteten Kindern, Männer, denen Gefängnis oder Militärdienst drohte, Deserteure, die um eine geglückte Flucht baten, von Ärzten Aufgegebene, von der Menschheit Verstoßene, von der irdischen Gerechtigkeit Misshandelte, Beküm-

---

[1] Proviant, Essen
[2] chronische Bindehautentzündung im Auge

merte, Sehnsüchtige, Verhungernde und Satte, Betrüger und Ehrliche, alle, alle, alle ...

Deborah wohnte bei Kluczýsker Verwandten ihres Mannes. Sie schlief nicht. Die ganze Nacht kauerte sie neben dem Korb Menuchims in der Ecke, neben dem Herd, finster war das Zimmer, finster war ihr Herz. Sie wagte nicht mehr, Gott anzurufen, er schien ihr zu hoch, zu groß, zu weit, unendlich hinter unendlichen Himmeln, eine Leiter aus Millionen Gebeten hätte sie haben müssen, um einen Zipfel von Gott zu erreichen. Sie suchte nach toten Gönnern, rief die Eltern an, den Großvater Menuchims, nach dem der Kleine hieß, dann die Erzväter der Juden[1], Abraham, Isaak und Jakob, die Gebeine Mosis und zum Schluss die Erzmütter. Wo immer eine Fürsprach möglich war, schickte sie einen Seufzer vor. Sie pochte an hundert Gräber, an hundert Türen des Paradieses. Vor Angst, dass sie morgen den Rabbi nicht erreichen würde, weil zu viel Bittende da waren, betete sie zuerst um das Glück, rechtzeitig vordringen zu können, als wäre die Gesundung ihres Sohnes dann schon ein Kinderspiel. Endlich sah sie durch die Ritzen der schwarzen Fensterläden ein paar fahle Streifen des Morgens. Schnell erhob sie sich. Sie zündete die trockenen Kienspäne[2] an, die auf dem Herd lagen, suchte und fand einen Topf, holte den Samowar[3] vom Tisch, warf die brennenden Späne hinein, schüttete Kohle nach, fasste das Gefäß an beiden Henkeln, bückte sich und blies hinein, dass die Funken heraustoben und um ihr Angesicht knisterten. Es war, als handelte sie nach einem geheimnisvollen Ritus. Bald siedete das Wasser, bald kochte der Tee, die Familie erhob sich, sie setzten sich vor irdene braune Geschirre und tranken. Da hob Deborah ihren Sohn aus dem Korb. Er winselte. Sie küsste ihn schnell und viele Male, mit einer rasenden Zärtlichkeit, ihre feuchten Lippen knallten auf das graue Angesicht, die dürren Händchen, die krummen Schenkel, den aufgedunsenen Bauch des Kleinen, es war, als schlüge sie das Kind mit ihrem liebenden

---

[1] die Stammväter des Volkes Israel
[2] kleine Holzstücke, die zur Beleuchtung oder als Feuerholz verwendet wurden
[3] traditioneller russischer Wasserkocher zur Teezubereitung

mütterlichen Mund. Hierauf packte sie ihn ein, schnürte einen Strick um das Paket und hängte sich ihren Sohn um den Hals, damit ihre Hände frei würden. Platz wollte sie sich schaffen im Gedränge vor der Tür des Rabbi.

Mit scharfem Heulen stürzte sie sich in die Menge der Wartenden, mit grausamen Fäusten drängte sie Schwache auseinander, niemand konnte sie aufhalten. Wer immer, von ihrer Hand getroffen und weggerückt, sich nach ihr umsah, um sie zurückzuweisen, war geblendet von dem brennenden Schmerz in ihrem Angesicht, ihrem offenen roten Mund, aus dem ein sengender Hauch zu strömen schien, von dem kristallenen Leuchten der großen rollenden Tränen, von den Wangen, die in hellroten Flammen standen, von den dicken blauen Adern am gereckten Hals, in denen sich die Schreie sammelten, ehe sie ausbrachen. Wie eine Fackel wehte Deborah einher. Mit einem einzigen grellen Schrei, hinter dem die grauenhafte Stille einer ganzen gestorbenen Welt einstürzte, fiel Deborah vor der endlich erreichten Tür des Rabbi nieder, die Klinke in der gereckten Rechten. Mit der Linken trommelte sie gegen das braune Holz, Menuchim schleifte vor ihr her am Boden.

Jemand machte die Tür auf. Der Rabbi stand am Fenster, er kehrte ihr den Rücken, ein schwarzer schmaler Strich. Plötzlich wandte er sich um. Sie blieb an der Schwelle, auf beiden Armen bot sie ihren Sohn dar, wie man ein Opfer bringt. Sie erhaschte einen Schimmer von dem bleichen Angesicht des Mannes, das eins zu sein schien mit seinem weißen Bart. Sie hatte sich vorgenommen, in die Augen des Heiligen zu sehen, um sich zu überzeugen, dass wirklich in ihnen die mächtige Güte lebe. Aber nun sie hier stand, lag ein See von Tränen vor ihrem Blick, und sie sah den Mann hinter einer weißen Welle aus Wasser und Salz. Er hob die Hand, zwei dürre Finger glaubte sie zu erkennen, Instrumente des Segens. Aber ganz nah hörte sie die Stimme des Rabbi, obwohl er nur flüsterte: „Menuchim, Mendels Sohn, wird gesund werden. Seinesgleichen wird es nicht viele geben in Israel. Der Schmerz wird ihn weise machen, die Hässlichkeit gütig, die Bitternis milde und die Krankheit stark. Seine Augen werden weit sein und tief, seine Ohren hell und voll Widerhall. Sein Mund wird schweigen, aber wenn er die Lippen auftun wird, werden sie Gutes künden. Hab keine Furcht und geh nach Haus!"

„Wann, wann, wann wird er gesund werden?", flüsterte Deborah.

„Nach langen Jahren", sagte der Rabbi, „aber frage mich nicht weiter, ich habe keine Zeit und ich weiß nichts mehr. Verlass deinen Sohn nicht, auch wenn er dir eine große Last ist, gib ihn nicht weg von dir, er kommt aus dir, wie ein gesundes Kind auch. Und geh!" ...

Draußen machte man ihr Platz. Ihre Wangen waren blass, ihre Augen trocken, ihre Lippen leicht geöffnet, als atmeten sie lauter Hoffnung. Gnade im Herzen, kehrte sie heim.

II

Als Deborah heimkehrte, traf sie ihren Mann am Herd. Unwillig besorgte er das Feuer, den Topf, die hölzernen Löffel. Sein gerader Sinn war auf die einfachen irdischen Dinge gerichtet und vertrug kein Wunder im Bereich der Augen. Er lächelte über den Glauben seiner Frau an den Rabbi. Seine schlichte Frömmigkeit bedurfte keiner vermittelnden Gewalt zwischen Gott und den Menschen. „Menuchim wird gesund werden, aber es wird lange dauern!" – Mit diesen Worten betrat Deborah das Haus. „Es wird lange dauern!", wiederholte Mendel wie ein böses Echo. Deborah hängte seufzend den Korb wieder an den Plafond. Die älteren drei Kinder kamen vom Spiel. Sie fielen über den Korb her, den sie schon einige Tage vermisst hatten, und ließen ihn heftig pendeln. Mendel Singer ergriff mit beiden Händen seine Söhne, Jonas und Schemarjah. Mirjam, das Mädchen, flüchtete zur Mutter. Mendel kniff seine Söhne in die Ohren. Sie heulten auf. Er schnallte den Hosengurt ab und schwang ihn durch die Luft. Als gehörte das Leder noch zu seinem Körper, als wäre es die natürliche Fortsetzung seiner Hand, fühlte Mendel Singer jeden klatschenden Schlag, der die Rücken seiner Söhne traf. Ein unheimliches Getöse brach los in seinem Kopf. Die warnenden Schreie seiner Frau fielen in seinen eigenen Lärm, unbedeutend vergingen sie darin.

Es war, als schüttete man Gläser Wasser in ein aufgeregtes Meer. Er fühlte nicht, wo er stand. Er wirbelte mit dem schwingenden, knallenden Gürtel umher, traf die Wände, den Tisch, die Bänke und wusste nicht, ob ihn die verfehlten Schläge mehr freuten oder die gelungenen. Endlich klang es drei von der Wanduhr, die Stunde, in der sich die Schüler am Nachmittag versammelten. Mit leerem Magen – denn er hatte nichts gegessen –, die würgende Aufregung noch in der Kehle, begann Mendel, Wort für Wort, Satz auf Satz aus der Bibel vorzutragen. Der helle Chor der Kinderstimmen wiederholte Wort für Wort, Satz für Satz, es war, als würde die Bibel von vielen Glocken geläutet. Wie Glocken schwangen auch die Oberkörper der Lernenden vorwärts und zurück, indes über den Köpfen der Korb Menuchims fast in gleichem Rhythmus pendelte. Heute nahmen Mendels Söhne am Unterricht teil. Des Vaters Zorn versprühte, erkaltete, erlosch, weil sie im klingenden Vorsagen den andern voran waren. Um sie zu erproben, verließ er die Stube. Der Chor der Kinder läutete weiter, angeführt von den Stimmen der Söhne. Er konnte sich auf sie verlassen.

Jonas, der ältere, war stark wie ein Bär, Schemarjah, der jüngere, war schlau wie ein Fuchs. Stampfend trottete Jonas einher, mit vorgeneigtem Kopf, mit hängenden Händen, strotzenden Backen, ewigem Hunger, gekräuseltem Haar, das heftig über die Ränder der Mütze wucherte. Sanft und beinahe schleichend, mit spitzem Profil, immer wachen hellen Augen, dünnen Armen, in der Tasche vergrabenen Händen, folgte ihm sein Bruder Schemarjah. Niemals brach ein Streit zwischen ihnen aus, zu ferne waren sie einander, getrennt waren ihre Reiche und Besitztümer, sie hatten ein Bündnis geschlossen. Aus Blechdosen, Zündholzschachteln, Scherben, Hörnern, Weidenruten verfertigte Schemarjah wunderbare Sachen. Jonas hätte sie mit seinem starken Atem umblasen und vernichten können. Aber er bewunderte die zarte Geschicklichkeit seines Bruders. Seine kleinen schwarzen Augen blinkten wie Fünkchen zwischen seinen Wangen, neugierig und heiter.

Einige Tage nach ihrer Rückkehr erachtete Deborah die Zeit für gekommen, Menuchims Korb vom Plafond abzuknöpfen. Nicht ohne Feierlichkeit übergab sie den Kleinen den älteren Kindern. „Ihr werdet ihn spazieren führen!", sagte Deborah. „Wenn er müde wird, werdet ihr ihn tragen. Lasst ihn, Gott behüte, nicht fallen! Der heilige Mann hat gesagt, er wird gesund. Tut ihm kein Weh!" Von nun an begann die Plage der Kinder.

Sie schleppten Menuchim wie ein Unglück durch die Stadt, sie ließen ihn liegen, sie ließen ihn fallen. Sie ertrugen den Hohn der Altersgenossen schwer, die hinter ihnen herliefen, wenn sie Menuchim spazieren führten. Der Kleine musste zwischen zweien gehalten werden. Er setzte nicht einen Fuß vor den andern, wie ein Mensch. Er wackelte mit seinen Beinen wie mit zwei zerbrochenen Reifen, er blieb stehen, er knickte ein. Schließlich ließen ihn Jonas und Schemarjah liegen. Sie legten ihn in eine Ecke, in einen Sack. Dort spielte er mit Hundekot, Pferdeäpfeln, Kieselsteinen. Er fraß alles. Er kratzte den Kalk von den Wänden und stopfte sich den Mund voll, hustete dann und wurde blau im Angesicht. Ein Stück Dreck, lagerte er im Winkel. Manchmal fing er an zu weinen. Die Knaben schickten Mirjam zu ihm, damit sie ihn tröste. Zart, kokett, mit hüpfenden dünnen Beinen, einen hässlichen und hassenden Abscheu im Herzen, näherte sie sich ihrem lächerlichen Bruder. Die Zärtlichkeit, mit der sie sein aschgraues verknittertes Angesicht streichelte, hatte etwas Mörderisches. Sie sah sich vorsichtig um, nach rechts und links, dann kniff sie ihren Bruder in den Schenkel. Er heulte auf, Nachbarn sahen aus den Fenstern. Sie verzerrte das Angesicht zur weinerlichen Grimasse. Alle Menschen hatten Mitleid mit ihr und fragten sie aus.

Eines Tages, im Sommer, es regnete, schleppten die Kinder Menuchim aus dem Haus und steckten ihn in den Bottich, in dem sich Regenwasser seit einem halben Jahr gesammelt hatte, Würmer herumschwammen, Obstreste und verschimmelte Brotrinden. Sie hielten ihn an den krummen Beinen und stießen seinen grauen breiten Kopf ein Dutzend Mal ins Wasser. Dann zogen sie ihn heraus, mit klopfenden Herzen, roten Wangen, in der freudigen und grausigen Erwartung, einen Toten zu halten. Aber Menuchim lebte. Er röchelte, spuckte das Wasser aus, die Würmer, das verschimmelte Brot, die Obstreste und lebte. Nichts geschah ihm. Da trugen ihn die Kinder schweigsam und voller

Angst ins Haus zurück. Eine große Furcht vor Gottes kleinem Finger, der eben ganz leise gewinkt hatte, ergriff die zwei Knaben und das Mädchen. Den ganzen Tag sprachen sie nicht zueinander. Ihre Zungen lagen gefesselt an den Gaumen, ihre Lippen öffneten sich, ein Wort zu formen, aber kein Ton bildete sich in ihren Kehlen. Es hörte zu regnen auf, die Sonne erschien, die Bächlein flossen munter an den Rändern der Straßen. Es wäre an der Zeit gewesen, die Papierschiffchen loszulassen und zuzusehen, wie sie dem Kanal entgegenschwimmen. Aber gar nichts geschah. Die Kinder krochen ins Haus zurück, wie Hunde. Den ganzen Nachmittag noch warteten sie auf den Tod Menuchims. Menuchim starb nicht.

Menuchim starb nicht, er blieb am Leben, ein mächtiger Krüppel. Von nun an war der Schoß Deborahs trocken und fruchtlos. Menuchim war die letzte missratene Frucht ihres Leibes, es war, als weigerte sich ihr Schoß, noch mehr Unglück hervorzubringen. In flüchtigen Sekunden umarmte sie ihren Mann. Sie waren kurz wie Blitze, trockene Blitze am fernen sommerlichen Horizont. Lang, grausam und ohne Schlaf waren Deborahs Nächte. Eine Wand aus kaltem Glas trennte sie von ihrem Mann. Ihre Brüste welkten, ihr Leib schwoll an, wie ein Hohn auf ihre Unfruchtbarkeit, ihre Schenkel wurden schwer, und Blei hing an ihren Füßen.

Eines Morgens, im Sommer, erwachte sie früher als Mendel. Ein zwitschernder Sperling am Fensterbrett hatte sie geweckt. Noch lag ihr sein Pfiff im Ohr, Erinnerung an Geträumtes, Glückliches, wie die Stimme eines Sonnenstrahls. Die frühe warme Dämmerung durchdrang die Poren und Ritzen der hölzernen Fensterläden, und obwohl die Kanten der Möbel noch im Schatten der Nacht verrannen, war Deborahs Auge schon klar, ihr Gedanke hart, ihr Herz kühl. Sie warf einen Blick auf den schlafenden Mann und entdeckte die ersten weißen Haare in seinem schwarzen Bart. Er räusperte sich im Schlaf. Er schnarchte. Schnell sprang sie vor den blinden Spiegel. Sie fuhr mit kalten strählenden Fingerspitzen durch ihren schütteren Scheitel, zog eine Strähne nach der andern vor die Stirn und suchte nach weißen Haaren. Sie glaubte, ein Einziges gefunden zu haben, ergriff es mit einer harten Zange aus zwei Fingern und riss es aus. Dann öffnete sie ihr Hemd vor dem Spiegel. Sie sah ihre schlaffen Brüste, hob sie hoch, ließ sie fallen, strich mit der Hand über den hohlen und dennoch gewölbten Leib, sah die blauen verzweigten Adern an ihren Schenkeln und beschloss, wieder ins Bett zu gehn. Sie wandte sich um, und ihr Blick stieß erschrocken auf das geöffnete Aug' ihres Mannes. „Was schaust du?", rief sie. Er antwortete nicht. Es war, als gehörte das offene Auge nicht ihm, denn er selbst schlief noch. Unabhängig von ihm hatte es sich geöffnet. Selbstständig neugierig war es geworden. Das Weiße des Auges schien weißer als gewöhnlich. Die Pupille war winzig. Das Auge erinnerte Deborah an einen vereisten See mit einem schwarzen Punkt darinnen. Es konnte kaum eine Minute offen gewesen sein, aber Deborah hielt diese Minute für ein Jahrzehnt. Mendels Auge schloss sich wieder. Er atmete ruhig weiter, er schlief, ohne Zweifel. Ein fernes Trillern von Millionen Lerchen erhob sich draußen, über dem Haus, unter den Himmeln. Schon drang die anbrechende Hitze des jungen Tages in den morgendlich verdunkelten Raum. Bald musste die Uhr sechs Schläge schlagen, die Stunde, in der Mendel Singer aufzustehen pflegte. Deborah rührte sich nicht. Sie blieb stehen, wo sie gestanden war, als sie sich wieder dem Bett zugewandt hatte, den Spiegel im Rücken. Nie hatte sie so stehend gelauscht, ohne Zweck, ohne Not, ohne Neugier, ohne Lust. Sie wartete auf gar nichts. Aber es schien ihr, dass sie auf etwas Besonderes warten müsste. Alle ihre Sinne waren wach wie nie, und noch ein paar unbekannte, neue Sinne waren erwacht, zur Unterstützung der alten. Sie sah, hörte, fühlte tausendfach. Und gar nichts geschah. Nur ein Sommermorgen brach an, nur Lerchen trillerten in unerreichbarer Ferne, nur Sonnenstrahlen zwängten sich mit heißer Gewalt durch die Ritzen der Läden, und die breiten Schatten an den Rändern der Möbelstücke wurden schmäler und schmäler, und die Uhr tickte und holte zu sechs Schlägen aus, und der Mann atmete. Lautlos lagen die Kinder in der Ecke, neben dem Herd, Deborah sichtbar, aber weit, wie in einem andern Raum. Gar nichts geschah. Dennoch schien Unendliches geschehen zu wollen. Die Uhr schlug, wie eine Erlösung. Mendel Singer erwachte, setzte sich gerade im

Bett auf und starrte verwundert auf seine Frau. „Warum bist du nicht im Bett?", fragte er und rieb sich die Augen. Er hustete und spuckte aus. Gar nichts an seinen Worten und an seinem Gehaben verriet, dass sein linkes Auge offen gewesen war und selbstständig geschaut hatte. Vielleicht wusste er nichts mehr, vielleicht hatte sich Deborah getäuscht.

Seit diesem Tage hörte die Lust auf zwischen Mendel Singer und seiner Frau. Wie zwei Menschen gleichen Geschlechts gingen sie schlafen, durchschliefen sie die Nächte, erwachten sie des Morgens. Sie schämten sich voreinander und schwiegen, wie in den ersten Tagen ihrer Ehe. Die Scham stand am Beginn ihrer Lust und am Ende ihrer Lust stand sie auch.

Dann war auch sie überwunden. Sie redeten wieder, ihre Augen wichen nicht mehr einander aus, im gleichen Rhythmus alterten ihre Gesichter und ihre Leiber, wie Gesichter und Leiber von Zwillingen. Der Sommer war träge und schweren Atems und arm an Regen. Tür und Fenster standen offen. Die Kinder waren selten zu Haus. Draußen wuchsen sie schnell, von der Sonne befruchtet.

Sogar Menuchim wuchs. Seine Beine blieben zwar gekrümmt, aber sie wurden ohne Zweifel länger. Auch sein Oberkörper streckte sich. Plötzlich, eines Morgens, stieß er einen nie gehörten schrillen Schrei aus. Dann blieb er still. Eine Weile später sagte er, klar und vernehmlich: „Mama."

Deborah stürzte sich auf ihn, und aus ihren Augen, die lange schon trocken gewesen waren, flossen die Tränen, heiß, stark, groß, salzig, schmerzlich und süß. „Sag: Mama!" – „Mama", wiederholte der Kleine. Ein Dutzend Mal wiederholte er das Wort. Hundertmal wiederholte es Deborah. Nicht vergeblich waren ihre Bitten geblieben. Menuchim sprach. Und dieses eine Wort der Missgeburt war erhaben wie eine Offenbarung, mächtig wie ein Donner, warm wie die Liebe, gnädig wie der Himmel, weit wie die Erde, fruchtbar wie ein Acker, süß wie eine süße Frucht. Es war mehr als die Gesundheit der gesunden Kinder. Es bedeutete, dass Menuchim stark und groß, weise und gütig werden sollte, wie die Worte des Segens gelautet hatten.

Allerdings: Noch andere verständliche Laute kamen nicht mehr aus Menuchims Kehle. Lange Zeit bedeutete dieses eine Wort, das er nach so schrecklichem Schweigen zustande gebracht hatte, Essen und Trinken, Schlafen und Lieben, Lust und Schmerz, Himmel und Erde. Obwohl er nur dieses Wort bei jeder Gelegenheit sagte, erschien er seiner Mutter Deborah beredt wie ein Prediger und reich an Ausdruck wie ein Dichter. Sie verstand jedes Wort, das sich in dem einen verbarg.

Sie vernachlässigte die älteren Kinder. Sie wandte sich von ihnen ab. Sie hatte nur einen Sohn, den einzigen Sohn: Menuchim.

III

Vielleicht brauchen Segen eine längere Zeit zu ihrer Erfüllung als Flüche. Zehn Jahre waren vergangen, seitdem Menuchim sein erstes und einziges Wort ausgesprochen hatte. Er konnte immer noch kein anderes sagen.

Manchmal, wenn Deborah mit ihrem kranken Sohn allein im Hause war, schob sie den Riegel vor, setzte sich neben Menuchim auf den Boden und sah dem Kleinen starr ins Angesicht. Sie erinnerte sich an den fürchterlichen Tag im Sommer, an dem die Gräfin vor der Kirche vorgefahren war. Deborah sieht das offene Portal der Kirche. Ein goldener Glanz von tausend Kerzen, von bunten, lichtumkränzten Bildern, von drei Geistlichen im Ornat, die tief und fern am Altar stehn, mit schwarzen Bärten und weißen schwebenden Händen, dringt in den weißbesonnten, staubigen Platz. Deborah ist im dritten Monat, Menuchim regt sich in ihrem Leib, die kleine zarte Mirjam hält sie fest an der Hand. Auf einmal erhebt sich Geschrei. Es übertönt den Gesang der Beter in der Kirche. Man hört das schnalzende Getrappel der Pferde, eine Staubwolke wirbelt auf, die dunkelblaue Equipage[1] der Gräfin hält vor der Kirche. Die Bauernkinder jubeln. Die Bettler und Bettlerinnen auf den Stufen humpeln der Kalesche[2] entgegen, um der Gräfin die Hände zu küssen. Auf einmal reißt sich Mirjam los. Im

---

[1] elegante Kutsche
[2] leichte, einspännige Kutsche

Nu ist sie verschwunden. Deborah zittert, sie friert, mitten in der Hitze. Wo ist Mirjam? Sie fragt jedes Bauernkind. Die Gräfin ist ausgestiegen. Deborah tritt ganz nah an die Kalesche. Der Kutscher mit den silbernen Knöpfen in der dunkelblauen Livree[1] sitzt so hoch, dass er alles übersehen kann. „Haben Sie die kleine Schwarze laufen gesehen?", fragt Deborah, den Kopf emporgereckt, die Augen geblendet vom Glanz der Sonne und des Livrierten. Der Kutscher zeigt mit seiner weiß behandschuhten Linken in die Kirche. Da hinein ist Mirjam gelaufen.

Deborah überlegt einen Augenblick, dann stürzt sie sich in die Kirche, hinein in den goldenen Glanz, in den vollen Gesang, in das Brausen der Orgel. Im Eingang steht Mirjam. Deborah ergreift das Kind, schleppt es auf den Platz, rennt die heißen weiß glühenden Stufen hinunter, flüchtet wie vor einem Brand. Sie will das Kind schlagen, aber sie hat Angst.

Sie rennt, das Kind hinter sich herziehend, in eine Gasse. Nun ist sie ruhiger. „Du darfst dem Vater nichts davon erzählen", keucht sie. „Hörst du, Mirjam?"

Seit diesem Tage weiß Deborah, dass ein Unglück im Anzug ist. Ein Unglück trägt sie im Schoß. Sie weiß es und schweigt. Sie schiebt den Riegel wieder zurück, es klopft an der Tür, Mendel ist da.

Früh ergraut ist sein Bart. Früh verwelkt waren auch Angesicht, Körper und Hände Deborahs. Stark und langsam wie ein Bär war der älteste Sohn Jonas, schlau und hurtig wie ein Fuchs der jüngere Schemarjah, kokett und gedankenlos wie eine Gazelle die Schwester Mirjam. So wie sie durch die Gassen huschte, Botengänge zu besorgen, schlank und schmal, ein schimmernder Schatten, ein braunes Gesicht, ein großer roter Mund, ein goldgelber Schal, unter dem Kinn in zwei wehende Flügel geknotet, und die zwei alten Augen mitten in der braunen Jugend des Angesichts, so fiel sie in die Blickfelder der Offiziere von der Garnison[2] und blieb haften in ihren sorglosen, lustsüchtigen Köpfen. Mancher stellte ihr manchmal nach. Nichts anderes nahm sie von

---

[1] Dienstuniform
[2] Truppenstandort

ihren Jägern zur Kenntnis, als was sie durch die äußeren Tore der Sinne gerade nachschicken konnte: ein silbernes Klirren und Rasseln von Sporen[1] und Wehr[2]; einen verwehenden Duft von Pomade[3] und Rasierseife, einen knalligen Schimmer von goldenen Knöpfen, silbernen Borten und blutroten Riemen aus Juchten[4]. Es war wenig, es war genug. Gleich hinter den äußeren Toren ihrer Sinne lauerte die Neugier in Mirjam, die Schwester der Jugend, die Künderin der Lust. In einer süßen und heißen Furcht floh das Mädchen vor seinen Verfolgern. Nur, um den schmerzlichen erregenden Genuss der Furcht auszukosten, floh es durch mehr Gassen, viele Minuten länger. Es flüchtete auf Umwegen. Nur um wieder fliehen zu können, ging Mirjam häufiger, als nötig war, aus dem Haus. An den Straßenecken hielt sie ein und warf Blicke zurück, Lockspeise den Jägern. Es waren Mirjams einzige Genüsse. Selbst wenn jemand vorhanden gewesen wäre, der sie verstanden hätte, ihr Mund wäre verschlossen geblieben. Denn die Genüsse sind stärker, solange sie geheim bleiben.

Noch wusste Mirjam nicht, in welch drohende Beziehung sie zu der fremden und schrecklichen Welt des Militärs treten sollte und wie schwer die Schicksale waren, die sich bereits zu sammeln begannen über den Häuptern Mendel Singers, seiner Frau und seiner Kinder. Denn Jonas und Schemarjah waren schon in dem Alter, in dem sie nach dem Gesetz zu den Soldaten sollten und nach der Tradition ihrer Väter sich vor dem Dienst retten mussten. Andern Jünglingen hatte ein gnädiger und vorsorglicher Gott ein körperliches Gebrechen mitgegeben, das sie wenig behinderte und vor dem Bösen beschützte. Manche waren einäugig, manche hinkten, der hatte einen Leistenbruch, jener zuckte ohne Grund mit den Armen und Beinen, einige hatten schwache Lungen, andere schwache Herzen, einer hörte schlecht und ein anderer stotterte und ein Dritter hatte ganz einfach eine allgemeine Körperschwäche.

---

[1] Metallstücke an Reiterstiefeln
[2] Rüstung, Waffen
[3] Haarwachs
[4] feines Rindleder

In der Familie Mendel Singers aber schien es, als hätte der kleine Menuchim die ganze Anzahl menschlicher Qualen auf sich genommen, die sonst vielleicht eine gütige Natur sachte auf alle Mitglieder verteilt hätte. Mendels ältere Söhne waren gesund, kein
5 Fehler konnte an ihrem Körper entdeckt werden, und sie mussten anfangen, sich zu plagen, zu fasten und schwarzen Kaffee zu trinken und wenigstens auf eine vorübergehende Herzschwäche zu hoffen, obwohl der Krieg gegen Japan[1] schon beendet war.

Und also begannen ihre Plagen. Sie aßen nicht, sie schliefen
10 nicht, sie torkelten schwach und zitternd durch Tage und Nächte. Ihre Augen waren gerötet und geschwollen, ihre Hälse mager und ihre Köpfe schwer. Deborah liebte sie wieder. Für die älteren Söhne zu beten, pilgerte sie noch einmal zum Friedhof. Diesmal betete sie um eine Krankheit für Jonas und Schemarjah, wie sie
15 früher um die Gesundheit Menuchims gefleht hatte. Das Militär erhob sich vor ihrem bekümmerten Aug' wie ein schwerer Berg aus glattem Eisen und klirrender Marter. Leichen sah sie, lauter Leichen. Hoch und schimmernd, die gespornten Füße im roten Blut, saß der Zar[2] und wartete auf das Opfer ihrer Söhne. Sie gin-
20 gen ins Manöver, schon dies allein war ihr der größte Schrecken, an einen neuen Krieg dachte sie nicht einmal. Sie zürnte ihrem Mann. Mendel Singer, was war er? Ein Lehrer, ein dummer Lehrer dummer Kinder. Sie hatte anderes im Sinn gehabt, als sie noch ein Mädchen gewesen war.

25 Mendel Singer indessen trug nicht leichter am Kummer als seine Frau. Am Sabbat in der Synagoge, wenn das gesetzlich vorgeschriebene Gebet für den Zaren abgehalten wurde, dachte Mendel an die nächste Zukunft seiner Söhne. Schon sah er sie in der verhassten Drillichuniform[3] frischer Rekruten[4]. Sie aßen
30 Schweinefleisch und wurden von Offizieren mit der Reitpeitsche geschlagen. Sie trugen Gewehre und Bajonette[5]. Er seufzte oft ohne erdenklichen Grund, mitten im Beten, mitten im Unterricht,

---

[1] Krieg zwischen Russland und Japan 1904/05
[2] Titel des russischen Herrschers
[3] Uniform aus einem festen Baumwoll- oder Leinengewebe
[4] junge, frisch eingezogene Soldaten
[5] eine Stichwaffe, eine Art Dolch, der auf den Gewehrlauf gesteckt wird

mitten im Schweigen. Sogar Fremde sahen ihn bekümmert an. Nach seinem kranken Sohn hatte ihn niemals jemand gefragt, aber nach seinen gesunden Söhnen erkundigten sich alle.

Am sechsundzwanzigsten März, endlich, fuhren die beiden Brüder nach Targi[1]. Sie zogen beide das Los. Beide waren tadellos und gesund. Beide wurden genommen.

Noch einen Sommer durften sie zu Hause verbringen.

Im Herbst sollten sie einrücken. An einem Mittwoch waren sie Soldaten geworden. Am Sonntag kehrten sie heim.

Am Sonntag kehrten sie heim, mit Freikarten des Staates ausgerüstet. Schon reisten sie auf Kosten des Zaren. Viele ihresgleichen fuhren mit ihnen. Es war ein langsamer Zug. Sie saßen auf hölzernen Bänken unter Bauern. Die Bauern sangen und waren betrunken. Alle rauchten den schwarzen Tabak, in dessen Rauch noch eine ferne Erinnerung an Schweiß mitduftete. Alle erzählten einander Geschichten. Jonas und Schemarjah trennten sich nicht für einen Augenblick. Es war ihre erste Reise mit der Eisenbahn. Oft tauschten sie die Plätze. Jeder von ihnen wollte ein wenig am Fenster sitzen und in die Landschaft sehn. Ungeheuer weit erschien Schemarjah die Welt. Flach war sie in Jonas' Augen, sie langweilte ihn. Der Zug fuhr glatt durch das flache Land, wie ein Schlitten über Schnee. Die Felder lagen in den Fenstern. Die bunten Bäuerinnen winkten. Wo sie in Gruppen auftauchten, antwortete ihnen im Waggon ein dröhnendes Geheul der Bauern. Schwarz, schüchtern und bekümmert saßen die zwei Juden unter ihnen, in die Ecke gedrängt vom Übermut der Trunkenen.

„Ich möchte ein Bauer sein", sagte plötzlich Jonas.

„Ich nicht", erwiderte Schemarjah.

„Ich möchte ein Bauer sein", wiederholte Jonas, „ich möchte betrunken sein und mit den Mädchen da schlafen."

„Ich will sein, was ich bin", sagte Schemarjah, „ein Jude wie mein Vater Mendel Singer, kein Soldat und nüchtern."

---

[1] fiktiver Ort, evtl. ist Targowice gemeint, ein Ort nordwestlich von Dubno.

„Ich freue mich ein bisschen, dass ich Soldat werde", sagte Jonas.

„Du wirst schon deine Freuden erleben! Ich möchte lieber ein reicher Mann sein und das Leben sehn."

„Was ist das Leben?"

„Das Leben", erklärte Schemarjah, „ist in großen Städten zu sehn. Die Bahnen fahren mitten durch die Straßen, alle Läden sind so groß wie bei uns die Gendarmerie-Kaserne, und die Schaufenster sind noch größer. Ich habe Ansichtskarten gesehen. Man braucht keine Tür, um in ein Geschäft zu treten, die Fenster reichen bis zu den Füßen."

„He, warum seid ihr so betrübt?", rief plötzlich ein Bauer aus der gegenüberliegenden Ecke.

Jonas und Schemarjah taten, als hörten sie ihn nicht oder als gelte nicht ihnen seine Frage. Sich taub stellen, wenn ein Bauer sie anredete, das hatten sie im Blut. Seit tausend Jahren ging es niemals gut aus, wenn ein Bauer fragte und ein Jude antwortete.

„He!", sagte der Bauer und erhob sich.

Jonas und Schemarjah standen gleichzeitig auf.

„Ja, zu euch, Juden, hab' ich gesprochen", sagte der Bauer. „Habt ihr noch nichts getrunken?"

„Haben schon getrunken", sagte Schemarjah.

„Ich nicht", sagte Jonas.

Der Bauer holte eine Flasche hervor, die er unter der Joppe[1], an der Brust, getragen hatte. Sie war warm und schlüpfrig und roch nach dem Bauern stärker als nach ihrem Inhalt. Jonas setzte sie an den Mund. Er entblößte die blutroten vollen Lippen, man sah zu beiden Seiten der braunen Flasche die weißen starken Zähne. Jonas trank und trank. Er spürte nicht die leichte Hand des Bruders, die ihn mahnend am Ärmel berührte. Mit beiden Händen, einem riesigen Säugling ähnlich, hielt er die Flasche. An seinen emporgereckten Ellenbogen schimmerte weißlich das Hemd durch den zerriebenen dünnen Stoff. Regelmäßig, wie ein Kolben an einer Maschine, stieg und sank sein Adamsapfel unter der

---

[1] schlichte Jacke

Haut des Halses. Ein leises ersticktes Gurgeln grollte aus seiner Kehle. Alle sahen zu, wie der Jude trank.

Jonas war fertig. Die leere Flasche fiel ihm aus den Händen und seinem Bruder Schemarjah in den Schoß. Er selbst sank ihr nach, als müsste er den gleichen Weg nehmen wie sie. Der Bauer streckte die Hand aus und erbat sich stumm die Flasche von Schemarjah wieder. Dann liebkoste er mit dem Stiefel ein wenig die breiten Schultern des schlafenden Jonas.

Sie erreichten Podworsk[1], hier mussten sie aussteigen. Bis nach Jurki[2] waren es sieben Werst[3], zu Fuß sollten die Brüder wandern, wer weiß, ob sie unterwegs jemand auf den Wagen nehmen würde. Alle Reisenden halfen den schweren Jonas aufrichten. Als er draußen stand, wurde er wieder nüchtern.

Sie wanderten. Es war Nacht. Den Mond ahnten sie hinter milchigem Gewölk. Auf den Schneefeldern dunkelten einzelne unregelmäßig konturierte Erdflecken wie Kratermünder. Der Frühling schien aus dem Wald einherzuwehn. Jonas und Schemarjah gingen schnell auf einem schmalen Weg. Sie hörten das zarte Knistern der dünnen spröden Eishülle unter ihren Stiefeln. Ihre weißen rundlichen Bündel trugen sie geschultert an Stöcken. Einige Male versuchte Schemarjah, ein Gespräch mit seinem Bruder anzufangen. Jonas antwortete nicht. Er schämte sich, weil er getrunken hatte und hingefallen war wie ein Bauer. An den Stellen, an denen der Pfad so schmal war, dass beide Brüder nicht nebeneinander gehen konnten, ließ Jonas dem Jüngeren den Vortritt. Am liebsten hätte er Schemarjah vor sich hergehen lassen. Wo der Weg wieder breiter wurde, verlangsamte er den Schritt, in der Hoffnung, Schemarjah würde weitergehen, ohne auf den Bruder zu warten. Aber es war, als fürchtete der Jüngere, den Älteren zu verlieren. Seitdem er gesehen hatte, dass Jonas betrunken sein konnte, traute er ihm nicht mehr, zweifelte er an des Älteren Vernunft, fühlte er sich für den Älteren verantwortlich. Jonas erriet, was sein Bruder empfand. Ein großer törichter Zorn kochte in

---

[1] fiktiver Ort im russisch-polnischen Grenzgebiet
[2] Ort im Norden Polens
[3] altes russisches Längenmaß (1067 Meter)

seinem Herzen. „Lächerlich ist Schemarjah", dachte Jonas. „Wie ein Gespenst ist er dünn, den Stock kann er nicht einmal halten, jedes Mal schultert er ihn wieder, das Bündel wird noch in den Dreck fallen." Bei der Vorstellung, dass Schemarjahs weißes Bündel vom glatten Stock in den schwarzen Dreck der Straße fallen könnte, lachte Jonas laut auf. „Was lachst du?", fragte Schemarjah. „Über dich!", antwortete Jonas. „Ich hätte mehr recht, über dich zu lachen", sagte Schemarjah. Wieder schwiegen sie. Schwarz wuchs ihnen der Tannenwald entgegen. Aus ihm, nicht aus ihnen selbst, schien die Schweigsamkeit zu kommen. Von Zeit zu Zeit erhob sich ein Wind aus willkürlicher Himmelsrichtung, ein heimatloser Windstoß. Ein Weidenbusch regte sich im Schlaf, Zweige knackten dürr, die Wolken liefen hell über den Himmel. „Jetzt sind wir doch Soldaten!", sagte auf einmal Schemarjah. „Ganz richtig", sagte Jonas, „was waren wir denn sonst? Wir haben keinen Beruf. Sollen wir Lehrer werden wie unser Vater?" – „Besser als Soldat sein!", sagte Schemarjah. „Ich könnte ein Kaufmann werden und in die Welt gehen!" – „Die Soldaten sind auch Welt und ich kann kein Kaufmann sein", meinte Jonas. – „Du bist betrunken!" – „Ich bin nüchtern, wie du. Ich kann trinken und nüchtern sein. Ich kann ein Soldat sein und die Welt sehn. Ich möchte ein Bauer sein. Das sag' ich dir – und ich bin nicht betrunken …"

Schemarjah zuckte mit den Schultern. Sie gingen weiter. Gegen Morgen hörten sie die Hähne krähn aus entfernten Gehöften. „Das wird Jurki sein", sagte Schemarjah.

„Nein, es ist Bytók[1]!", sagte Jonas. „Meinetwegen Bytók", sagte Schemarjah.

Eine Fuhre klapperte und rasselte hinter der nächsten Biegung des Weges. Der Morgen war fahl, wie die Nacht gewesen war. Kein Unterschied zwischen Mond und Sonne. Schnee fing an zu fallen, weicher warmer Schnee. Raben flogen auf und krächzten.

„Sieh, die Vögel", sagte Schemarjah; nur als Vorwand, um den Bruder zu versöhnen.

---

[1] fiktiver Ort im russisch-polnischen Grenzgebiet

„Raben sind das!", sagte Jonas. „Vögel!", ahmte er höhnisch nach.

„Meinetwegen!", sagte Schemarjah, „Raben!"

Es war wirklich Bytók. Noch eine Stunde, sie kamen nach Jurki. Noch drei Stunden, und sie waren zu Haus.

Es schneite dichter und weicher, je weiter der Tag fortschritt, als käme der Schnee von der ansteigenden Sonne. Nach einigen Minuten war das ganze Land weiß. Auch die einzelnen Weiden am Weg und die verstreuten Birkengruppen zwischen den Feldern weiß, weiß, weiß. Nur die zwei jungen schreitenden Juden waren schwarz. Auch sie überschüttete der Schnee, aber auf ihren Rücken schien er schneller zu schmelzen. Ihre langen schwarzen Röcke flatterten. Die Schöße pochten mit hartem regelmäßigem Schlag gegen die Schäfte der hohen Lederstiefel. Je dichter es schneite, desto schneller gingen sie. Bauern, die ihnen entgegenkamen, gingen ganz langsam, mit eingeknickten Knien, sie wurden weiß, auf ihren breiten Schultern lag der Schnee, wie auf dicken Ästen, schwer und leicht zugleich, vertraut mit dem Schnee, gingen sie in ihm einher, wie in einer Heimat. Manchmal blieben sie stehn und sahen sich nach den zwei schwarzen Männern um, wie nach ungewohnten Erscheinungen, obwohl ihnen der Anblick von Juden nicht fremd war.

Atemlos langten die Brüder zu Hause an, schon fing es an zu dämmern. Sie hörten von weitem den Singsang der lernenden Kinder. Er kam ihnen entgegen, ein Mutterlaut, ein Vaterwort, ihre ganze Kindheit trug er ihnen entgegen, alles bedeutete und enthielt er, was sie seit der Stunde der Geburt geschaut, vernommen, gerochen und gefühlt hatten: der Singsang der lernenden Kinder. Er enthielt den Geruch der heißen und würzigen Speisen, den schwarz-weißen Schimmer, der von Bart und Angesicht des Vaters ausging, den Widerhall der mütterlichen Seufzer und der Wimmertöne Menuchims, des betenden Geflüsters Mendel Singers am Abend, Millionen unnennbarer regelmäßiger und besonderer Ereignisse. Beide Brüder nahmen also mit den gleichen Regungen die Melodie auf, die ihnen durch den Schnee entgegenwehte, während sie sich dem väterlichen Hause näherten. In gleichem Rhythmus schlugen ihre Herzen. Die Tür flog vor ihnen auf, durchs Fenster hatte sie ihre Mutter Deborah schon lange kommen sehn.

„Wir sind genommen!", sagte Jonas ohne Gruß.

Auf einmal stürzte ein furchtbares Schweigen über die Stube, in der eben noch die Stimmen der Kinder geklungen hatten, ein Schweigen ohne Grenzen, um vieles gewaltiger als der Raum, der seine Beute geworden war, und dennoch geboren aus dem kleinen Wort „genommen", das Jonas eben ausgesprochen hatte. Mitten im halben Wort, das sie memoriert hatten, brachen die Kinder das Lernen ab. Mendel, der auf und ab durch die Stube gewandert war, blieb stehn, sah in die Luft, erhob die Arme und ließ sie wieder sinken. Die Mutter Deborah setzte sich auf einen der zwei Schemel, die immer in der Nähe des Ofens standen, als hätten sie schon seit Langem auf die Gelegenheit gewartet, eine trauernde Mutter aufzunehmen. Mirjam, die Tochter, hatte sich rückwärts tastend in die Ecke geschoben, laut pochte ihr Herz, sie glaubte, alle müssten es hören. Die Kinder saßen festgenagelt auf ihren Plätzen. Ihre Beine in wollenen bunt bereiften[1] Strümpfen, die unaufhörlich während des Lernens gebaumelt hatten, hingen leblos unter dem Tisch. Draußen schneite es unaufhörlich, und das weiche Weiß der Flocken strömte einen fahlen Schimmer durch das Fenster in die Stube und auf die Gesichter der Schweigenden. Ein paarmal hörte man verkohlte Holzreste im Ofen knistern und ein leises Knattern an den Türpfosten, wenn der Wind an ihnen rüttelte. Die Stöcke noch über den Schultern, die weißen Bündel noch an den Stöcken, standen die Brüder an der Tür, Boten des Unglücks und seine Kinder.

Plötzlich schrie Deborah: „Mendel, geh, lauf' und frag' die Leute um Rat!"

Mendel Singer fasste nach seinem Bart. Das Schweigen war verbannt, die Beine der Kinder fingen an, sachte zu baumeln, die Brüder legten ihre Bündel und ihre Stöcke ab und näherten sich dem Tisch.

„Was redest du für Dummheiten?", sagte Mendel Singer. „Wohin soll ich gehn? Und wen soll ich um Rat fragen? Wer hilft ei-

---

[1] bunt gestreift

nem armen Lehrer und womit soll man mir helfen? Welche Hilfe erwartest du von den Menschen, wo Gott uns gestraft hat?"

Deborah antwortete nicht. Eine Weile saß sie noch ganz still auf dem Schemel. Dann erhob sie sich, stieß ihn mit dem Fuß, wie einen Hund, dass er mit Gepolter hintorkelte, ergriff ihren braunen Schal, der wie ein Hügel aus Wolle auf dem Fußboden gelegen hatte, umwickelte Kopf und Hals, knüpfte die Fransen im Nacken zu einem starken Knoten, mit einer wütenden Bewegung, als wollte sie sich erwürgen, wurde rot im Gesicht, stand da, zischend und wie gefüllt von siedendem Wasser, und spuckte plötzlich aus, weißen Speichel feuerte sie wie ein giftiges Geschoss vor Mendel Singers Füße. Und als hätte sie damit allein ihre Verachtung nicht genügend bewiesen, schickte sie dem Speichel noch einen Schrei nach, der wie ein Pfui! klang, der aber nicht genau verstanden werden konnte. Ehe sich die Verblüfften gefasst hatten, schlug sie die Tür auf. Ein böser Windstoß schüttete weiße Flocken ins Zimmer, blies Mendel Singer ins Gesicht, griff den Kindern an die hängenden Beine. Dann knallte die Tür wieder zu. Deborah war fort.

Sie lief, ohne Ziel, durch die Gassen, immer in der Mitte, ein schwarzbrauner Koloss, raste sie durch den weißen Schnee, bis sie in ihm versank. Sie verwickelte sich in den Kleidern, stürzte, erhob sich mit erstaunlicher Hurtigkeit[1], lief weiter, noch wusste sie nicht, wohin, aber es war ihr, als liefen die Füße schon selbst zu einem Ziel, das ihr Kopf noch nicht kannte. Die Dämmerung fiel schneller als die Flocken, die ersten gelben Lichter erglommen, die spärlichen Menschen, die aus den Häusern traten, um die Fensterläden zu schließen, drehten die Köpfe nach Deborah und sahen ihr lange nach, obwohl sie froren. Deborah lief in die Richtung des Friedhofs. Als sie das hölzerne kleine Gitter erreichte, fiel sie noch einmal nieder. Sie raffte sich auf, die Tür wollte nicht weichen, Schnee hatte sie festgeklemmt, Deborah rannte mit den Schultern gegen das Gitter. Jetzt war sie drinnen. Der Wind heulte über die Gräber. Toter als sonst schienen heute die Toten. Aus der Dämmerung wuchs schnell die Nacht, schwarz,

---

[1] Schnelligkeit

schwarz und durchleuchtet vom Schnee. Vor einem der ersten Grabsteine in der ersten Reihe ließ sich Deborah nieder. Mit klammen Fäusten befreite sie ihn vom Schnee, als wollte sie sich vergewissern, dass ihre Stimme leichter zu dem Toten dringen würde, wenn die dämpfende Schicht zwischen ihrem Gebet und dem Ohr des Seligen fortgeräumt wäre. Und dann brach ein Schrei aus Deborah, der klang wie aus einem Horn, in dem ein menschliches Herz eingebaut ist. Diesen Schrei hörte man im ganzen Städtchen, aber man vergaß ihn sofort. Denn die Stille, die hinter ihm folgte, wurde nicht mehr gehört. Nur ein leises Wimmern stieß Deborah in kurzen Abständen hervor, ein leises mütterliches Wimmern, das die Nacht verschlang, das der Schnee begrub und das nur die Toten vernahmen.

IV

Nicht weit von den Kluczýsker Verwandten Mendel Singers lebte Kapturak, ein Mann ohne Alter, ohne Familie, ohne Freunde, flink und viel beschäftigt und mit den Behörden vertraut. Seine Hilfe zu erreichen, bemühte sich Deborah. Von den siebzig Rubeln, die Kapturak einforderte, ehe er sich mit seinen Klienten in Verbindung setzte, besaß sie erst knapp fünfundzwanzig, geheim erspart in den langen Jahren der Mühsal, im haltbaren Lederbeutel aufbewahrt unter einem Dielenbrett, das ihr allein vertraut war. Jeden Freitag hob sie es sachte auf, wenn sie den Fußboden scheuerte. Ihrer mütterlichen Hoffnung erschien die Differenz von fünfundvierzig Rubeln geringer als die Summe, die sie bereits besaß. Denn zu dieser addierte sie die Jahre, in denen sich das Geld angehäuft hatte, die Entbehrungen, denen jeder halbe Rubel seine Dauer verdankte, und die vielen stillen und heißen Freuden des Nachzählens.

Vergeblich versuchte ihr Mendel Singer die Unzugänglichkeit Kapturaks zu schildern, sein hartes Herz und seinen hungrigen Beutel. „Was willst du, Deborah", sagte Mendel Singer, „die Armen sind ohnmächtig, Gott wirft ihnen keine goldenen Steine vom Himmel, in der Lotterie gewinnen sie nicht, und ihr Los müssen sie in Ergebenheit tragen. Dem einen gibt Er und dem andern nimmt Er. Ich weiß nicht, wofür Er uns straft, zuerst mit dem kranken Menuchim und jetzt mit den gesunden Kindern. Ach, dem Armen geht es schlecht, wenn er gesündigt hat, und wenn er krank ist, geht es ihm schlecht. Man soll sein Schicksal tragen! Lass die Söhne einrücken, sie werden nicht verkommen! Gegen den Willen des Himmels gibt es keine Gewalt. ‚Von ihm donnert es und blitzt es, er wölbt sich über die ganze Erde, vor ihm kann man nicht davonlaufen' – so steht es geschrieben."

Deborah aber antwortete, die Hand in die Hüfte gestemmt, über den Bund rostiger Schlüssel: „Der Mensch muss sich zu helfen suchen, und Gott wird ihm helfen. So steht es geschrieben, Mendel! Immer weißt du die falschen Sätze auswendig. Viele tausend Sätze sind geschrieben worden, die überflüssigen merkst du dir alle! Du bist so töricht geworden, weil du Kinder unterrichtest! Du gibst ihnen dein bisschen Verstand, und sie lassen bei dir ihre ganze Dummheit. Ein Lehrer bist du, Mendel, ein Lehrer!"

Mendel Singer war nicht eitel auf seinen Verstand und auf seinen Beruf. Dennoch wurmten ihn die Reden Deborahs, ihre Vorwürfe zernagten langsam seine Gutmütigkeit, und in seinem Herzen züngelten bereits die weißen Stichflämmchen der Empörung. Er wandte sich ab, um das Angesicht seiner Frau nicht länger anzusehn. Es war ihm, als kannte er es schon lange, weit länger als seit der Hochzeit, seit der Kindheit vielleicht. Lange Jahre war es ihm gleich erschienen, wie am Tage seiner Heirat. Er hatte nicht gesehen, wie das Fleisch abbröckelte von den Wangen, schön getünchter Mörtel von einer Wand, wie die Haut sich um die Nase spannte, um desto lockerer unter dem Kinn zu zerflattern, wie die Lider sich runzelten zu Netzen über den Augen und wie deren Schwärze ermattete zu einem kühlen und nüchternen Braun, kühl, verständig und hoffnungslos. Eines Tages, er erinnerte sich nicht, wann es gewesen sein konnte (vielleicht war es auch an jenem Morgen geschehen, an dem er selbst geschlafen und nur eines seiner Augen Deborah vor dem Spiegel überrascht hatte), eines Tages also war die Erkenntnis über ihn gekommen. Es war wie eine zweite, eine wiederholte Ehe, diesmal mit der Hässlichkeit, mit der Bitterkeit, mit dem fortschreitenden Alter seiner Frau. Näher empfand er sie zwar, beinahe ihm einverleibt, untrennbar und auf ewig, aber unerträglich, quälend und ein bisschen auch gehasst. Sie war aus einem Weib, mit dem man sich nur in der Finsternis verbindet, gleichsam eine Krankheit geworden, mit der man Tag und Nacht verbunden ist, die einem ganz angehört, die man nicht mehr mit der Welt zu teilen braucht und an deren treuer Feindschaft man zugrunde geht. Gewiss, er war nur ein Lehrer! Auch sein Vater war ein Lehrer gewesen, sein Großvater auch. Er selbst konnte eben nichts anderes sein. Man griff also sein Dasein an, wenn man seinen Beruf tadelte, man versuchte, ihn auszulöschen aus der Liste der Welt. Dagegen wehrte sich Mendel Singer.

Eigentlich freute er sich, dass Deborah wegfuhr. Jetzt schon, während sie die Vorbereitungen zur Abreise traf, war das Haus leer, Jonas und Schemarjah trieben sich in den Gassen herum, Mirjam saß bei den Nachbarn oder ging spazieren. Zu Hause, um die Stunde des Mittags, bevor die Schüler wiederkamen, blieben nur Mendel und Menuchim. Mendel aß eine Graupensuppe[1], die er selbst gekocht hatte, und ließ in seinem irdenen Teller einen erheblichen Rest für Menuchim übrig. Er schob den Riegel vor, damit der Kleine nicht vor die Tür krieche, wie es seine Art war. Dann ging der Vater in die Ecke, hob das Kind hoch, setzte es auf seine Knie und begann, es zu füttern.

Er liebte diese stillen Stunden. Er blieb gern allein mit seinem Sohn. Ja, manchmal überlegte er, ob es nicht besser wäre, wenn sie überhaupt zusammenblieben, ohne Mutter, ohne Geschwister. Nachdem Menuchim Löffel um Löffel die Graupensuppe verschluckt hatte, setzte ihn der Vater auf den Tisch, blieb hart vor ihm sitzen und vertiefte sich mit zärtlicher Neugier in das breite blaßgelbe Angesicht mit den vielen Runzeln auf der Stirn, den vielfach gefältelten Augenlidern und dem schlaffen Doppelkinn. Er bemühte sich zu erraten, was in diesem breiten Schädel vorgehn mochte, durch die Augen wie durch Fenster in das Gehirn hineinzusehen und durch ein bald leises, bald lautes Sprechen dem stumpfen Knaben irgendein Zeichen zu entlocken. Er nann-

---

[1] einfache Suppe aus Gersten- und Weizenkörnern

te zehnmal hintereinander Menuchims Namen, mit langsamen Lippen zeichnete er die Laute in die Luft, damit Menuchim sie erblickte, wenn er sie schon nicht hören konnte. Aber Menuchim regte sich nicht. Dann ergriff Mendel seinen Löffel, schlug damit gegen ein Teeglas, und sofort wandte Menuchim den Kopf, und ein kleines Lichtlein flammte in seinen großen, grauen, hervorquellenden Augen auf. Mendel klingelte weiter, begann, ein Liedchen zu singen und mit dem Löffel an das Glas den Takt zu läuten, und Menuchim offenbarte eine deutliche Unruhe, wendete den großen Kopf mit einiger Mühe und baumelte mit den Beinen. „Mama, Mama!", rief er dazwischen. Mendel stand auf, holte das schwarze Buch der Bibel, hielt die erste Seite aufgeschlagen vor Menuchims Angesicht und intonierte in der Melodie, in der er seine Schüler zu unterrichten pflegte, den ersten Satz: „Am Anfang schuf Gott Himmel und Erde." Er wartete einen Augenblick, in der Hoffnung, dass Menuchim die Worte nachsprechen würde. Aber Menuchim regte sich nicht. Nur in seinen Augen stand noch das lauschende Licht. Da legte Mendel das Buch weg, blickte seinen Sohn traurig an und fuhr in dem monotonen Singsang fort:

„Hör mich, Menuchim, ich bin allein! Deine Brüder sind groß und fremd geworden, sie gehn zu den Soldaten. Deine Mutter ist ein Weib, was kann ich von ihr verlangen. Du bist mein jüngster Sohn, meine letzte und jüngste Hoffnung habe ich in dich gepflanzt. Warum schweigst du, Menuchim? Du bist mein wirklicher Sohn! Sieh her, Menuchim, und wiederhole die Worte: ‚Am Anfang schuf Gott Himmel und Erde ...'"

Mendel wartete noch einen Augenblick. Menuchim rührte sich nicht. Da klingelte Mendel wieder mit dem Löffel an das Glas. Menuchim drehte sich um, und Mendel ergriff wie mit beiden Händen den Moment der Wachheit und sang wieder: „Hör mich, Menuchim! Ich bin alt, du bleibst mir allein von allen Kindern, Menuchim! Hör zu und sprich mir nach: ‚Am Anfang schuf Gott Himmel und Erde ...'"

Aber Menuchim rührte sich nicht.

Da ließ Mendel mit einem schweren Seufzer Menuchim wieder auf den Boden. Er schob den Riegel zurück und trat vor die Tür, um seine Schüler zu erwarten. Menuchim kroch ihm nach und blieb auf der Schwelle hocken. Von der Turmuhr schlug es sieben Schläge, vier tiefe und drei helle. Da rief Menuchim: „Mama, Mama!" Und als Mendel sich zu ihm umwandte, sah er, dass der Kleine den Kopf in die Luft streckte, als atmete er den nachhallenden Gesang der Glocken ein.

„Wofür bin ich so gestraft?", dachte Mendel. Und er durchforschte sein Gehirn nach irgendeiner Sünde und fand keine schwere.

Die Schüler kamen. Er kehrte mit ihnen ins Haus zurück, und während er auf und ab durch die Stube wanderte, den und jenen ermahnte, den auf die Finger schlug und jenem einen leichten Stoß in die Rippen versetzte, dachte er unaufhörlich: Wo ist die Sünde? Wo steckt die Sünde?

Deborah ging indessen zum Fuhrmann Sameschkin und fragte ihn, ob er sie in der nächsten Zeit umsonst nach Kluczýsk mitnehmen könnte.

„Ja", sagte der Kutscher Sameschkin, er saß auf der blanken Ofenbank, ohne sich zu rühren, die Füße in graugelben Säcken, mit Stricken umwickelt, und er duftete nach selbst gebrautem Schnaps. Deborah roch den Branntwein wie einen Feind. Es war der gefährliche Geruch der Bauern, der Vorbote unbegreiflicher Leidenschaften und der Begleiter der Pogromstimmungen[1]. „Ja", sagte Sameschkin, „wenn die Wege besser wären!" – „Du hast mich einmal auch schon im Herbst mitgenommen, als die Wege noch schlechter waren." – „Ich erinnere mich nicht", sagte Sameschkin, „du irrst dich, es wird ein trockener Sommertag gewesen sein." – „Keineswegs", erwiderte Deborah, „es war Herbst, und es regnete, und ich fuhr zum Rabbi." – „Siehst du", sagte Sameschkin, und seine beiden Füße in den Säcken begannen, sachte zu baumeln, denn die Ofenbank war ziemlich hoch und Sameschkin ziemlich klein von Wuchs, „siehst du", sagte er, „damals fuhrst du zum Rabbi, es war vor euren hohen Feiertagen, und da nahm ich dich eben mit. Heute aber fährst du nicht zum Rabbi!" – „Ich fahre in einer wichtigen Angelegenheit", sagte Deborah,

---

[1] Pogrom: gewaltsame Ausschreitungen gegen religiöse, ethnische oder nationale Gruppen

„Jonas und Schemarjah sollen niemals Soldaten werden!" – „Auch ich war Soldat", meinte Sameschkin, „sieben Jahre, davon saß ich zwei im Zuchthaus, denn ich hatte gestohlen. Eine Kleinigkeit übrigens!" Er brachte Deborah zur Verzweiflung. Seine Erzählungen bewiesen ihr nur, wie fremd er ihr war, ihr und ihren Söhnen, die nicht stehlen und auch nicht im Zuchthaus sitzen sollten. Also entschloss sie sich, schnell zu handeln: „Wie viel soll ich dir zahlen?" – „Gar nichts! – Ich verlange kein Geld, ich will auch nicht fahren! Der Schimmel ist alt, der Braune hat gleich auf einmal zwei Hufeisen verloren. Übrigens frisst er den ganzen Tag Hafer, wenn er einmal nur zwei Werst gelaufen ist. Ich kann ihn nicht mehr halten, ich will ihn verkaufen. Es ist überhaupt kein Leben, Fuhrmann sein!" – „Jonas wird den Braunen selbst zum Schmied führen", sagte beharrlich Deborah, „er wird selbst die Hufeisen bezahlen." – „Vielleicht!", erwiderte Sameschkin. „Wenn Jonas das selbst machen will, dann muss er aber auch ein Rad beschlagen lassen." – „Auch das!", versprach Deborah.

„Wir fahren also nächste Woche!"

Also reiste sie nach Kluczýsk, zu dem unheimlichen Kapturak. Viel lieber wäre sie eigentlich beim Rabbi eingetreten, denn gewiss war ein Wort aus seinem heiligen dünnen Mund mehr wert als eine Protektion Kapturaks. Aber der Rabbi empfing nicht zwischen Ostern und Pfingsten, es sei denn in dringenden Fällen, in denen es sich um Leben und Tod handelte. Sie traf Kapturak in der Schenke, wo er umringt von Bauern und Juden in der Ecke am Fenster saß und schrieb. Seine offene Mütze, mit dem aufwärtsgekehrten Unterfutter, lag auf dem Tisch, neben den Papieren, wie eine ausgestreckte Hand, und viele Silbermünzen ruhten bereits in der Mütze und zogen die Augen aller Umstehenden an. Kapturak kontrollierte sie von Zeit zu Zeit, obwohl er wusste, dass niemand wagen würde, ihm auch nur eine Kopeke zu entwenden. Er schrieb Gesuche, Liebesbriefe und Postanweisungen für jeden Analphabeten – (außerdem konnte er Zähne ziehen und Haare schneiden).

„Ich habe mit dir eine wichtige Sache zu besprechen", sagte Deborah über die Köpfe der Umstehenden hinweg. Kapturak schob mit einem Ruck alle Papiere von sich, die Menschen zerstreuten sich, er langte nach der Mütze, schüttete das Geld in die hohle Hand und knüpfte es in ein Taschentuch. Dann lud er Deborah ein, sich zu setzen.

Sie sah in seine harten kleinen Augen, wie in starre helle Knöpfchen aus Horn. „Meine Söhne müssen einrücken!", sagte sie. „Du bist eine arme Frau", sagte Kapturak mit einer fernen singenden Stimme, als läse er aus den Karten. „Du hast kein Geld sparen können, und kein Mensch kann dir helfen." „Doch, ich habe gespart." – „Wie viel?" – „Vierundzwanzig Rubel und siebzig Kopeken. Davon habe ich schon einen Rubel ausgegeben, um dich zu sehn." – „Das macht also nur dreiundzwanzig Rubel!" – „Dreiundzwanzig Rubel und siebzig Kopeken!", verbesserte Deborah. Kapturak hob die rechte Hand, spreizte Mittel- und Zeigefinger und fragte: „Und zwei Söhne?" – „Zwei", flüsterte Deborah. – „Fünfundzwanzig kostet schon ein Einziger!" – „Für mich?" – „Auch für dich!"

Sie handelten eine halbe Stunde. Dann erklärte sich Kapturak mit fünfundzwanzig für einen zufrieden. „Wenigstens einer!", dachte Deborah.

Aber unterwegs, während sie auf der Fuhre Sameschkins saß und die Räder durch ihre Eingeweide und ihren armen Kopf holperten, erschien ihr die Lage noch elender als zuvor. Wie konnte sie ihre Söhne voneinander unterscheiden? Jonas oder Schemarjah?, fragte sie sich unermüdlich. Besser einer als beide, sagte ihr Verstand, wehklagte ihr Herz.

Als sie nach Hause kam und ihren Söhnen das Urteil Kapturaks zu berichten anfing, unterbrach sie Jonas, der Ältere, mit den Worten: „Ich gehe gern zu den Soldaten!"

Deborah, die Tochter Mirjam, Schemarjah und Mendel Singer warteten, wie Hölzer. Endlich, da Jonas nichts weiter sprach, sagte Schemarjah:

„Du bist ein Bruder! Ein guter Bruder bist du!" – „Nein", erwiderte Jonas, „ich will zu den Soldaten!"

„Vielleicht kommst du ein halbes Jahr später frei!", tröstete der Vater.

„Nein", sagte Jonas, „ich will gar nicht freikommen! Ich bleibe bei den Soldaten!"

Alle murmelten das Nachtgebet. Schweigsam entkleideten sie sich. Dann ging Mirjam im Hemd und auf koketten Zehen zur Lampe und pustete sie aus. Sie legten sich schlafen.

*

Am nächsten Morgen war Jonas verschwunden. Sie suchten nach ihm, den ganzen Vormittag. Erst am späten Abend erblickte ihn Mirjam. Er ritt einen Schimmel, trug eine braune Joppe und eine Soldatenmütze.

„Bist du schon Soldat?", rief Mirjam.

„Noch nicht", sagte Jonas und hielt den Schimmel an. „Grüß' Vater und Mutter. Ich bin bei Sameschkin, vorläufig, bis ich einrücke. Sag', ich konnte es nicht bei euch aushalten, aber ich hab' euch alle ganz gern!"

Er ließ daraufhin eine Weidengerte pfeifen, zog an den Zügeln und ritt weiter.

Von nun an war er Pferdeknecht beim Fuhrmann Sameschkin. Er striegelte den Schimmel und den Braunen, schlief bei ihnen im Stall, sog mit offenen genießenden Nasenlöchern ihren beizenden Urinduft ein und den sauren Schweiß. Er besorgte den Hafer und den Tränkeimer, flickte die Koppeln, beschnitt die Schwänze, hängte neue Glöckchen an das Joch, füllte die Tröge, wechselte das faule Heu in den zwei Fuhren gegen trockenes aus, trank Samogonka[1] mit Sameschkin, war betrunken und befruchtete die Mägde.

Man beweinte ihn zu Hause als einen Verlorenen, aber man vergaß ihn nicht. Der Sommer brach an, heiß und trocken. Die Abende sanken spät und golden über das Land. Vor der Hütte Sameschkins saß Jonas und spielte Ziehharmonika. Er war sehr betrunken, und er erkannte seinen eigenen Vater nicht, der manchmal zögernd vorbeischlich, ein Schatten, der sich vor sich selbst fürchtet, ein Vater, der nicht aufhörte zu staunen, dass dieser Sohn seinen eigenen Lenden entsprossen war.

---

[1] selbst gebrannter Korn- oder Kartoffelschnaps

V

Am zwanzigsten August erschien bei Mendel Singer ein Bote Kapturaks, um Schemarjah abzuholen. Alle hatten den Boten in diesen Tagen erwartet. Als er aber leibhaftig vor ihnen stand, waren sie überrascht und erschrocken. Es war ein gewöhnlicher Mann von gewöhnlichem Wuchs und gewöhnlichem Aussehn, mit einer blauen Soldatenmütze auf dem Kopf und einer dünnen gedrehten Zigarette im Mund. Als man ihn einlud, sich zu setzen und einen Tee zu trinken, lehnte er ab. „Ich will lieber vor dem Haus warten", sagte er in einer Art, an der man erkennen musste, dass er gewohnt war, draußen zu warten, vor den Häusern. Aber gerade dieser Entschluss des Mannes versetzte die Familie Mendel Singers in noch hitzigere Aufregung. Immer wieder sahen sie den blau bemützten Mann wie einen Wachtposten vor dem Fenster erscheinen, und immer heftiger wurden ihre Bewegungen. Sie packten Schemarjahs Sachen ein, einen Anzug, Gebetriemen[1], Reiseproviant, ein Brotmesser. Mirjam holte die Gegenstände herbei, immer mehr schleppte sie heran, Menuchim, der bereits mit dem Kopf bis zum Tisch reichte, reckte neugierig und stupide das Kinn und lallte unaufhörlich das eine Wort, das er konnte: „Mama". Mendel Singer stand am Fenster und trommelte gegen die Scheibe. Deborah weinte lautlos, eine Träne nach der anderen schickten ihre Augen zu dem verzogenen Mund. Als Schemarjahs Bündel fertig war, erschien es allen viel zu kümmerlich, und sie suchten mit hilflosen Augen das Zimmer ab, um noch irgendeinen Gegenstand zu entdecken. Bis zu diesem Augenblick hatten sie nichts miteinander gesprochen. Jetzt, da das weiße Bündel neben dem Stock auf dem Tisch lag, wandte sich Mendel Singer vom Fenster ab und der Stube zu und sagte zu seinem Sohn: „Du wirst uns sofort und so schnell, wie es dir möglich ist, Nachricht zukommen lassen, vergiss es nicht!" Deborah schluchzte laut auf, breitete die Arme aus und umfing ihren Sohn. Lange umklammerten sie sich. Dann löste sich Schemar-

---

[1] schwarze Lederriemen mit einer Kapsel, die ein Gebet enthält; sie werden von Juden zum Gebet um Arm und Kopf geschlungen.

jah gewaltsam los, schritt auf seine Schwester zu und küsste sie mit knallenden Lippen auf beide Wangen. Sein Vater breitete die Hände segnend über ihn und murmelte hastig etwas Unverständliches. Furchtsam näherte sich darauf Schemarjah dem glotzenden Menuchim. Zum ersten Mal galt es, das kranke Kind zu umarmen, und es war Schemarjah, als hätte er nicht einen Bruder zu küssen, sondern ein Symbol, das keine Antwort gibt. Jeder hätte gerne noch etwas gesagt. Aber keiner fand ein Wort. Sie wussten, dass es ein Abschied für immer war. Im besten Fall geriet Schemarjah heil und gesund ins Ausland. Im schlimmsten Fall wurde er an der Grenze gefangen, dann hingerichtet oder von den Grenzposten an Ort und Stelle erschossen. Was soll man einander sagen, wenn man Abschied fürs Leben nimmt?

Schemarjah schulterte das Bündel und stieß die Tür mit dem Fuß auf. Er sah sich nicht mehr um. Er versuchte, in dem Augenblick, in dem er über die Schwelle trat, das Haus und alle seine Angehörigen zu vergessen. Hinter seinem Rücken ertönte noch einmal ein lauter Schrei Deborahs. Die Tür schloss sich wieder. Mit dem Gefühl, dass seine Mutter ohnmächtig hingestürzt sei, näherte sich Schemarjah seinem Begleiter. „Gleich hinter dem Marktplatz", sagte der Mann mit der blauen Mütze, „erwarten uns die Pferde." Als sie an Sameschkins Hütte vorbeikamen, blieb Schemarjah stehn. Er warf einen Blick in den kleinen Garten, dann in den offenen leeren Stall. Sein Bruder Jonas war nicht da. Einen wehmütigen Gedanken hinterließ er dem verlorenen Bruder, der sich freiwillig geopfert hatte, wie Schemarjah immer noch glaubte. „Er ist ein Grobian, aber edel und tapfer", dachte er. Dann ging er mit gleichmäßigen Schritten an der Seite des Fremden weiter.

Gleich hinter dem Marktplatz trafen sie die Pferde, wie der Mann gesagt hatte. Nicht weniger als drei Tage brauchten sie, bis sie zur Grenze kamen, denn sie mieden die Eisenbahn. Es erwies sich unterwegs, dass der Begleiter Schemarjahs genau Bescheid im Lande wusste. Er gab es zu erkennen, ohne dass ihn Schemarjah gefragt hätte. Auf die fernen Kirchtürme deutete er und nannte die Dörfer, zu denen sie gehörten. Er nannte die Gehöfte und die Güter und die Namen der Gutsbesitzer. Er zweigte oft von der breiten Straße ab und fand sich auf schmalen Wegen in kürzerer Zeit zurecht. Es war, als wollte er Schemarjah noch schnell mit der Heimat vertraut machen, ehe der junge Mann auszog, eine neue zu suchen. Er säte das Heimweh fürs ganze Leben in das Herz Schemarjahs.

Eine Stunde vor Mitternacht kamen sie zur Grenzschenke. Es war eine stille Nacht. Die Schenke stand in ihr als einziges Haus, ein Haus in der Stille der Nacht, stumm, finster, mit abgedichteten Fenstern, hinter denen kein Leben zu ahnen war. Millionen Grillen umzirpten es unaufhörlich, der wispernde Chor der Nacht. Sonst störte sie keine Stimme. Flach war das Land, der gestirnte Horizont zog einen vollendet runden tiefblauen Kreis darum, der nur im Nordosten durch einen hellen Streifen unterbrochen war, wie ein blauer Ring von einem Stück eingefassten Silber. Man roch die ferne Feuchtigkeit der Sümpfe, die sich im Westen ausbreiteten, und den langsamen Wind, der sie herübertrug. „Eine schöne echte Sommernacht!", sagte der Bote Kapturaks. Und zum ersten Mal, seitdem sie zusammen waren, ließ er sich herbei, von seinem Geschäft zu sprechen: „Man kann in so stillen Nächten nicht immer ohne Schwierigkeiten hinüber. Für unsere Unternehmungen sind Regen nützlicher." Er warf eine kleine Angst in Schemarjah. Da die Schenke, vor der sie standen, stumm und geschlossen war, hatte Schemarjah nicht an ihre Bedeutung gedacht, bis ihn die Worte des Begleiters an sein Vorhaben erinnerten. „Gehen wir hinein!", sagte er, wie einer, der die Gefahr nicht länger aufschieben will. „Brauchst dich nicht zu eilen, wir werden lange genug warten müssen!"

Er trat dennoch ans Fenster und klopfte leise an den hölzernen Laden. Die Tür öffnete sich und entließ einen breiten Strom gelben Lichts über die nächtliche Erde. Sie traten ein. Hinter der Theke, genau im Lichtkegel einer Hängelampe, stand der Wirt und nickte ihnen zu, auf dem Fußboden hockten ein paar Männer und würfelten. An einem Tisch saß Kapturak mit einem Mann in Wachtmeisteruniform. Niemand sah auf. Man hörte das Klappern der Würfel und das Ticken der Wanduhr. Schemarjah setzte sich. Sein Begleiter bestellte zu trinken. Schemarjah trank einen Schnaps, er wurde heiß, aber ruhig. Sicherheit fühlte er wie noch nie; er wusste, dass er eine der seltenen Stunden erlebte, in denen der Mensch an seinem Schicksal nicht weniger zu formen hat als die große Gewalt, die es ihm beschert.

Kurz nachdem die Uhr Mitternacht geschlagen hatte, knallte ein Schuss, hart und scharf, mit einem langsam verrinnenden Echo. Kapturak und der Wachtmeister erhoben sich. Es war das verabredete Zeichen, mit dem der Posten zu verstehen gab, dass die nächtliche Kontrolle des Grenzoffiziers vorbei war. Der Wachtmeister verschwand. Kapturak mahnte die Leute zum Aufbruch. Alle erhoben sich träge, schulterten Bündel und Koffer, die Tür ging auf, sie tropften einzeln in die Nacht hinaus und traten den Weg zur Grenze an. Sie versuchten zu singen, irgendjemand verbot es ihnen, es war Kapturaks Stimme. Man wusste nicht, ob sie aus den vorderen Reihen herkam, aus der Mitte, aus der letzten. Sie schritten also schweigsam durch das dichte Zirpen der Grillen und das tiefe Blau der Nacht. Nach einer halben Stunde kommandierte ihnen Kapturaks Stimme: Niederlegen! Sie ließen sich auf den taufeuchten Boden fallen, lagen reglos, pressten die klopfenden Herzen gegen die nasse Erde, Abschied der Herzen von der Heimat. Dann befahl man ihnen aufzustehn. Sie kamen an einen seichten breiten Graben, ein Licht blinkte links von ihnen auf, es war das Licht der Wächterhütte. Sie setzten über den Graben. Pflichtgemäß, aber ohne zu zielen, feuerte hinter ihnen der Posten sein Gewehr ab.

„Wir sind draußen!", rief eine Stimme.

In diesem Augenblick lichtete sich der Himmel im Osten. Die Männer wandten sich um, zur Heimat, über der noch die Nacht zu liegen schien, und kehrten sich wieder dem Tag und der Fremde zu.

Einer begann zu singen, alle fielen ein, singend setzten sie sich in Marsch. Nur Schemarjah sang nicht mit. Er dachte an seine nächste Zukunft (er besaß zwei Rubel); an den Morgen zu Haus. In zwei Stunden erhob sich daheim der Vater, murmelte ein Gebet, räusperte sich, gurgelte, ging zur Schüssel und verspritzte Wasser. Die Mutter blies in den Samowar. Menuchim lallte irgendetwas in den Morgen hinein, Mirjam kämmte weiße Flaumfedern aus ihrem schwarzen Haar. All dies sah Schemarjah so deutlich, wie er es nie gesehn hatte, als er noch zu Hause gewesen war und selbst ein Bestandteil des heimatlichen Morgens. Er hörte kaum den Gesang der andern, nur seine Füße nahmen den Rhythmus auf und marschierten mit.

Eine Stunde später erblickte er die erste fremde Stadt, den blauen Rauch aus den ersten fleißigen Schornsteinen, einen Mann mit einer gelben Armbinde, der die Ankömmlinge in Empfang nahm. Von einer Turmuhr schlug es sechs.

Auch von der Wanduhr der Singers schlug es sechs. Mendel erhob sich, gurgelte, räusperte sich, murmelte ein Gebet, Deborah stand bereits am Herd und pustete in den Samowar, Menuchim lallte aus seiner Ecke etwas Unverständliches, Mirjam kämmte sich vor dem erblindeten Spiegel. Dann schlürfte Deborah den heißen Tee, stehend, immer noch am Herd. „Wo ist jetzt Schemarjah?", sagte sie plötzlich. Alle hatten an ihn gedacht. „Gott wird ihm helfen!", sagte Mendel Singer. Und also brach der Tag an.

Also brachen die folgenden Tage an, leere Tage, kümmerliche Tage. „Ein Haus ohne Kinder", dachte Deborah. „Alle hab' ich geboren, alle hab' ich gesäugt, ein Wind hat sie weggeblasen." Sie sah sich nach Mirjam um, sie fand die Tochter selten zu Haus. Menuchim allein blieb der Mutter. Immer streckte er die Arme aus, kam sie an seinem Winkel vorbei. Und wenn sie ihn küsste, suchte er nach ihrer Brust, wie ein Säugling. Vorwurfsvoll dachte sie an den Segen, der sich so langsam erfüllte, und sie zweifelte, ob sie die Gesundheit Menuchims noch erleben würde.

Das Haus schwieg, wenn der Singsang der lernenden Knaben aufhörte. Es schwieg und war finster. Es war wieder Winter. Man sparte Petroleum. Man legte sich zeitig schlafen. Man versank dankbar in der gütigen Nacht. Von Zeit zu Zeit schickte Jonas einen Gruß. Er diente in Pskow, erfreute sich seiner guten gewohnten Gesundheit und hatte keine Schwierigkeiten mit den Vorgesetzten.

Also verrannen die Jahre.

VI

An einem Nachmittag im Spätsommer betrat ein Fremder das Haus Mendel Singers. Tür und Fenster standen offen. Die Fliegen klebten still, schwarz und satt an den heiß besonnten Wänden, und der Singsang der Schüler strömte aus dem offenen Haus in die weiße Gasse. Plötzlich bemerkten sie den fremden Mann im Rahmen der Tür und verstummten. Deborah erhob sich vom Schemel. Von der andern Seite der Gasse eilte Mirjam herbei, den wackelnden Menuchim an der heftigen Hand. Mendel Singer stellte sich vor dem Fremden auf und musterte ihn. Es war ein außergewöhnlicher Mann. Er trug einen mächtigen schwarzen Kalabreser[1], weite, helle, flatternde Hosen, solide gelbe Stiefel, und wie eine Fahne wehte über seinem tiefgrünen Hemd eine knallrote Krawatte. Ohne sich zu rühren, sagte er etwas, offenbar einen Gruß, in einer unverständlichen Sprache. Es klang, als spräche er mit einer Kirsche im Mund. Grüne Stengel lugten ohnehin aus seinen Rocktaschen. Seine glatte, sehr lange Oberlippe rückte langsam hinauf wie ein Vorhang und entblößte ein starkes gelbes Gebiss, das an Pferde denken ließ. Die Kinder lachten, und auch Mendel Singer schmunzelte. Der Fremde zog einen länglich gefalteten Brief und las die Adresse und den Namen der Singers in seiner eigentümlichen Weise, sodass alle noch einmal lachten. „Amerika!", sagte jetzt der Mann und überreichte Mendel Singer den Brief. Eine glückliche Ahnung stieg in Mendel auf und erleuchtete sein Angesicht. „Schemarjah", sagte er. Mit einer Handbewegung schickte er seine Schüler fort, wie man Fliegen verscheucht. Sie liefen hinaus. Der Fremde setzte sich. Deborah stellte Tee, Konfekt und Limonade auf den Tisch. Mendel öffnete den Brief. Deborah und Mirjam setzten sich ebenfalls. Und Folgendes begann Singer vorzulesen:

„Lieber Vater, liebe Mutter, teure Mirjam und guter Menuchim!

Den Jonas rede ich nicht an, weil er ja beim Militär ist. Auch bitte ich Euch, ihm diesen Brief nicht direkt zukommen zu las-

---

[1] Filzhut mit breitem Rand und spitzem Kopf

sen, denn er könnte widrige Umstände haben, wenn er mit einem Bruder korrespondiert, der ein Deserteur[1] ist. Deshalb habe ich auch so lange gewartet und Euch nicht per Post geschrieben, bis ich endlich die Gelegenheit fand, Euch diesen Brief mit meinem guten Freund Mac zu schicken. Er kennt Euch alle aus meinen Erzählungen, aber er wird kein Wort mit Euch sprechen können, denn nicht nur er ist ein Amerikaner, sondern seine Eltern waren auch schon in Amerika geboren, und ein Jude ist er auch nicht. Aber er ist besser als zehn Juden.

    Und also beginne ich Euch zu erzählen, von Anfang bis heute: Zuerst, als ich über die Grenze kam, hatte ich nichts zu essen, nur zwei Rubel in der Tasche, aber ich dachte mir, Gott wird helfen. Von einer Triestiner Schiffsgesellschaft kam ein Mann mit einer Amtsmütze an die Grenze, um uns abzuholen. Wir waren zwölf Mann, die anderen elf hatten alle Geld, sie kauften sich falsche Papiere und Schiffskarten, und der Agent der Schiffsgesellschaft brachte sie zum Zug. Ich ging mit. Ich dachte mir, es kann nicht schaden. Man geht mit, auf jeden Fall werde ich sehen, wie es ist, wenn man nach Amerika fährt. Ich blieb also allein mit dem Agenten zurück, und er wundert sich, dass ich nicht auch fahre. ‚Ich habe keine Kopeke', sage ich zu dem Agenten. Ob ich lese und schreibe, fragt er. ‚Ein bisschen', sage ich, ‚aber es ist vielleicht genug.' Nun gut, um Euch nicht lange aufzuhalten, der Mann hatte eine Arbeit für mich. Nämlich: jeden Tag, wenn die Deserteure ankommen, zur Grenze gehen, sie abholen und ihnen alles einkaufen und ihnen einreden, dass in Amerika Milch und Honig fließt. Well: Ich fange zu arbeiten an und fünfzig Prozent von meinem Verdienst gebe ich dem Agenten, denn ich bin nur Unteragent. Er trägt eine Mütze mit goldgestickter Firma, ich habe nur eine Armbinde. Nach zwei Monaten sage ich ihm, ich müsse sechzig Prozent haben, sonst lege ich die Arbeit nieder. Er gibt sechzig. Kurz und gut, ich lerne bei meinem Wirt ein hübsches Mädchen kennen, Vega heißt sie, und jetzt ist sie Eure Schwiegertochter. Ihr Vater gab mir etwas Geld, damit ich ein Geschäft anfange, ich aber kann und kann nicht vergessen, wie die Elf nach Amerika gefah-

---

[1] Fahnenflüchtiger; jemand, der unerlaubt vom Militärdienst fortbleibt

ren sind und wie ich allein zurückgeblieben bin. Ich nehme also nur von Vega Abschied, in Schiffen kenne ich mich aus, es ist ja meine Branche – und also fahre ich nach Amerika. Und hier bin ich, vor zwei Monaten ist Vega hierhergekommen, wir haben geheiratet und sind sehr glücklich. Mac hat die Bilder in der Tasche. Im Anfang nähte ich Knöpfe an Hosen, dann bügelte ich Hosen, dann nähte ich Unterfutter in Ärmel, und fast wäre ich ein Schneider geworden, wie alle Juden in Amerika. Da aber lernte ich Mac auf einem Ausflug auf Long Island kennen, direkt am Fort Lafayette. Wenn Ihr hier seid, werde ich Euch die Stelle zeigen. Von da an begann ich, mit ihm zusammenzuarbeiten, allerhand Geschäfte. Bis wir Versicherungen anfingen. Ich versichere die Juden und er die Irländer, ich habe sogar auch schon ein paar Christen versichert. Mac wird Euch zehn Dollar von mir geben, davon kauft Euch was, für die Reise. Denn bald schicke ich Euch Schiffskarten, mit Gottes Hilfe.

Ich umarme und küsse Euch alle
Euer Sohn Schemarjah
(hier heiße ich Sam)."

Nachdem Mendel Singer den Brief beendet hatte, entstand in der Stube ein klingendes Schweigen, das sich mit der Stille des Spätsommertages zu vermischen schien und aus dem alle Mitglieder der Familie die Stimme des ausgewanderten Sohnes zu hören vermeinten. Ja, Schemarjah selbst sprach, drüben, im weltenweiten Amerika, wo um diese Stunde vielleicht Nacht war oder Morgen. Für eine kurze Weile vergaßen alle den anwesenden Mac. Es war, als wäre er hinter dem fernen Schemarjah unsichtbar geworden, wie ein Postbote, der einen Brief abgibt, weitergeht und verschwindet. Er selbst, der Amerikaner, musste sich wieder in Erinnerung bringen. Er erhob sich und griff in die Hosentasche, wie ein Zauberkünstler, der sich anschickt, ein Kunststück zu produzieren. Er zog ein Portefeuille[1], entnahm ihm zehn Dollar und Fotografien, auf denen Schemarjah einmal mit seiner Frau Vega auf der Bank im Grünen zu sehen war und ein anderes

---

[1] Brieftasche

Mal allein, im Schwimmkostüm, am Badestrand, ein Leib und ein Gesicht unter einem Dutzend fremder Leiber und Gesichter, kein Schemarjah mehr, sondern ein Sam. Den Dollarschein und die Bilder überreichte der Fremde Deborah, nachdem er alle kurz gemustert hatte, wie um jeden Einzelnen auf seine Vertrauenswürdigkeit zu prüfen. Den Schein zerknüllte sie in der einen Hand, mit der andern legte sie die Bilder auf den Tisch, neben den Brief. All dies dauerte ein paar Minuten, in denen immer noch geschwiegen wurde. Endlich setzte Mendel Singer den Zeigefinger auf die Fotografie und sagte: „Das ist Schemarjah!" „Schemarjah!", wiederholten die anderen, und sogar Menuchim, der jetzt schon den Tisch überragte, gab ein helles Wiehern von sich und legte einen seiner scheuen Blicke mit schielender Behutsamkeit auf die Bilder.

Es war Mendel Singer auf einmal, als wäre der Fremde kein Fremder mehr und als verstünde er dessen seltsame Sprache. „Erzählt mir was!", sagte er zu Mac. Und der Amerikaner, als hätte er die Worte Mendels begriffen, begann, seinen großen Mund zu bewegen und mit heiterem Eifer Unbegreifliches zu erzählen, und es war, als zerkaute er manche schmackhafte Speise mit gesegnetem Appetit. Er erzählte den Singers, dass er eines Hopfenhandels wegen – es lag ihm an der Errichtung von Brauereien in Chicago – nach Russland gekommen sei. Aber die Singers verstanden ihn nicht. Da er einmal hier sei, wolle er keineswegs verfehlen, den Kaukasus[1] zu besuchen und besonders jenen Ararat[2] zu besteigen, von dem er bereits Ausführliches in der Bibel gelesen. Hatten die Zuhörer der Erzählung Macs mit angestrengten Spähergebärden gelauscht, um aus dem ganzen polternden Wust vielleicht eine winzige verständliche Silbe zu erjagen, so erbebten ihre Herzen bei dem Wort „Ararat", das ihnen merkwürdig bekannt vorkam, aber auch zum Entsetzen verändert, und das aus Mac mit einem gefährlichen und schrecklichen Grollen herausrollte. Mendel Singer allein lächelte unaufhörlich. Es war ihm angenehm, die Sprache zu hören, die nunmehr auch die seines Soh-

---

[1] Hochgebirge zwischen Schwarzem und Kaspischem Meer
[2] höchster Berg in der Türkei

nes Schemarjah geworden war, und während Mac redete, versuchte Mendel, sich vorzustellen, wie sein Sohn aussah, wenn er ebensolche Worte sprach. Und bald war es ihm, als spräche die Stimme des eigenen Sohnes aus dem heiter mahlenden Munde des Fremden.

Der Amerikaner beendete seinen Vortrag, ging rund um den Tisch und drückte jedem herzlich und heftig die Hand. Menuchim hob er mit einem hastigen Ruck in die Höhe, betrachtete den schiefen Kopf, den dünnen Hals, die blauen und leblosen Hände und die krummen Beine und setzte ihn mit einer zärtlichen und besinnlichen Geringschätzung auf den Boden, als wollte er so ausdrücken, dass merkwürdige Geschöpfe auf der Erde zu kauern haben und nicht an Tischen zu stehn. Dann ging er breit, groß und ein wenig schwankend, die Hände in den Hosentaschen, aus der offenen Tür, und ihm nach drängte die ganze Familie. Alle beschatteten die Augen mit den Händen, wie sie so in die besonnte Gasse sahen, in deren Mitte Mac dahinschritt und an deren Ende er noch einmal stehen blieb, um einen kurzen Gruß zurückzuwinken.

Lange blieben sie draußen, auch nachdem Mac verschwunden war. Sie hielten die Hände über den Augen und sahen in das staubige Strahlen der leeren Straße. Endlich sagte Deborah: „Nun ist er weg!" Und als wäre der Fremde erst jetzt verschwunden, kehrten alle um und standen umschlungen, jeder einen Arm um die Schulter des anderen, vor den Fotografien auf dem Tisch. „Wie viel sind zehn Dollar?", fragte Mirjam und begann nachzurechnen.

„Es ist ganz gleich", sagte Deborah, „wie viel zehn Dollar sind, wir werden uns doch nichts dafür kaufen."

„Warum nicht?", erwiderte Mirjam, „in unsern Fetzen sollen wir fahren?"

„Wer fährt und wohin?", schrie die Mutter.

„Nach Amerika", sagte Mirjam und lächelte, „Sam selbst hat es geschrieben."

Zum ersten Male hatte ein Angehöriger der Familie Schemarjah „Sam" genannt, und es war, als hätte Mirjam den amerikanischen Namen des Bruders absichtlich ausgesprochen, um seiner

Forderung, die Familie möge nach Amerika fahren, Nachdruck zu verleihen.

„Sam!", rief Mendel Singer, „wer ist Sam?"

„Ja", wiederholte Deborah, „wer ist Sam?"

„Sam!", sagte, immer noch mit einem Lächeln Mirjam, „ist mein Bruder in Amerika und euer Sohn!"

Die Eltern schwiegen.

Menuchims Stimme gellte plötzlich hell aus dem Winkel, in den er sich verkrochen hatte.

„Menuchim kann nicht fahren!", sagte Deborah, so leise, als fürchtete sie, der Kranke könnte sie verstehen.

„Menuchim kann nicht fahren!", wiederholte, ebenso leise, Mendel Singer.

Die Sonne schien rapide zu sinken. Auf der Wand des gegenüberliegenden Hauses, auf die alle durch das offene Fenster starrten, stieg der schwarze Schatten sichtbar höher, wie das Meer beim Anzug der Flut seine Uferwände emporsteigt. Ein leiser Wind erhob sich, und in den Angeln knarrte der Fensterflügel.

„Mach die Tür zu, es zieht!", sagte Deborah.

Mirjam ging zur Tür. Ehe sie die Klinke berührte, stand sie noch ein wenig still und steckte den Kopf über den Türrahmen, in die Richtung, in der Mac verschwunden war. Dann schloss Mirjam die Tür mit hartem Schlag und sagte: „Das ist der Wind!"

Mendel stellte sich ans Fenster. Er sah zu, wie der Schatten des Abends die Wand hinankroch. Er hob den Kopf und betrachtete den goldüberglänzten First des Hauses gegenüber. Er stand lange so, die Stube, sein Weib, seine Tochter Mirjam und den kranken Menuchim im Rücken. Er fühlte sie alle und ahnte jede ihrer Bewegungen. Er wusste, dass Deborah den Kopf auf den Tisch legte, um zu weinen, dass Mirjam ihr Gesicht dem Herd zukehrte und dass ihre Schultern dann und wann zuckten, obwohl sie gar nicht weinte. Er wusste, dass seine Frau nur auf den Augenblick wartete, in dem er nach seinem Gebetbuch griff, um ins Bethaus zu gehn, das Abendgebet sagen, und Mirjam den gelben Schal nahm, um zu den Nachbarn hinüberzueilen. Dann wollte Deborah den Zehndollarschein, den sie immer noch in der Hand hielt, unter dem Dielenbrett vergraben. Er kannte das Dielenbrett, Mendel Singer.

Sooft er es betrat, verriet es ihm knarrend das Geheimnis, das es deckte, und erinnerte ihn an das Knurren der Hunde, die Sameschkin vor seinem Stall angebunden hielt. Er kannte das Brett, Mendel Singer. Und um nicht an die schwarzen Hunde Sameschkins denken zu müssen, die ihm unheimlich waren, lebendige Gestalten der Sünde, vermied er es, auf das Brett zu treten, wenn er nicht gerade vergesslich war und im Eifer des Unterrichtens durch die Stube wanderte. Wie er so den goldenen Streifen der Sonne immer schmaler werden sah und vom First des Hauses auf das Dach gleiten und von hier auf den weißen Schornstein, glaubte er, zum ersten Mal in seinem Leben deutlich das lautlose und tückische Schleichen der Tage zu fühlen, die trügerische Hinterlist des ewigen Wechsels von Tag und Nacht und Sommer und Winter und das Rinnen des Lebens, gleichförmig, trotz allen erwarteten wie überraschenden Schrecken. Sie wuchsen nur an den wechselreichen Ufern, an ihnen vorbei strich Mendel Singer. Es kam ein Mann aus Amerika, lachte, brachte einen Brief, Dollars und Bilder von Schemarjah und verschwand wieder in den verschleierten Gebieten der Ferne. Die Söhne verschwanden: Jonas diente dem Zaren in Pskow und war kein Jonas mehr. Schemarjah badete an den Ufern des Ozeans und hieß nicht mehr Schemarjah. Mirjam sah dem Amerikaner nach und wollte auch nach Amerika. Nur Menuchim blieb, was er gewesen war, seit dem Tage seiner Geburt: ein Krüppel. Und Mendel Singer selbst blieb, was er immer gewesen war: ein Lehrer.

Die schmale Gasse verdunkelte sich vollends und belebte sich gleichzeitig. Die dicke Frau des Glasermeisters Chaim und die neunzigjährige Großmutter des längst verstorbenen Schlossers Jossel Kopp brachten ihre Stühle aus den Häusern, um sich vor den Türen hinzusetzen und die frische Abendstunde zu genießen. Die Juden eilten schwarz und hastig und mit flüchtig gemurmelten Grüßen ins Bethaus. Da wandte sich Mendel Singer um, er wollte sich ebenfalls auf den Weg machen. Er ging an Deborah vorbei, deren Kopf immer noch auf dem harten Tisch lag.

Ihr Gesicht, das Mendel schon seit Jahren nicht mehr leiden konnte, war jetzt vergraben, wie eingebettet in das harte Holz, und die Dunkelheit, die das Zimmer zu erfüllen begann, deckte auch die Härte und die Schüchternheit Mendels zu. Seine Hand huschte über den breiten Rücken der Frau, vertraut war ihm dieses Fleisch einmal gewesen, fremd war es ihm jetzt. Sie erhob sich und sagte: „Du gehst beten!" Und da sie an etwas anderes dachte, wandelte sie mit einer fernen Stimme den Satz ab und wiederholte: „Beten gehst du!"

Mit ihrem Vater zugleich verließ Mirjam im gelben Schal das Haus und begab sich zu den Nachbarn.

Es war die erste Woche im Monat Ab[1]. Die Juden versammelten sich nach dem Abendgebet, um den Neumond zu begrüßen, und weil die Nacht angenehm war und ein Labsal[2] nach dem heißen Tage, folgten sie ihren gläubigen Herzen williger als gewöhnlich und dem Gebot Gottes, die Wiedergeburt des Mondes auf einem freien Platz zu begrüßen, über den sich der Himmel weiter und umfangreicher wölbt als über den engen Gassen des Städtchens. Und sie hasteten, stumm und schwarz, in regellosen Grüppchen, hinter die Häuser, sahen in der Ferne den Wald, der schwarz und schweigsam war wie sie, aber ewig in seinem verwurzelten Bestand, sahen die Schleier der Nacht über den weiten Feldern und blieben schließlich stehn. Sie blickten zum Himmel und suchten das gekrümmte Silber des neuen Gestirns, das heute noch einmal geboren wurde, wie am Tage seiner Erschaffung. Sie schlossen sich zu einer dichten Gruppe, schlugen ihre Gebetbücher auf, weiß schimmerten die Seiten, schwarz starrten die eckigen Buchstaben vor ihren Augen in der nächtlich-bläulichen Klarheit, und sie begannen, den Gruß an den Mond zu murmeln und die Oberkörper hin- und herzuwiegen, dass sie aussahen wie von einem unsichtbaren Sturm gerüttelt. Immer schneller wiegten sie sich, immer lauter beteten sie, mit kriegerischem Mut warfen sie zu dem fernen Himmel ihre urheimischen Worte. Fremd war ihnen die Erde, auf der sie standen, feindlich der Wald, der ihnen entgegenstarrte, gehässig das Kläffen der Hunde, deren misstrauisches Gehör sie geweckt hatten, und vertraut nur der Mond, der

---

[1] der elfte Monat im jüdischen Kalender (entspricht etwa Juli/August)
[2] Erfrischung, Stärkung

heute in dieser Welt geboren wurde wie im Lande der Väter, und
der Herr, der überall wachte, daheim und in der Verbannung.

Mit einem lauten „Amen" beschlossen sie den Segen, reichten
einander die Hände und wünschten sich einen glücklichen Monat, Gedeih den Geschäften und Gesundheit den Kranken. Sie
zerteilten sich, sie liefen einzeln nach Haus, verschwanden in
den Gässchen hinter den kleinen Türen ihrer schiefen Hütten.
Nur ein Jude blieb zurück, Mendel Singer.

Seine Gefährten mochten sich erst vor wenigen Minuten verabschiedet haben, aber ihm war es, als stünde er schon seit einer
Stunde da. Er atmete die ungestörte Ruhe in der Freiheit, machte
ein paar Schritte, fühlte sich matt, bekam Lust, sich auf den Boden zu legen, und hatte Angst vor der unbekannten Erde und
dem gefahrvollen Gewürm, das sie höchstwahrscheinlich beherbergte. Sein verlorener Sohn Jonas kam ihm in den Sinn. Jonas
schlief jetzt in einer Kaserne, auf dem Heu, in einem Stall, vielleicht neben Pferden. Sein Sohn Schemarjah lebte jenseits des
Wassers: Wer war weiter, Jonas oder Schemarjah? Deborah hatte
daheim schon die Dollars vergraben, und Mirjam erzählte jetzt
den Nachbarn die Geschichte von dem Besuch des Amerikaners.

Die junge Mondsichel verbreitete bereits einen starken silbernen Glanz, treu begleitet von dem hellsten Stern des Himmels
glitt sie durch die Nacht. Manchmal heulten die Hunde und erschreckten Mendel. Sie zerrissen den Frieden der Erde und vergrößerten Mendel Singers Unruhe. Obwohl er kaum fünf Minuten von den Häusern des Städtchens entfernt war, kam er sich
unendlich weit von der bewohnten Welt der Juden vor, unsagbar
einsam, von Gefahren bedroht und dennoch außerstande, zurückzugehen. Er wandte sich nach Norden: Da atmete finster der
Wald. Rechts dehnten sich viele Werst weit die Sümpfe mit den
vereinzelten silbernen Weiden. Links lagen die Felder unter opalenen[1] Schleiern. Manchmal glaubte Mendel einen menschlichen
Laut aus unbestimmbarer Richtung zu vernehmen. Er hörte bekannte Leute reden und es war ihm auch, als ob er sie verstünde.
Dann erinnerte er sich, dass er diese Reden schon längst gehört

---

[1] blaugrün schillernd wie ein Opal (Edelstein)

hatte. Er begriff, dass er sie jetzt nur noch einmal vernahm, lediglich ihr Echo, das so lange in seinem Gedächtnis gewartet hatte.

Auf einmal rauschte es links im Getreide, obwohl sich kein Wind erhoben hatte. Es rauschte immer näher, jetzt konnte Mendel auch sehn, wie sich die mannshohen Ähren bewegten, zwischen ihnen musste ein Mensch schleichen, wenn nicht ein riesiges Tier, ein Ungetüm. Davonlaufen wäre wohl richtig gewesen, aber Mendel wartete und bereitete sich auf den Tod vor. Ein Bauer oder ein Soldat würde jetzt aus dem Korn treten, Mendel des Diebstahls bezichtigen und auf der Stelle erschlagen – mit einem Stein vielleicht. Es könnte auch ein Landstreicher sein, ein Mörder, ein Verbrecher, der nicht belauscht und beobachtet sein wollte. „Heiliger Gott!", flüsterte Mendel. Da hörte er Stimmen. Es waren zwei, die durch das Getreide gingen, und dass es nicht einer war, beruhigte den Juden, obwohl er sich gleichzeitig sagte, dass es eben zwei Mörder sein dürften. Nein, es waren keine Mörder, es war ein Liebespaar. Eine Mädchenstimme sprach, ein Mann lachte. Auch Liebespaare konnten gefährlich werden, es gab manches Beispiel dafür, dass ein Mann rasend wurde, wenn er einen Zeugen seiner Liebe ergriff. Bald mussten die beiden aus dem Felde treten. Mendel Singer überwand seinen furchtsamen Ekel vor dem Gewürm der Erde und legte sich sachte hin, den Blick auf das Getreide gerichtet. Da teilten sich die Ähren, der Mann trat zuerst hervor, ein Mann in Uniform, ein Soldat mit dunkelblauer Mütze, gestiefelt und gespornt, das Metall blinkte und klingelte leise. Hinter ihm leuchtete ein gelber Schal auf, ein gelber Schal, ein gelber Schal. Eine Stimme erklang, die Stimme des Mädchens. Der Soldat wandte sich um, legte seinen Arm um ihre Schultern, jetzt öffnete sich der Schal, der Soldat ging hinter dem Mädchen, die Hände hielt er an ihrer Brust, eingebettet in den Soldaten ging das Mädchen.

Mendel schloss die Augen und ließ das Unglück im Finstern vorbeigehen. Hätte er nicht Angst gehabt, sich zu verraten, er hätte sich auch gern die Ohren verstopft, um nicht hören zu müssen. So aber musste er hören: schreckliche Worte, silbernes Klirren der Sporen, leises wahnsinniges Kichern und ein tiefes Lachen des Mannes. Sehnsüchtig erwartete er jetzt das Kläffen der Hunde. Wenn sie nur laut heulen wollten, sehr laut heulen sollten sie! Mörder hatten aus dem Getreide zu treten, um ihn zu erschlagen. Die Stimmen entfernten sich. Stille war es. Fort war alles. Nichts war gewesen.

Mendel Singer stand eilends auf, sah sich um in der Runde, hob mit beiden Händen die Schöße seines langen Rockes und lief in die Richtung des Städtchens. Die Fensterläden waren geschlossen, aber manche Frauen saßen noch vor den Türen und plauderten und schnarrten. Er verlangsamte seinen Lauf, um nicht aufzufallen, er machte nur große eilige Schritte, die Rockschöße immer noch in den Händen. Vor seinem Hause stand er. Er klopfte ans Fenster. Deborah öffnete es. „Wo ist Mirjam?", fragte Mendel. „Sie geht noch spazieren", sagte Deborah, „sie ist ja nicht zu halten! Tag und Nacht geht sie spazieren. Eine halbe Stunde kaum ist sie im Haus. Gott hat mich gestraft mit diesen Kindern, hat man je in der Welt schon ..." – „Sei still", unterbrach sie Mendel, „wenn Mirjam nach Hause kommt, sag ihr: Ich habe nach ihr gefragt. Ich komme heute nicht nach Haus, sondern erst morgen früh. Heute ist der Todestag meines Großvaters Zallel, ich gehe beten."

Und er entfernte sich, ohne eine Antwort seiner Frau abzuwarten.

Es konnten kaum drei Stunden verflossen sein, seitdem er das Bethaus verlassen hatte. Nun, da er es wieder betrat, war ihm, als kehrte er nach vielen Wochen dahin zurück, und er strich mit einer zärtlichen Hand über den Deckel seines alten Gebetpultes und feierte mit ihm ein Wiedersehn. Er klappte es auf und langte nach seinem alten, schwarzen und schweren Buch, das in seinen Händen heimisch war und das er unter tausend gleichartigen Büchern ohne Zögern erkannt hätte. So vertraut war ihm die lederne Glätte des Einbands mit den erhabenen runden Inselchen aus Stearin, den verkrusteten Überresten unzähliger längst verbrannter Kerzen, und die unteren Ecken der Seiten, porös, gelblich, fett, dreimal gewellt durch das jahrzehntelange Umblättern mit angefeuchteten Fingern. Jedes Gebet, dessen er im Augenblick bedurfte, konnte er im Nu aufschlagen. Eingegraben war es in sein Gedächtnis mit den kleinsten Zügen der Physiognomie[1], die es in

---

[1] äußeres Erscheinungsbild eines Menschen, vor allem seine Gesichtszüge

diesem Gebetbuch trug, der Zahl seiner Zeilen, der Art und Größe des Drucks und der genauen Farbtönung der Seiten.

Es dämmerte im Bethaus, das gelbliche Licht der Kerzen an der östlichen Wand neben dem Schrank der Thorarollen[1] vertrieb das Dunkel nicht, sondern schien sich eher in diesem zu bergen. Man sah den Himmel und einige Sterne durch die Fenster und erkannte alle Gegenstände im Raum, die Pulte, den Tisch, die Bänke, die Papierschnitzel auf dem Boden, die Armleuchter an der Wand, ein paar golden befranste Deckchen. Mendel Singer entzündete zwei Kerzen, klebte sie fest am nackten Holz des Pultes, schloss die Augen und begann zu beten. Mit geschlossenen Augen erkannte er, wo eine Seite zu Ende war, mechanisch blätterte er die neue auf. Allmählich glitt sein Oberkörper in das altgewohnte regelmäßige Schwanken, der ganze Körper betete mit, die Füße scharrten die Dielen, die Hände schlossen sich zu Fäusten und schlugen wie Hämmer auf das Pult, an die Brust, auf das Buch und in die Luft. Auf der Ofenbank schlief ein obdachloser Jude. Seine Atemzüge begleiteten und unterstützten Mendel Singers monotonen Gesang, der wie ein heißer Gesang in der gelben Wüste war, verloren und vertraut mit dem Tode. Die eigene Stimme und der Atem des Schlafenden betäubten Mendel, vertrieben jeden Gedanken aus seinem Herzen, nichts mehr war er als ein Beter, die Worte gingen durch ihn den Weg zum Himmel, ein hohles Gefäß war er, ein Trichter. So betete er dem Morgen entgegen.

Der Tag hauchte an die Fenster. Da wurden die Lichter kümmerlich und matt, hinter den niedrigen Hütten sah man schon die Sonne emporkommen, mit roten Flammen erfüllte sie die zwei östlichen Fenster des Hauses. Mendel zerdrückte die Kerzen, verbarg das Buch, öffnete die Augen und wandte sich zum Gehen. Er trat ins Freie. Es roch nach Sommer, trocknenden Sümpfen und erwachtem Grün. Die Fensterläden waren noch geschlossen. Die Menschen schliefen.

Mendel pochte dreimal mit der Hand an seine Tür. Er war kräftig und frisch, als hätte er traumlos und lange geschlafen. Er

---

[1] Die fünf Bücher Mose (Thora) werden traditionell auf lange, aufgerollte Pergamentstücke geschrieben.

wusste genau, was zu tun war. Deborah öffnete. „Mach mir einen Tee", sagte Mendel, „dann will ich dir was sagen. Ist Mirjam zu Haus?" – „Natürlich", erwiderte Deborah, „wo sollte sie denn sein? Glaubst du, sie ist schon in Amerika?"

Der Samowar summte, Deborah hauchte in ein Trinkglas und putzte es blank. Dann tranken Mendel und Deborah gleichmäßig mit gespitzten schlürfenden Lippen. Plötzlich setzte Mendel das Glas ab und sagte: „Wir werden nach Amerika fahren. Menuchim muss zurückbleiben. Wir müssen Mirjam mitnehmen. Ein Unglück schwebt über uns, wenn wir bleiben." Er blieb eine Weile still und sagte dann leise:

„Sie geht mit einem Kosaken.[1]"

Das Glas fiel klirrend aus den Händen Deborahs. Mirjam erwachte in der Ecke, und Menuchim regte sich in seinem dumpfen Schlaf. Dann blieb es still. Millionen Lerchen trillerten über dem Haus, unter dem Himmel.

Mit einem hellen Blitz schlug die Sonne ans Fenster, traf den blanken Samowar aus Blech und entzündete ihn zu einem gewölbten Spiegel.

So begann der Tag.

VII

Nach Dubno fährt man mit Sameschkins Fuhre; nach Moskau fährt man mit der Eisenbahn; nach Amerika aber fährt man nicht nur auf einem Schiff, sondern auch mit Dokumenten. Um diese zu bekommen, muss man nach Dubno.

Also begibt sich Deborah zu Sameschkin. Sameschkin sitzt nicht mehr auf der Ofenbank, er ist überhaupt nicht zu Haus, es ist Donnerstag und Schweinemarkt, Sameschkin kann erst in einer Stunde heimkehren.

Deborah geht auf und ab, auf und ab vor Sameschkins Hütte, sie denkt nur an Amerika.

---

[1] Mitglieder einer ursprünglich tatarischen Volksgruppe in der Ukraine und Russland; hier abwertend gebraucht

Ein Dollar ist mehr als zwei Rubel, ein Rubel hat hundert Kopeken, zwei Rubel enthalten zweihundert Kopeken, wie viel, um Gottes willen, enthält ein Dollar Kopeken? Wie viel Dollar ferner wird Schemarjah schicken? Amerika ist ein gesegnetes Land.

Mirjam geht mit einem Kosaken, in Russland kann sie es wohl, in Amerika gibt es keine Kosaken.

Russland ist ein trauriges Land, Amerika ist ein freies Land, ein fröhliches Land. Mendel wird kein Lehrer mehr sein, der Vater eines reichen Sohnes wird er sein.

Es dauert nicht eine Stunde, es dauert nicht zwei Stunden, erst nach drei Stunden hört Deborah Sameschkins genagelte Stiefel.

Es ist Abend, aber immer noch heiß. Die schräge Sonne ist schon gelb geworden, aber weichen will sie nicht, sehr langsam geht sie heute unter. Deborah schwitzt vor Hitze und Aufregung und hundert ungewohnten Gedanken.

Nun, da Sameschkin herankommt, wird ihr noch mehr heiß. Er trägt eine schwere Bärenmütze, zottelig und an einigen Stellen räudig, und einen kurzen Pelz über schmutzigen Leinenhosen, die in den schweren Stiefeln stecken. Dennoch schwitzt er nicht.

In dem Augenblick, in dem ihn Deborah sieht, riecht sie ihn auch schon, denn er stinkt nach Branntwein. Einen schweren Stand wird sie mit ihm haben. Es ist schon keine Kleinigkeit, den nüchternen Sameschkin herumzukriegen.

Am Montag ist Schweinemarkt in Dubno. Es ist nicht von Vorteil, dass Sameschkin bereits den Schweinemarkt zu Hause absolviert hat, er dürfte keine Veranlassung mehr haben, nach Dubno zu fahren, und die Fuhre wird Geld kosten.

Deborah tritt Sameschkin mitten in den Weg. Er taumelt, die schweren Stiefel halten ihn aufrecht. Ein Glück, dass er nicht barfuß ist!, denkt Deborah, nicht ohne Verachtung.

Sameschkin erkennt die Frau nicht, die ihm den Weg verstellt. „Weg mit den Weibern!", ruft er und macht eine Bewegung mit der Hand, halb ein Griff und halb ein Schlagen.

„Ich bin es!", sagt Deborah tapfer. „Montag fahren wir nach Dubno!"

„Gott segne dich!", ruft Sameschkin freundlich. Er bleibt stehn und stützt sich mit dem Ellenbogen auf Deborahs Schulter. Sie hat Angst, sich zu rühren, damit Sameschkin nicht hinfalle.

Sameschkin wiegt gute siebzig Kilo, sein ganzes Gewicht liegt jetzt im Ellenbogen, und dieser Ellenbogen liegt auf Deborahs Schulter.

Zum ersten Mal ist ihr ein fremder Mann so nahe. Sie fürchtet sich, aber sie denkt zugleich auch, dass sie schon alt ist, sie denkt auch an Mirjams Kosaken und wie lange sie Mendel nicht mehr berührt hat.

„Ja, mein Süßes", sagt Sameschkin, „wir fahren Montag nach Dubno und unterwegs schlafen wir miteinander."

„Pfui, du Alter", sagt Deborah, „ich werde es deiner Frau sagen, vielleicht bist du besoffen?"

„Besoffen ist er nicht", erwidert Sameschkin, „er hat nur gesoffen. Was willst du überhaupt in Dubno, wenn du nicht mit Sameschkin schläfst?"

„Dokumente machen", sagt Deborah, „wir fahren nach Amerika."

„Die Fuhre kostet fünfzig Kopeken, wenn du nicht schläfst, und dreißig, wenn du mit ihm schläfst. Ein Kindchen wird er dir machen, bekommen wirst du es in Amerika, ein Andenken an Sameschkin."

Deborah erschauert, mitten in der Hitze.

Dennoch sagt sie, aber erst nach einer Minute:

„Ich schlafe nicht mit dir und zahle fünfunddreißig Kopeken."

Sameschkin steht plötzlich frei, er hat den Ellenbogen von Deborahs Schulter weggezogen, es scheint, dass er nüchtern geworden ist.

„Fünfunddreißig Kopeken!", sagt er mit fester Stimme.

„Montag um fünf Uhr früh."

„Montag um fünf Uhr früh."

Sameschkin kehrt in seinen Hof ein, und Deborah geht langsam nach Haus.

Die Sonne ist untergegangen. Der Wind kommt vom Westen, am Horizont schichten sich violette Wolken, morgen wird es regnen. Deborah denkt: Morgen wird es regnen, und fühlt einen rheumatischen Schmerz im Knie, sie begrüßt ihn, den alten treuen Feind. Der Mensch wird alt! denkt sie. Die Frauen werden schneller alt als die Männer, Sameschkin ist genauso alt wie sie und noch älter. Mirjam ist jung, sie geht mit einem Kosaken.

Vor dem Wort „Kosaken", das sie laut gesagt hatte, war Deborah erschrocken. Es war, als ob erst der Klang ihr die Furchtbarkeit des Tatbestands bewusst gemacht hätte.

Zu Hause sah sie ihre Tochter Mirjam und ihren Mann, Mendel. Sie saßen am Tisch, der Vater und die Tochter, und sie schwiegen so beharrlich, dass Deborah sofort beim Eintritt wusste, dass es bereits ein altes Schweigen war, ein heimisches, festgesiedeltes Schweigen.

„Ich habe mit Sameschkin gesprochen", begann Deborah. „Montag um fünf Uhr früh fahre ich nach Dubno, um die Dokumente. Fünfunddreißig Kopeken will er." Und da sie der Teufel der Eitelkeit ritt, fügte sie hinzu: „So billig fährt er nur mit mir!"

„Du kannst überhaupt nicht allein fahren", sagte, Müdigkeit in der Stimme und Bangnis im Herzen, Mendel Singer. „Ich habe mit vielen Juden gesprochen, die sich auskennen. Sie sagen, ich muss selber beim Urjadnik[1] sein."

„Du beim Urjadnik?"

Es war in der Tat nicht einfach, sich Mendel Singer in einem Amt vorzustellen. Nie in seinem Leben hatte er mit einem Urjadnik gesprochen. Nie hatte er einem Polizisten begegnen können, ohne zu zittern. Den Uniformierten, den Pferden und den Hunden ging er sorgfältig aus dem Weg. Mendel sollte mit einem Urjadnik sprechen?

„Kümmere dich nicht, Mendel", sagte Deborah, „um die Dinge, die du nur verderben kannst. Ich allein werde alles richten."

„Alle Juden", wendete Mendel ein, „haben mir gesagt, dass ich persönlich erscheinen muss."

„Dann fahren wir Montag zusammen!"

„Und wo wird Menuchim sein?"

„Mirjam bleibt mit ihm!"

---

[1] Unteroffizier, Wachtmeister

Mendel sah seine Frau an. Er versuchte, mit seinem Blick ihre Augen zu treffen, die sie unter den Lidern furchtsam verbarg. Mirjam, die von einer Ecke aus den Tisch betrachtete, konnte den Blick ihres Vaters sehn, ihr Herz ging schneller. Montag war sie verabredet. Montag war sie verabredet. Die ganze heiße Zeit des Spätsommers war sie verabredet. Ihre Liebe blühte spät, zwischen den hohen Ähren, Mirjam hatte Angst vor der Ernte. Sie hörte schon manchmal, wie die Bauern sich vorbereiteten, wie sie die Sicheln wetzten an den blauen Schleifsteinen. Wo sollte sie hin, wenn die Felder kahl wurden? Sie musste nach Amerika. Eine vage Vorstellung von der Freiheit der Liebe in Amerika, zwischen den hohen Häusern, die noch besser verbargen als die Kornähren im Feld, tröstete sie über das Nahen der Ernte. Schon kam sie. Mirjam hatte keine Zeit zu verlieren. Sie liebte Stepan. Er würde zurückbleiben. Sie liebte alle Männer, die Stürme brachen aus ihnen, ihre gewaltigen Hände zündeten dennoch sachte die Flammen im Herzen an. Stepan hießen die Männer, Iwan und Wsewolod. In Amerika gab es noch viel mehr Männer.

„Ich bleibe nicht allein zu Hause", sagte Mirjam, „ich habe Angst!"

„Man muss ihr", ließ sich Mendel vernehmen, „einen Kosaken ins Haus stellen. Damit er sie bewacht."

Mirjam wurde rot. Sie glaubte, dass der Vater ihre Röte sah, obwohl sie in der Ecke, im Schatten stand. Ihre Röte musste doch durch das Dunkel leuchten, wie eine rote Lampe war Mirjams Angesicht entzündet. Sie bedeckte es mit den Händen und brach in Tränen aus.

„Geh hinaus!", sagte Deborah, „es ist spät, mach' die Fensterläden zu!"

Sie tastete sich hinaus, vorsichtig, die Hände immer noch vor den Augen. Draußen blieb sie einen Moment stehn. Alle Sterne des Himmels standen da, nah und lebendig, als hätten sie Mirjam vor dem Haus erwartet. Ihre klare goldene Pracht enthielt die Pracht der großen freien Welt, kleine Spiegelchen waren sie, in denen sich der Glanz Amerikas spiegelte.

Sie trat ans Fenster, sah hinein, versuchte, aus den Mienen der Eltern zu erkennen, was sie sprechen mochten. Sie erkannte nichts. Sie löste die eisernen Haken von dem Holz der aufgeklappten Läden und schloss die beiden Flügel, wie einen Schrank. Sie dachte an einen Sarg. Sie begrub die Eltern in dem kleinen Häuschen. Sie fühlte keine Wehmut. Mendel und Deborah Singer waren begraben. Die Welt war weit und lebendig. Stepan, Iwan und Wsewolod lebten. Amerika lebte, jenseits des großen Wassers, mit all seinen hohen Häusern und mit Millionen Männern.

Als sie wieder ins Zimmer trat, sagte ihr Vater, Mendel Singer: „Sogar die Läden kann sie nicht schließen, eine halbe Stunde braucht sie dazu!"

Er ächzte, erhob sich und trat an die Wand, an der die kleine Petroleumlampe hing, dunkelblauer Behälter, rußiger Zylinder, durch einen rostigen Draht verbunden mit einem gesprungenen runden Spiegel, der die Aufgabe hatte, das spärliche Licht kostenlos zu verstärken. Die obere Öffnung des Zylinders überragte Mendel Singers Kopf. Vergeblich versuchte er, die Lampe auszupusten. Er stellte sich auf die Zehenspitzen, er blies, aber der Docht flackerte nur stärker auf.

Indessen entzündete Deborah ein kleines gelbliches Wachslicht und stellte es auf den Ziegelherd. Mendel Singer stieg krächzend auf einen Sessel und blies endlich die Lampe aus. Mirjam legte sich in die Ecke, neben Menuchim. Erst wenn es finster war, wollte sie sich ausziehen. Sie wartete atemlos, mit geschlossenen Lidern, bis der Vater sein Nachtgebet zu Ende gemurmelt hatte. Durch ein rundes Astloch im Fensterladen sah sie das blaue und goldene Schimmern der Nacht. Sie entkleidete sich und befühlte ihre Brüste. Sie taten ihr weh. Ihre Haut hatte ein eigenes Gedächtnis und erinnerte sich an jeder Stelle der großen, harten und heißen Hände der Männer. Ihr Geruch hatte ein eigenes Gedächtnis und behielt den Duft von Männerschweiß, Branntwein und Juchten unablässig, mit quälender Treue. Sie hörte das Schnarchen der Eltern und das Röcheln Menuchims. Da erhob sich Mirjam, im Hemd, barfuß, mit den schweren Zöpfen, die sie nach vorne legte und deren Enden bis zu den Schenkeln reichten, schob den Riegel zurück und trat hinaus, in die fremde Nacht. Sie atmete tief. Es schien ihr, dass sie die ganze Nacht einatmete, alle goldenen Sterne verschlang sie mit dem Atem, immer noch mehr brannten am Himmel. Frösche quakten und Grillen zirpten, den nordöstlichen Rand des Himmels säumte ein breiter silberner Streifen, in dem schon der Morgen enthalten zu sein schien. Mirjam dachte an das Kornfeld, ihr Hochzeitslager. Sie ging rund um das Haus. Da schimmerte von Ferne her die große weiße Mauer der Kaserne. Ein paar kärgliche Lichter schickte sie Mirjam entgegen. In einem großen Saal schliefen Stepan, Iwan und Wsewolod und viele andere Männer.

Morgen war Freitag. Alles musste man für den Samstag vorbereiten, die Fleischkugeln, den Hecht und die Hühnerbrühe. Das Backen begann schon um sechs Uhr morgens. Als der breite silberne Streifen rötlich wurde, schlich sich Mirjam wieder in die Stube. Sie schlief nicht mehr ein. Durch das Astloch im Fensterladen sah sie die ersten Flammen der Sonne. Schon regten sich Vater und Mutter im Schlaf. Der Morgen war da.

Der Sabbat verging, den Sonntag verbrachte Mirjam im Kornfeld, mit Stepan. Sie gingen schließlich weit hinaus, ins nächste Dorf, Mirjam trank Schnaps. Den ganzen Tag suchte man sie zu Hause. Mochte man sie suchen! Ihr Leben war kostbar, der Sommer war kurz, bald begann die Ernte. Im Walde schlief sie noch einmal mit Stepan. Morgen, Montag, fuhr der Vater nach Dubno, die Papiere besorgen.

Um fünf Uhr früh, am Montag, erhob sich Mendel Singer. Er trank Tee, betete, legte dann schnell die Gebetsriemen ab und ging zu Sameschkin.

„Guten Morgen!", rief er von Weitem. Es war Mendel Singer, als begänne schon hier, vor dem Einsteigen in die Fuhre Sameschkins, die Amtshandlung und als müsste er Sameschkin begrüßen wie einen Urjadnik.

„Ich fahre lieber mit deiner Frau!", sagte Sameschkin. „Sie ist noch ansehnlich für ihre Jahre und hat einen anständigen Busen."

„Fahren wir", sagte Mendel.

Die Pferde wieherten und schlugen mit den Schwänzen auf ihre Hinterteile. „Hej! Wjo!", rief Sameschkin und knallte mit der Peitsche.

Um elf Uhr vormittag kamen sie nach Dubno.

Mendel musste warten. Er trat, die Mütze in der Hand, durch das große Portal. Der Portier trug einen Säbel.

„Wohin willst du?", fragte er.

„Ich will nach Amerika – wo muss ich hin?"

„Wie heißt du?"

„Mendel Mechelovitsch Singer."

„Wozu willst du nach Amerika?"

„Geld verdienen, es geht mir schlecht."

„Du gehst auf Nummer vierundachtzig", sagte der Portier. „Dort warten schon viele."

Sie saßen in einem großen, gewölbten, ockergelb getünchten Korridor. Männer in blauen Uniformen wachten vor den Türen. Die Wände entlang standen braune Bänke – alle Bänke waren besetzt. Aber sooft ein Neuer kam, machten die blauen Männer eine Handbewegung; und die schon saßen, rückten zusammen, und immer wieder nahm ein Neuer Platz. Man rauchte, spuckte, knackte Kürbiskerne und schnarchte. Der Tag war hier kein Tag. Durch das Milchglas eines sehr hohen, sehr fernen Oberlichts konnte man eine blasse Ahnung vom Tag erhaschen. Uhren tickten irgendwo, aber sie gingen gleichsam neben der Zeit einher, die in diesen hohen Korridoren stillstand.

Manchmal rief ein Mann in blauer Uniform einen Namen aus. Alle Schläfer erwachten. Der Aufgerufene erhob sich, wankte einer Tür zu, rückte an seinem Anzug und trat durch eine der hohen zweiflügeligen Türen, die statt einer Klinke einen runden weißen Knopf hatte. Mendel überlegte, wie er diesen Knopf behandeln würde, um die Tür aufzumachen. Er stand auf, vom langen Sitzen, eingezwängt zwischen den Menschen, taten ihm die Glieder weh. Kaum aber hatte er sich erhoben, als ein blauer Mann auf ihn zutrat. „Sidaj!¹", rief der blaue Mann, „setz dich!" Mendel Singer fand keinen Platz mehr auf seiner Bank. Er blieb neben ihr stehen, drückte sich an die Wand und hatte den Wunsch, so flach zu werden wie die Mauer.

„Wartest du auf Nummer 84?", fragte der blaue Mann.

---

¹ russ.: Setz dich!

„Ja", sagte Mendel. Er war überzeugt, dass man jetzt gesonnen war, ihn endgültig hinauszuwerfen. Deborah wird noch einmal hierher fahren müssen. Fünfzig Kopeken und fünfzig Kopeken machen einen Rubel.

Aber der blaue Mann hatte nicht die Absicht, Mendel aus dem Haus zu weisen. Dem blauen Mann lag vor allem daran, dass alle Wartenden ihre Plätze behielten und dass er alle übersehen konnte. Wenn einer schon aufstand, so konnte er auch eine Bombe werfen.

Anarchisten verkleiden sich manchmal, dachte der Türsteher. Und er winkte Mendel zu sich heran, betastete den Juden, fragte nach den Papieren. Und da alles in Ordnung war und Mendel keinen Platz mehr hatte, sagte der blaue Mann: „Pass auf! Siehst du die gläserne Tür? Die machst du auf. Dort ist Nummer vierundachtzig!"

„Was willst du hier?", schrie ein breitschultriger Mann hinter dem Schreibtisch. Genau unter dem Bild des Zaren saß der Beamte. Er bestand aus einem Schnurrbart, einem kahlen Kopf, Epauletten[1] und Knöpfen. Er war wie eine schöne Büste hinter seinem breiten Tintenfass aus Marmor. „Wer hat dir erlaubt, hier ohne weiteres einzutreten? Warum meldest du dich nicht an?", polterte eine Stimme aus der Büste.

Mendel Singer verbeugte sich unterdessen tief. Auf solch einen Empfang war er nicht vorbereitet gewesen. Er beugte sich und ließ den Donner über seinen Rücken dahinstreichen, er wollte winzig werden, dem Erdboden gleich, wie wenn er von einem Gewitter auf freiem Felde überrascht worden wäre. Die Falten seines langen Rockes schlugen auseinander, und der Beamte sah ein Stück von Mendel Singers fadenscheiniger Hose und das abgeschabte Leder der Stiefelschäfte. Dieser Anblick machte den Beamten milder. „Tritt näher!", befahl er – und Mendel rückte näher, den Kopf vorgeschoben, als wollte er gegen den Schreibtisch vorstoßen. Erst als er sah, dass er sich schon dem Saum des Teppichs näherte, hob Mendel ein wenig den Kopf. Der Beamte lächelte.

„Her mit den Papieren!", sagte er.

---

[1] Schulterstücke einer Uniform als Verzierung oder Rangabzeichen

Dann war es still. Man hörte eine Uhr ticken. Durch die Jalousien brach das goldene Licht eines späten Nachmittags. Die Papiere raschelten. Manchmal sann der Beamte eine Weile nach, blickte in die Luft und haschte plötzlich mit der Hand nach einer Fliege. Er hielt das winzige Tier in seiner riesigen Faust, öffnete sie vorsichtig, zupfte einen Flügel ab, dann den zweiten und sah noch ein bisschen zu, wie das verkrüppelte Insekt auf dem Schreibtisch weiterkroch.

„Das Gesuch?", fragte er plötzlich, „wo ist das Gesuch?"

„Ich kann nicht schreiben, Euer Hochwohlgeboren!", entschuldigte sich Mendel.

„Das weiß ich, du Tepp, dass du nicht schreiben kannst! Ich habe nicht nach deinem Schulzeugnis gefragt, sondern nach dem Gesuch. Und wozu haben wir einen Schreiber? Ha? Im Parterre? Auf Nummer 3? Ha? Wozu erhält der Staat einen Schreiber? Für dich, du Esel, weil du eben nicht schreiben kannst. Also geh auf Nummer 3. Schreib das Gesuch. Sag, ich schicke dich, damit du nicht zu warten brauchst und gleich behandelt wirst. Dann kommst du zu mir. Aber morgen! Und morgen Nachmittag kannst du meinetwegen wegfahren!"

Noch einmal verneigte sich Mendel. Er ging nach rückwärts, er wagte nicht, dem Beamten den Rücken zu kehren, unendlich lang schien ihm der Weg vom Schreibtisch zur Tür. Er glaubte, schon eine Stunde zu wandern. Endlich fühlte er die Nähe der Tür. Er wandte sich schnell um, ergriff den Knopf, drehte ihn zuerst links, dann rechts, dann machte er noch eine Verbeugung. Er stand endlich wieder im Korridor.

In Nummer 3 saß ein gewöhnlicher Beamter, ohne Epauletten. Es war eine dumpfe niedrige Stube, viele Menschen umstanden den Tisch, der Schreiber schrieb und schrieb, die Feder stieß er jedesmal ungeduldig auf den Boden des Tintenbehälters. Er schrieb flink, aber er wurde nicht fertig. Immer kamen neue Menschen. Trotzdem hatte er noch Zeit, Mendel zu bemerken.

„Seine Hochwohlgeboren, der Herr von Nummer 84 schickt mich", sagte Mendel.

„Komm her", sagte der Schreiber.

Man machte Mendel Singer Platz.

„Einen Rubel für den Stempel!", sagte der Schreiber. Mendel kramte einen Rubel aus seinem blauen Taschentuch. Es war ein harter, blanker Rubel. Der Schreiber nahm die Münze nicht, er erwartete noch mindestens fünfzig Kopeken. Mendel verstand nichts von den ziemlich deutlichen Wünschen des Schreibers.

Da wurde der Schreiber böse. „Sind das Papiere?", sagte er. „Fetzen sind es! Die zerfallen einem ja in der Hand." Und er zerriss wie unabsichtlich eines der Dokumente, es zerfiel in zwei gleiche Teile, und der Beamte griff nach dem Gummiarabikum[1], um es zusammenzukleben. Mendel Singer zitterte.

Das Gummiarabikum war zu trocken, der Beamte spuckte in das Fläschchen, dann hauchte er es an. Aber es blieb trocken. Er hatte plötzlich einen Einfall, man sah ihm an, dass er plötzlich einen Einfall hatte. Er schloss eine Schublade auf, legte Mendel Singers Papiere hinein, schloss sie wieder zu, riss von einem Block einen kleinen grünen Zettel, bestempelte ihn, gab ihn Mendel und sagte: „Weißt du was? Morgen früh um neun Uhr kommst du her! Da sind wir allein. Da können wir ruhig miteinander sprechen. Deine Papiere sind hier bei mir. Du holst sie morgen ab. Den Zettel zeigst du vor!"

Mendel ging. Sameschkin wartete draußen, neben den Pferden saß er auf den Steinen, die Sonne ging unter, der Abend kam.

„Wir fahren erst morgen", sagte Mendel, „um neun Uhr früh muss ich wiederkommen."

Er suchte nach einem Bethaus, um übernachten zu können. Er kaufte ein Stück Brot, zwei Zwiebeln, steckte alles in die Tasche, hielt einen Juden auf und fragte ihn nach dem Bethaus. „Gehn wir zusammen", sagte der Jude.

Unterwegs erzählte Mendel seine Geschichte.

„Bei uns im Bethaus", sagte der Jude, „kannst du einen Mann treffen, der dir die ganze Sache besorgt. Er hat schon viele Familien nach Amerika geschickt. Kennst du Kapturak?"

„Kapturak? Natürlich! Er hat meinen Sohn weggeschickt!"

„Alte Kundschaft!", sagte Kapturak. Im Spätsommer hielt er sich in Dubno auf, er ordinierte in den Bethäusern. „Damals war

---

[1] Klebstoff

deine Frau bei mir. An deinen Sohn erinnere ich mich noch. Gut geht es ihm, was? Kapturak hat eine glückliche Hand."

Es erwies sich, dass Kapturak bereit war, die Angelegenheit zu übernehmen. Es kostete vorläufig zehn Rubel per Kopf. Einen Vorschuss von zehn Rubeln konnte Mendel nicht geben. Kapturak wusste einen Ausweg. Er ließ sich die Adresse vom jungen Singer geben. In vier Wochen hat er Antwort und Geld, wenn der Sohn wirklich die Absicht hat, seine Eltern kommen zu lassen.

„Gib mir den grünen Zettel, den Brief aus Amerika und verlass dich auf mich!", sprach Kapturak. Und die Umstehenden nickten. „Fahr heute noch nach Hause. In ein paar Tagen komme ich bei euch vorbei. Verlass dich auf Kapturak!"

Ein paar Umstehende wiederholten: „Verlass dich ruhig auf Kapturak!"

„Es ist ein Glück", sagte Mendel, „dass ich euch hier getroffen habe!"

Alle gaben ihm die Hand und wünschten ihm eine gute Fahrt. Er kehrte zum Marktplatz zurück, wo Sameschkin wartete. Sameschkin war schon im Begriff, sich in seinem Wagen schlafen zu legen. „Mit einem Juden kann nur der Teufel etwas Gewisses ausmachen!", sagte er. „Also fahren wir doch noch!"

Sie fuhren.

Sameschkin band sich die Zügel ums Handgelenk, er gedachte, ein wenig zu schlafen. Er nickte wirklich ein, die Pferde scheuten vor dem Schatten einer Vogelscheuche, die ein Spitzbube aus einem Feld fortgetragen und an den Straßenrand gestellt hatte. Die Tiere setzten sich in Galopp, die Fuhre schien sich in die Luft zu heben, bald, so glaubte Mendel, würde sie zu flattern beginnen, auch sein Herz galoppierte, wie ihm schien, es wollte die Brust verlassen und in die Weite hüpfen.

Auf einmal stieß Sameschkin einen lauten Fluch aus. Die Fuhre glitt in einen Graben, die Pferde ragten noch mit den Vorderbeinen auf die Straße, Sameschkin lag auf Mendel Singer.

Sie kletterten wieder hervor. Die Deichsel war zersplittert, ein Rad war locker geworden, einem anderen fehlten zwei Speichen. Sie mussten die Nacht über hierbleiben. Morgen wollte man sehn.

„So beginnt deine Reise nach Amerika", sagte Sameschkin. „Was fahrt ihr auch immer so viel in der Welt herum! Der Teufel schickt euch von einem Ort zum andern. Unsereins bleibt, wo er geboren ist, und nur wenn Krieg ist, zieht man nach Japan!"

Mendel Singer schwieg. Er saß am Straßenrand, neben Sameschkin. Zum ersten Mal in seinem Leben saß Mendel Singer auf der nackten Erde, mitten in der wilden Nacht, neben einem Bauern. Er sah über sich den Himmel und die Sterne und dachte: Sie verdecken Gott. All das hat der Herr in sieben Tagen geschaffen. Und wenn ein Jude nach Amerika fahren will, braucht es Jahre!

„Siehst du, wie schön das Land ist?", fragte Sameschkin. „Bald wird die Ernte kommen. Es ist ein gutes Jahr. Wenn es so gut ist, wie ich mir vorstelle, kaufe ich noch ein Pferd im Herbst. Hörst du was von deinem Sohn Jonas? Er versteht was von Pferden. Er ist ganz anders als du. Hat dich dein Weib vielleicht einmal betrogen?"

„Alles ist möglich", erwiderte Mendel. Es war ihm auf einmal sehr leicht, alles konnte er begreifen, die Nacht machte ihn frei von Vorurteilen. Er schmiegte sich sogar an Sameschkin, wie an einen Bruder.

„Alles ist möglich", wiederholte er, „die Weiber taugen nichts."

Plötzlich begann Mendel zu schluchzen. Mendel weinte, mitten in einer fremden Nacht, neben Sameschkin.

Der Bauer drückte seine Fäuste gegen die Augen, denn er fühlte, dass er auch weinen würde.

Dann legte er einen Arm um die dünnen Schultern Mendels und sagte leise:

„Schlaf, lieber Jude, schlaf dich aus!"

Er blieb lange wach. Mendel Singer schlief und schnarchte. Die Frösche quakten bis zum Morgen.

VIII

Zwei Wochen später rollte in einer großen Staubwolke ein kleiner zweirädriger Wagen vor das Haus Mendel Singers und brachte einen Gast: Es war Kapturak.

Er berichtete, dass die Papiere bereit waren. Sollte eine Antwort in vier Wochen von Schemarjah, genannt Sam, aus Amerika kommen, so würde die Abreise der Familie Singer gesichert sein. Nur dieses hatte Kapturak sagen wollen; und dass ein Vorschuss von zwanzig Rubeln ihm angenehmer wäre, als wenn er das Geld später von der Summe Schemarjahs abziehen müsste.

Deborah ging in die Rumpelkammer aus faulen Holzplanken, die in dem kleinen Hof stand, zog die Bluse über den Kopf, holte ein verknotetes Taschentuch aus dem Busen und zählte sich acht harte Rubel in die Hand. Dann stülpte sie die Bluse wieder über, ging ins Haus und sagte zu Kapturak: „Das ist alles, was ich bei den Nachbarn auftreiben konnte. Sie müssen sich damit zufriedengeben."

„Einer alten Kundschaft sieht man was nach!", sagte Kapturak, schwang sich auf sein federleichtes gelbes Wägelchen und verschwand alsbald in einer Staubwolke.

„Kapturak war bei Mendel Singer!", riefen die Leute im Städtchen. „Mendel fährt nach Amerika."

In der Tat begann bereits die Reise Mendel Singers nach Amerika. Alle Leute gaben ihm Ratschläge gegen die Seekrankheit. Ein paar Käufer erschienen, Mendels Häuschen zu besichtigen. Man war bereit, tausend Rubel dafür zu zahlen, eine Summe, für die Deborah fünf Jahre ihres Lebens gegeben hätte.

Mendel Singer aber sagte: „Weißt du, Deborah, dass Menuchim zurückbleiben muss? Bei wem wird er bleiben? Billes verheiratet im nächsten Monat seine Tochter an den Musikanten Fogl. Bis sie ein Kind bekommen, können die jungen Leute Menuchim behalten. Dafür geben wir ihnen die Wohnung und wir nehmen kein Geld."

„Ist es schon für dich eine ausgemachte Sache, dass Menuchim zurückbleibt? Es sind noch ein paar Wochen mindestens bis zu unserer Abreise, bis dahin tut Gott sicher ein Wunder."

„Wenn Gott ein Wunder tun will", erwiderte Mendel, „wird er es dich nicht vorher wissen lassen. Man muss hoffen. Fahren wir nicht nach Amerika, so geschieht ein Unglück mit Mirjam. Fahren wir nach Amerika, so lassen wir hier Menuchim zurück. Sollen wir Mirjam allein nach Amerika schicken? Wer weiß, was sie anstellt, allein unterwegs und allein in Amerika. Menuchim ist so krank, dass ihm nur ein Wunder helfen kann. Hilft ihm aber ein Wunder, so kann er uns folgen. Denn Amerika ist zwar sehr weit; aber es liegt dennoch nicht außerhalb dieser Welt."

Deborah blieb still. Sie hörte die Worte des Rabbi von Kluczýsk: „Verlass ihn nicht, bleibe bei ihm, als wenn er ein gesundes Kind wäre!" Sie blieb nicht bei ihm. Lange Jahre, Tag und Nacht, Stunde um Stunde hatte sie auf das verheißene Wunder gewartet. Die Toten im Jenseits halfen nicht, der Rabbi half nicht, Gott wollte nicht helfen. Ein Meer von Tränen hatte sie geweint. Nacht war in ihrem Herzen, Kummer in jeder Freude gewesen, seit Menuchims Geburt. Alle Feste waren Qualen gewesen und alle Feiertage Trauertage. Es gab keinen Frühling mehr und keinen Sommer. Winter hießen alle Jahreszeiten. Die Sonne ging auf, aber sie wärmte nicht. Die Hoffnung allein wollte nicht sterben. „Der bleibt ein Krüppel", sagten alle Nachbarn. Denn ihnen war kein Unglück zugestoßen, und wer kein Unglück hat, glaubt auch nicht an Wunder.

Auch wer Unglück hat, glaubt nicht an Wunder. Wunder geschahen vor ganz alten Zeiten, als die Juden noch in Palästina lebten. Seitdem sind keine mehr gewesen. Dennoch: Hatte man nicht mit Recht merkwürdige Taten des Rabbi von Kluczýsk erzählt? Hatte er nicht schon Blinde sehend gemacht und Gelähmte erlöst? Wie war es mit Nathan Piczeniks Tochter? Verrückt war sie gewesen. Man brachte sie nach Kluczýsk. Der Rabbi sah sie an. Er sagte seinen Spruch. Dann spuckte er dreimal aus. Und Piczeniks Tochter ging frei, leicht und vernünftig nach Haus.

Andere Menschen haben Glück, dachte Deborah. Für Wunder muss man auch Glück haben. Mendel Singers Kinder haben aber kein Glück! Sie sind eines Lehrers Kinder!

„Wenn du ein vernünftiger Mensch wärest", sagte sie zu Mendel, „so würdest du morgen nach Kluczýsk fahren und den Rabbi um Rat fragen."

„Ich?", fragte Mendel. „Was soll ich bei deinem Rabbi? Bist einmal dort gewesen, fahr' noch einmal hin! Glaubst an ihn, dir wird er einen Rat geben. Du weißt, dass ich nichts davon halte. Kein Jude braucht einen Vermittler zum Herrn. Er erhört unsere

Gebete, wenn wir nichts Unrechtes tun. Wenn wir aber Unrechtes tun, kann er uns strafen!"

„Wofür straft er uns jetzt? Haben wir Unrecht getan? Warum ist er grausam?"

„Du lästerst ihn, Deborah, lass mich in Ruh', ich kann nicht länger mit dir reden." Und Mendel vertiefte sich in ein frommes Buch.

Deborah griff nach ihrem Schal und ging hinaus. Draußen stand Mirjam. Sie stand da, gerötet von der untergehenden Sonne, in einem weißen Kleid, das jetzt orangen schimmerte, mit ihren glatten glänzenden schwarzen Haaren und sah gradaus in die untergehende Sonne mit ihren großen schwarzen Augen, die sie weit offen hielt, obwohl sie die Sonne ja blenden musste. Sie ist schön, dachte Deborah, so schön bin ich auch einmal gewesen, so schön wie meine Tochter – was ist aus mir geworden? Mendel Singers Frau bin ich geworden. Mirjam geht mit einem Kosaken, sie ist schön, vielleicht hat sie recht.

Mirjam schien ihre Mutter nicht zu sehn. Sie beobachtete mit leidenschaftlicher Genauigkeit die glühende Sonne, die jetzt hinter einem schweren violetten Wall von Wolken versinken wollte. Seit einigen Tagen stand diese dunkle Masse jeden Abend im Westen, kündigte Sturm und Regen an und war am nächsten Tag wieder verschwunden. Mirjam hatte beobachtet, dass in dem Augenblick, in dem die Sonne untergetaucht war, drüben, in der Kavalleriekaserne die Soldaten zu singen begannen, eine ganze Sotnia[1] begann zu singen, immer dasselbe Lied: Polubyt ja tibia za twoju krasatu[2]. Der Dienst war zu Ende, die Kosaken begrüßten den Abend. Mirjam wiederholte summend den Text des Liedes, von dem sie nur die ersten zwei Verse kannte: Ich habe dich lieb gewonnen, deiner Schönheit wegen. Ihr galt das Lied einer ganzen Sotnia! Hundert Männer sangen ihr zu. Eine halbe Stunde später traf sie sich mit einem von ihnen oder auch mit zweien. Manchmal kamen drei.

---

[1] russ. Bezeichnung für eine Truppeneinheit der Kosaken
[2] russ.: Ich habe dich liebgewonnen deiner Schönheit wegen.

Sie erblickte die Mutter, blieb ruhig stehen, wusste, dass Deborah herüberkommen würde. Seit Wochen wagte die Mutter nicht mehr, Mirjam zu rufen. Es war, als ginge von Mirjam selbst ein Teil des Schreckens aus, der die Kosaken umgab, als stünde die Tochter schon unter dem Schutz der fremden und wilden Kaserne.

Nein, Deborah rief Mirjam nicht mehr. Deborah kam zu Mirjam. Deborah, in einem alten Schal, stand alt, hässlich, ängstlich vor der goldüberglänzten Mirjam, hielt ein am Rande des hölzernen Bürgersteigs, als befolge sie ein altes Gesetz, das den hässlichen Müttern befahl, einen halben Werst tiefer zu stehen als die schönen Töchter.

„Der Vater ist bös, Mirjam!", sagte Deborah.

„Lass ihn böse sein", erwiderte Mirjam, „deinen Mendel Singer."

Zum ersten Mal hörte Deborah den Namen des Vaters aus dem Munde eines ihrer Kinder. Einen Augenblick schien es ihr, dass hier eine Fremde sprach, nicht Mendels Kind. Eine Fremde – weshalb sollte sie auch „Vater" sagen? Deborah wollte umkehren, sie hatte sich geirrt, sie hatte zu einem fremden Menschen gesprochen. Sie machte eine kurze Wendung. „Bleib!", befahl Mirjam – und Deborah fiel es zum ersten Mal auf, mit welch harter Stimme ihre Tochter sprach. „Eine kupferne Stimme", dachte Deborah. Sie klang wie eine der gehassten und gefürchteten Kirchenglocken.

„Bleib hier, Mutter!", wiederholte Mirjam, „lass ihn allein, deinen Mann, fahr mit mir nach Amerika. Lass Mendel Singer und Menuchim, den Idioten, hier."

„Ich habe ihn gebeten, zum Rabbi zu fahren, er will nicht. Allein fahr' ich nicht mehr nach Kluczýsk. Ich habe Angst! Einmal schon hat er mir verboten, Menuchim zu lassen, und wenn seine Krankheit Jahre dauern sollte. Was soll ich ihm sagen, Mirjam? Soll ich ihm sagen, dass wir deinetwegen wegfahren müssen, weil du, weil du – – –"

„Weil ich mich mit Kosaken abgebe", ergänzte Mirjam, ohne sich zu rühren. Und sie fuhr fort: „Sag ihm, was du willst, es soll mich gar nichts angehn. In Amerika werde ich noch eher tun, was ich will. Weil du einen Mendel Singer geheiratet hast, muss ich nicht auch einen heiraten. Hast du denn einen bessern Mann für mich, was? Hast du eine Mitgift für deine Tochter?"

Mirjam erhob ihre Stimme nicht, auch ihre Fragen klangen nicht wie Fragen, es war, als spräche sie gleichgültige Dinge, als gäbe sie Auskunft über die Preise des Grünzeugs und der Eier. Sie hat recht, dachte Deborah.

„Hilf, guter Gott, sie hat recht."

Alle guten Geister rief Deborah zu Hilfe. Denn sie fühlte, dass sie ihrer Tochter recht geben musste, sie selbst sprach aus ihrer Tochter. Deborah begann, ebenso vor sich selbst Angst zu haben, wie sie noch vor einer kurzen Weile vor Mirjam Angst gehabt hatte. Bedrohliche Dinge ereigneten sich. Der Gesang der Soldaten klang unaufhörlich herüber. Noch ragte ein kleiner Streifen der roten Sonne über das Violett.

„Ich muss fort", sagte Mirjam, löste sich von der Mauer, an der sie gelehnt hatte, leicht, wie ein weißer Schmetterling, flatterte sie vom Bürgersteig, ging mit raschen koketten Füßen die Straßenmitte entlang, hinaus in die Richtung, in der die Kaserne lag, dem rufenden Gesang der Kosaken entgegen.

Fünfzig Schritte vor der Kaserne, in der Mitte des kleinen Pfades zwischen dem großen Wald und dem Getreide Sameschkins, erwartete sie Iwan.

„Wir fahren nach Amerika", sagte Mirjam.

„Wirst mich nicht vergessen", mahnte Iwan.

„Wirst immer um diese Stunde, beim Untergang der Sonne, an mich denken und nicht an die andern. Und vielleicht, wenn Gott hilft, komme ich dir nach, wirst mir schreiben. Pawel wird mir deine Briefe vorlesen, schreib nicht zu viel geheime Dinge von uns beiden, sonst muss ich mich schämen." Er küsste Mirjam, stark und viele Male, seine Küsse knatterten wie Schüsse durch den Abend. Ein Teufelsmädel, dachte er, nun fährt sie hin, nach Amerika, ich muss mir eine andere suchen. So schön wie die ist keine mehr, noch vier Jahre muss ich dienen. Er war groß, bärenstark und schüchtern. Seine riesigen Hände zitterten, wenn er ein Mädchen anfassen sollte. Auch war er in der Liebe nicht heimisch, alles hatte ihm Mirjam beigebracht, auf was für Gedanken war sie nicht schon gekommen!

Sie umarmten sich, wie gestern und vorgestern, mitten im Feld, eingebettet zwischen den Früchten der Erde, umgeben und überwölbt von dem schweren Korn. Willig legten sich die Ähren hin, wenn Mirjam und Iwan niedersanken; noch ehe sie niedersanken, schienen sich die Ähren zu legen. Heute war ihre Liebe heftiger, kürzer und gleichsam erschreckt. Es war, als müsste Mirjam schon morgen nach Amerika. Der Abschied zitterte schon in ihrer Liebe. Während sie ineinanderwuchsen, waren sie sich schon fern, durch den Ozean voneinander getrennt. „Wie gut", dachte Mirjam, „dass nicht er fährt, dass nicht ich zurückbleibe." Sie lagen lange matt, hilflos, stumm, wie Schwerverwundete. Tausend Gedanken schwankten durch ihre Hirne. Sie merkten nicht den Regen, der endlich gekommen war. Er hatte sachte und tückisch begonnen, es dauerte lange, bis seine Tropfen schwer genug waren, das dichte goldene Gehege der Ähren zu durchbrechen. Plötzlich waren sie den strömenden Wassern preisgegeben. Sie erwachten, begannen zu laufen. Der Regen verwirrte sie, verwandelte die Welt vollends, nahm ihnen den Sinn für die Zeit. Sie dachten, es sei schon spät, sie lauschten, ob sie die Glocken vom Turm hören würden, aber nur der Regen rauschte, immer dichter, immer dichter, alle andern Stimmen der Nacht waren unheimlich verstummt. Sie küssten sich auf die nassen Gesichter, drückten sich die Hände, Wasser war zwischen ihnen, keins von beiden konnte den Körper des andern fühlen. Hastig nahmen sie Abschied, ihre Wege trennten sich, schon war Iwan in Regen eingehüllt und unsichtbar. „Nie mehr werde ich ihn sehen!", dachte Mirjam, während sie nach Hause lief. „Die Ernte kommt. Morgen werden die Bauern erschrecken, weil ein Regen mehrere bringt."

Sie kam nach Hause, wartete eine Weile unter dem Dachvorsprung, als wäre es möglich, in einer kurzen Minute trocken zu werden. Sie entschloss sich, ins Zimmer zu treten. Finster war es, alle schliefen schon. Sie legte sich leise, nass, wie sie war, sie ließ ihre Kleider am Körper trocknen und rührte sich nicht mehr. Draußen rauschte der Regen.

Alle wussten schon, dass Mendel nach Amerika ging, ein Schüler nach dem andern blieb vom Unterricht weg. Jetzt waren es nur noch fünf Knaben, auch sie kamen nicht zu regelmäßigen

Zeiten. Die Papiere hatte Kapturak noch nicht gebracht, die Schiffskarte hatte Sam noch nicht geschickt. Aber schon begann das Haus Mendel Singers zu zerfallen. „Wie morsch muss es doch gewesen sein", dachte Mendel. „Es ist morsch gewesen, und man hat es nicht gewusst. Wer nicht achtgeben kann, gleicht einem Tauben und ist schlimmer daran als ein Tauber – so steht es irgendwo geschrieben. Hier war mein Großvater Lehrer; hier war mein Vater Lehrer, hier war ich ein Lehrer. Jetzt fahre ich nach Amerika. Meinen Sohn Jonas haben die Kosaken genommen, Mirjam wollen sie mir nehmen. Menuchim – was wird mit Menuchim?"

Noch am Abend dieses Tages begab er sich zu der Familie Billes. Es war eine frohe Familie, es schien Mendel Singer, dass sie unverdient viel Glück hatte, alle Töchter waren verheiratet, bis auf die jüngste, der er eben sein Haus anbieten wollte, alle drei Söhne waren dem Militär entgangen und in die Welt gefahren, der eine nach Hamburg, der andere nach Kalifornien, der dritte nach Paris. Es war eine fröhliche Familie, Gottes Hand ruhte über ihr, sie lag wohlgebettet in Gottes breiter Hand. Der alte Billes war immer heiter. Alle seine Söhne hatte Mendel Singer unterrichtet. Der alte Billes war ein Schüler des alten Singer gewesen. Weil sie einander schon so lange kannten, glaubte Mendel, ein kleines Anrecht an dem Glück der Fremden zu haben.

Der Familie Billes – sie lebten nicht im Überfluss – gefiel der Vorschlag Mendel Singers. Gut! – das junge Paar wird das Haus übernehmen und Menuchim dazu. „Er macht gar keine Arbeit", sagte Mendel Singer. „Es geht ihm auch von Jahr zu Jahr besser. Bald wird er mit Gottes Hilfe ganz gesund sein. Dann wird mein älterer Sohn Schemarjah herüberkommen, oder er wird jemanden schicken und Menuchim nach Amerika bringen."

„Und was hört ihr von Jonas?", fragte der alte Billes. Mendel hatte schon lange nichts von seinem Kosaken gehört, wie er ihn im Stillen nannte – nicht ohne Verachtung, aber auch nicht ohne Stolz. Dennoch antwortete er: „Lauter Gutes! Er hat lesen und schreiben gelernt, und er ist befördert worden. Wenn er kein Jude wäre, wer weiß, vielleicht wäre er schon Offizier!" Es war Mendel unmöglich, im Angesicht dieser glücklichen Familie mit dem schweren Übergewicht seines großen Unglücks auf dem Rücken dazustehen. Deshalb streckte er den Rücken und log ein bisschen Freude vor.

Es wurde ausgemacht, dass Mendel Singer sein Haus vor einfachen Zeugen der Familie Billes zur Benutzung übergeben würde, nicht vor dem Amt, denn das kostete Geld. Drei, vier anständige Juden als Zeugen genügten. Inzwischen bekam Mendel einen Vorschuss von dreißig Rubeln, weil seine Schüler nicht mehr kamen und das Geld zu Hause ausging.

Eine Woche später rollte noch einmal Kapturak in seinem leichten gelben Wägelchen durch das Städtchen. Alles war da: das Geld, die Schiffskarte, die Pässe, das Visum, das Kopfgeld für jeden und sogar das Honorar für Kapturak.

„Ein pünktlicher Zahler", sagte Kapturak. „Euer Sohn Schemarjah, genannt Sam, ist ein pünktlicher Zahler. Ein Gentleman, sagt man drüben ..."

Bis zur Grenze sollte Kapturak die Familie Singer begleiten. In vier Wochen ging der Dampfer „Neptun" von Bremen nach New York.

Die Familie Billes kam, Inventur aufnehmen. Das Bettzeug, sechs Kissen, sechs Leintücher, sechs rotblau karierte Bezüge nahm Deborah mit, man ließ die Strohsäcke zurück und das spärliche Bettzeug für Menuchim.

Obwohl Deborah nicht viel zu packen hatte und obwohl sie alle Stücke ihres Besitzes im Kopfe behielt, blieb sie doch unaufhörlich in Tätigkeit. Sie packte ein, sie packte wieder aus. Sie zählte das Geschirr und zählte noch einmal. Zwei Teller zerbrach Menuchim. Er schien überhaupt seine stupide Ruhe allmählich zu verlieren. Er rief seine Mutter öfter als bisher, das einzige Wort, das er seit Jahren aussprechen konnte, wiederholte er, auch wenn die Mutter nicht in seiner Nähe war, ein Dutzend Mal. Er war ein Idiot, dieser Menuchim! Ein Idiot! Wie leicht sagt man das! Aber wer kann sagen, was für einen Sturm von Ängsten und Sorgen die Seele Menuchims in diesen Tagen auszuhalten hatte, die Seele Menuchims, die Gott verborgen hatte in dem undurchdringlichen Gewande der Blödheit! Ja, er ängstigte sich, der Krüppel Menuchim. Er kroch manchmal aus seinem Winkel selbstständig bis vor die Tür, hockte an der Schwelle, in der Sonne, wie ein kranker Hund und blinzelte die Passanten an, von denen er nur die Stiefel zu sehen schien und die Hosen, die Strümpfe und die Röcke. Manchmal griff er unvermutet nach der Schürze seiner Mutter und knurrte. Deborah nahm ihn auf den Arm, obwohl er schon ein ansehnliches Gewicht hatte. Dennoch wiegte sie ihn im Arm und sang zwei, drei abgerissene Strophen eines Kinderliedes, das sie selbst schon ganz vergessen hatte und das in ihrem Gedächtnis wieder zu erwachen begann, sobald sie den unglücklichen Sohn in den Armen fühlte. Dann ließ sie ihn wieder niederhocken und ging an die Arbeit, die seit Tagen lediglich aus Packen und Zählen bestand. Plötzlich gab sie es wieder auf. Sie blieb eine Weile stehen, mit nachdenklichen Augen, die denen Menuchims nicht unähnlich waren; so ohne Leben waren sie, so hilflos in einer unbekannten Ferne nach den Gedanken suchend, die das Gehirn zu liefern sich weigerte. Ihr törichter Blick fiel auf den Sack, in dem die Pölster eingenäht werden sollten. „Vielleicht", fiel es ihr ein, „konnte man Menuchim in einen Sack nähen?" Gleich darauf erzitterte sie bei der Vorstellung, dass die Zollrevisoren mit langen scharfen Spießen die Säcke der Passagiere durchstechen würden. Und sie begann, wieder auszupacken, und der Entschluss durchzuckte sie, zu bleiben, wie der Rabbi von Kluczýsk gesagt hatte: „Verlass ihn nicht, als wenn er ein gesundes Kind wäre!" Die Kraft, die zum Glauben gehörte, brachte sie nicht mehr auf, und allmählich verließen sie auch die Kräfte, deren der Mensch bedarf, um die Verzweiflung auszuhalten.

Es war, als hätten sie, Deborah und Mendel, nicht freiwillig den Entschluss gefasst, nach Amerika zu gehn, sondern als wäre Amerika über sie gekommen, über sie hergefallen, mit Schemarjah, Mac und Kapturak. Nun, da sie es bemerkten, war es zu spät. Sie konnten sich nicht mehr vor Amerika retten. Die Papiere kamen zu ihnen, die Schiffskarten, die Kopfgelder. „Wie ist es", fragte Deborah einmal, „wenn Menuchim plötzlich gesund wird, heute oder morgen?" Mendel wiegte eine Weile den Kopf. Dann sagte er: „Wenn Menuchim gesund wird, nehmen wir ihn mit!" Und sie ergaben sich beide schweigend der Hoffnung, dass Menuchim morgen oder übermorgen gesund von seinem Lager aufstehen würde, mit heilen Gliedern und einer vollkommenen Sprache.

Am Sonntag sollen sie fahren. Heute ist Donnerstag. Zum letzten Mal steht Deborah vor ihrem Herd, die Mahlzeit für den Sabbat zu richten, das weiße Mohnbrot und die geflochtenen Semmeln. Offen brennt das Feuer, zischt und knistert, und der Rauch erfüllt die Stube, wie an jedem Donnerstag, seit dreißig Jahren. Es regnet draußen. Der Regen drängt den Rauch aus dem Schornstein zurück, der alte gezackte vertraute Fleck im Kalk des Plafonds zeigt sich wieder in seiner feuchten Frische. Seit zehn Jahren hätte das Loch in den Schindeln des Daches ausgebessert werden sollen, die Familie Billes wird es schon machen. Gepackt steht der große eisenbeschlagene braune Koffer, mit seiner soliden Eisenstange vor dem Schlitz und mit zwei funkelnden, neuen, eisernen Schlössern. Manchmal kriecht Menuchim an sie heran und lässt sie baumeln. Dann gibt's ein unbarmherziges Klappern, die Schlösser schlagen gegen die eisernen Reifen und zittern lange und wollen sich nicht beruhigen. Und das Feuer knistert, und der Rauch erfüllt die Stube.

Am Sabbatabend nahm Mendel Singer Abschied von seinen Nachbarn. Man trank den gelblich grünen Schnaps, den einer selbst gebraut und mit trockenen Schwämmen[1] durchsetzt hat. Also schmeckt der Schnaps nicht nur scharf, sondern auch bitter. Der Abschied dauert länger als eine Stunde. Alle wünschen Mendel Glück. Manche betrachten ihn zweifelnd, manche beneiden ihn. Alle aber sagen ihm, dass Amerika ein herrliches Land ist. Ein Jude kann sich nichts Besseres wünschen, als nach Amerika zu gelangen.

In dieser Nacht verließ Deborah das Bett und ging, die Hand sorgsam gewölbt um eine Kerze, zum Lager Menuchims. Er lag auf dem Rücken, sein schwerer Kopf lehnte an der zusammengerollten grauen Decke, seine Lider standen halb offen, man sah das Weiße seiner Augen. Bei jedem Atemzug zitterte sein Körper, seine schlafenden Finger bewegten sich unaufhörlich. Er hielt die Hände an der Brust. Sein Angesicht war im Schlaf noch fahler und schlaffer, als am Tage. Offen standen die bläulichen Lippen, mit weißem, perlendem Schaum in den Mundwinkeln. Deborah

---

[1] österr.: getrocknete Pilze

löschte das Licht. Sie hockte ein paar Sekunden neben dem Sohn, erhob sich und schlich wieder ins Bett. Nichts wird aus ihm, dachte sie, nichts wird aus ihm. Sie schlief nicht mehr ein.

Am Sonntag, um acht Uhr morgens, kommt ein Bote Kapturaks. Es ist der Mann mit der blauen Mütze, der einmal Schemarjah über die Grenze gebracht hat. Auch heute bleibt der Mann mit der blauen Mütze an der Tür stehen, lehnt es ab, Tee zu trinken, hilft dann wortlos den Koffer hinausrollen und auf den Wagen stellen. Ein bequemer Wagen, vier Menschen haben Platz. Die Füße liegen im weichen Heu, der Wagen duftet wie das ganze spätsommerliche Land. Die Rücken der Pferde glänzen, gebürstet und blank, braune gewölbte Spiegel. Ein breites Joch mit vielen silbernen Glöckchen überspannt ihre schlanken und hochmütigen Nacken. Obwohl es heller Tag ist, sieht man die Funken sprühen, die sie mit ihren Hufen aus dem Schotter schlagen.

Noch einmal hält Deborah Menuchim auf dem Arm. Die Familie Billes ist schon da, umzingelt den Wagen und hört nicht auf zu reden. Mendel Singer sitzt auf dem Kutschbock und Mirjam lehnt ihren Rücken gegen den des Vaters. Nur Deborah steht noch vor der Tür, den Krüppel Menuchim in den Armen.

Plötzlich lässt sie von ihm. Sie setzt ihn sachte auf die Schwelle, wie man eine Leiche in einen Sarg legt, steht auf, reckt sich, lässt ihre Tränen fließen, über das nackte Gesicht nackte Tränen. Sie ist entschlossen. Ihr Sohn bleibt. Sie wird nach Amerika fahren. Es ist kein Wunder geschehen.

Weinend steigt sie in den Wagen. Sie sieht nicht die Gesichter der Menschen, deren Hände sie drückt. Zwei große Meere voll Tränen sind ihre beiden Augen. Die Pferdehufe hört sie klappern. Sie fährt.

Sie schreit auf, sie weiß nicht, dass sie schreit, es schreit aus ihr, das Herz hat einen Mund und schreit. Der Wagen hält, sie springt aus ihm, leichtfüßig wie ein Junge. Menuchim sitzt noch auf der Schwelle. Sie fällt vor Menuchim nieder. „Mama, Mama!", lallt Menuchim. Sie bleibt liegen.

Die Familie Billes hebt Deborah hoch. Sie schreit, sie wehrt sich, sie bleibt schließlich still. Man trägt sie wieder zum Wagen und bettet sie auf das Heu. Der Wagen rollt sehr schnell nach Dubno.

Sechs Stunden später saßen sie in der Eisenbahn, im langsamen Personenzug, zusammen mit vielen unbekannten Menschen. Der Zug fuhr sachte durch das Land, die Wiesen und die Felder, auf denen man erntete, die Bauern und Bäuerinnen, die Hütten und Herden grüßten den Zug. Das sanfte Lied der Räder schläferte die Passagiere ein. Deborah hatte noch kein Wort gesprochen. Sie schlummerte. Die Räder der Eisenbahn wiederholten unaufhörlich, unaufhörlich: Verlass ihn nicht! Verlass ihn nicht! Verlass ihn nicht!

Mendel Singer betete. Er betete auswendig und mechanisch, er dachte nicht an die Bedeutung der Worte, ihr Klang allein genügte, Gott verstand, was sie bedeuteten. Also betäubte Mendel seine große Angst vor dem Wasser, auf das er in einigen Tagen gelangen sollte. Manchmal warf er einen gedankenlosen Blick auf Mirjam. Sie saß ihm gegenüber, an der Seite des Mannes mit der blauen Mütze. Mendel sah nicht, wie sie sich an den Mann schmiegte. Der sprach nicht zu ihr, er wartete auf die kurze Viertelstunde zwischen dem Anbruch der Dämmerung und dem Augenblick, in dem der Schaffner die winzige Gasflamme entzünden würde. Von dieser Viertelstunde und später von der Nacht, in der die Gasflammen wieder ausgelöscht wurden, versprach sich der Mann mit der blauen Mütze allerhand Wonnen.

Am nächsten Morgen nahm er von den alten Singers einen gleichgültigen Abschied, nur Mirjam drückte er die Hand in stummer Herzlichkeit. Sie waren an der Grenze. Die Revisoren nahmen die Pässe ab. Als man Mendels Namen ausrief, erzitterte er. Ohne Grund. Alles war in Ordnung. Sie passierten.

Sie stiegen in einen neuen Zug, sahen andere Stationen, hörten neue Glockensignale, sahen neue Uniformen. Sie fuhren drei Tage und stiegen zweimal um. Am Nachmittag des dritten Tages kamen sie in Bremen an. Ein Mann von der Schifffahrtsgesellschaft brüllte: Mendel Singer. Die Familie Singer meldete sich. Nicht weniger als neun Familien erwartete der Beamte. Er stellte sie in einer Reihe auf, zählte sie dreimal, verlas ihre Namen und gab jedem eine Nummer. Da standen sie nun und wussten nichts mit den Blechmarken anzufangen. Der Beamte ging fort. Er hatte versprochen, bald wiederzukommen. Aber die neun Familien, fünfundzwanzig Menschen, rührten sich nicht. Sie standen in einer Reihe auf dem Bahnsteig, die Blechmarken in den Händen, die Bündel vor den Füßen. An der äußersten Ecke links, weil er sich so spät gemeldet hatte, stand Mendel Singer.

Er hatte während der ganzen Fahrt mit Frau und Tochter kaum ein Wort gesprochen. Beide Frauen waren auch stumm gewesen. Jetzt aber schien Deborah die Schweigsamkeit nicht mehr ertragen zu können. „Warum rührst du dich nicht?", fragte Deborah. „Niemand rührt sich", erwiderte Mendel. „Warum fragst du nicht die Leute?" „Niemand fragt." „Worauf warten wir?" „Ich weiß nicht, worauf wir warten." „Glaubst du, ich kann mich auf den Koffer setzen?" „Setz dich auf den Koffer."

In dem Augenblick aber, in dem Deborah ihre Röcke gespreizt hatte, um sich niederzulassen, erschien der Beamte von der Schifffahrtsgesellschaft und verkündete auf Russisch, Polnisch, Deutsch und Jiddisch, dass er alle neun Familien jetzt in den Hafen zu geleiten gedenke; dass er sie in einer Baracke für die Nacht unterbringe; und dass morgen, um sieben Uhr früh, der „Neptun" die Anker lichten werde.

In der Baracke lagerten sie, in Bremerhaven, die Blechmarken krampfhaft in den geballten Fäusten, auch während des Schlafs. Vom Schnarchen der fünfundzwanzig und von den Bewegungen, die jeder auf dem harten Lager vollführte, erzitterten die Balken, und die kleinen gelben elektrischen Birnen schaukelten leise. Es war verboten worden, Tee zu kochen. Mit trockenen Gaumen waren sie schlafen gegangen. Nur Mirjam hatte ein polnischer Friseur rote Bonbons angeboten. Mit einer großen klebrigen Kugel im Mund schlief Mirjam ein.

Um fünf Uhr morgens erwachte Mendel. Er stieg mühsam aus dem hölzernen Behälter, in dem er geschlafen hatte, suchte die Wasserleitung, ging hinaus, um zu sehen, wo der Osten liege. Dann kehrte er zurück, stellte sich in eine Ecke und betete. Er flüsterte vor sich hin, aber während er flüsterte, packte ihn der laute Schmerz, krallte sich in sein Herz und riss daran so heftig, dass Mendel mitten im Flüstern laut aufstöhnte. Ein paar Schläfer erwachten, sahen hinunter und lächelten über den Juden, der in der Ecke hüpfte und wackelte, seinen Oberkörper vor- und rückwärts wiegte und Gott zu Ehren einen kümmerlichen Tanz aufführte.

Mendel war noch nicht fertig, da riss der Beamte die Tür auf. Ein Seewind hatte ihn in die Baracke geweht. „Aufstehen!", rief er ein paarmal und in allen Sprachen dieser Welt.

Es war noch früh, als sie das Schiff erreichten. Man erlaubte ihnen, ein paar Blicke in die Speisesäle der ersten und zweiten Klasse zu werfen, ehe man sie ins Zwischendeck hineinschob. Mendel Singer rührte sich nicht. Er stand auf der höchsten Stufe einer schmalen eisernen Leiter, im Rücken den Hafen, das Land, den Kontinent, die Heimat, die Vergangenheit. Zu seiner Linken strahlte die Sonne. Blau war der Himmel. Weiß war das Schiff. Grün war das Wasser. Ein Matrose kam und befahl Mendel Singer, die Treppe zu verlassen. Er begütigte den Matrosen mit einer Handbewegung. Er war ganz ruhig und ohne Furcht. Er warf einen flüchtigen Blick auf das Meer und trank Trost aus der Unendlichkeit des bewegten Wassers. Ewig war es. Mendel erkannte, dass Gott selbst es geschaffen hatte. Er hatte es ausgeschüttet aus seiner unerschöpflichen geheimen Quelle. Nun schaukelte es zwischen den festen Ländern. Tief auf seinem Grunde ringelte sich Leviathan[1], der heilige Fisch, den am Tage des Gerichts die Frommen und Gerechten speisen werden. „Neptun" hieß das Schiff, auf dem Mendel stand. Es war ein großes Schiff. Aber mit dem Leviathan verglichen und mit dem Meer, dem Himmel und mit der Weisheit des Ewigen war es ein winziges Schiff. Nein, Mendel fühlte keine Angst. Er beruhigte den Matrosen, er, ein kleiner schwarzer Jude auf einem riesengroßen Schiff und vor dem ewigen Ozean, er drehte sich noch einmal im Halbkreis und murmelte den Segen, der zu sprechen ist beim Anblick des Meeres. Er drehte sich im Halbkreis und verstreute die einzelnen Worte des Segens über die grünen Wogen: „Gelobt seist du, Ewiger, unser Herr, der du die Meere geschaffen hast und durch sie trennest die Kontinente!"

In diesem Augenblick erdröhnten die Sirenen. Die Maschinen begannen zu poltern. Und die Luft und das Schiff und die Men-

---

[1] mythologisches Untier

schen erzitterten. Nur der Himmel blieb still und blau, blau und still.

IX

Den vierzehnten Abend der Seereise erleuchteten die großen feurigen Kugeln, die von den Leuchtschiffen abgeschossen wurden. „Jetzt erscheint", sagte ein Jude, der schon zweimal diese Fahrt mitgemacht hatte, zu Mendel Singer, „die Freiheitsstatue. Sie ist hunderteinundfünfzig Fuß hoch, im Innern hohl, man kann sie besteigen. Um den Kopf trägt sie eine Strahlenkrone. In der Rechten hält sie eine Fackel. Und das Schönste ist, dass diese Fackel in der Nacht brennt und dennoch niemals ganz verbrennen kann. Denn sie ist nur elektrisch beleuchtet. Solche Kunststücke macht man in Amerika."

Am Vormittag des fünfzehnten Tages wurden sie ausgeladen. Deborah, Mirjam und Mendel standen enge nebeneinander, denn sie fürchteten, sich zu verlieren.

Es kamen Männer in Uniformen, sie erschienen Mendel ein wenig gefährlich, obwohl sie keine Säbel hatten. Einige trugen blütenweiße Gewänder und sahen halb wie Gendarmen aus und halb wie Engel. Das sind die Kosaken Amerikas, dachte Mendel Singer, und er betrachtete seine Tochter Mirjam.

Sie wurden aufgerufen, nach dem Alphabet, jeder kam an sein Gepäck, man durchstach es nicht mit spitzen Lanzen. Vielleicht hätte man Menuchim mitnehmen können, dachte Deborah.

Auf einmal stand Schemarjah vor ihnen.

Alle drei erschraken auf die gleiche Weise.

Sie sahen gleichzeitig ihr altes Häuschen wieder, den alten Schemarjah und den neuen Schemarjah, genannt Sam.

Sie sahen Schemarjah und Sam zugleich, als wenn ein Sam über einen Schemarjah gestülpt worden wäre, ein durchsichtiger Sam.

Es war zwar Schemarjah, aber es war Sam.

Es waren zwei. Der eine trug eine schwarze Mütze, ein schwarzes Gewand und hohe Stiefel, und die ersten flaumigen schwarzen Härchen sprossen aus den Poren seiner Wangen.

Der zweite trug einen hellgrauen Rock, eine schneeweiße Mütze, wie der Kapitän, breite gelbe Hosen, ein leuchtendes Hemd aus grüner Seide, und sein Angesicht war glatt, wie ein nobler Grabstein.

Der zweite war beinahe Mac.

Der erste sprach mit seiner alten Stimme – sie hörten nur die Stimme, nicht die Worte.

Der zweite schlug mit einer starken Hand seinem Vater auf die Schulter und sagte, und jetzt erst hörten sie die Worte: „Halloh, old chap!" – und verstanden nichts.

Der erste war Schemarjah. Der zweite aber war Sam.

Zuerst küsste Sam den Vater, dann die Mutter, dann Mirjam. Alle drei rochen an Sam Rasierseife, die nach Schneeglöckchen duftete und auch ein wenig wie Karbol. Er erinnerte sie an einen Garten und gleichzeitig an ein Spital.

Im Stillen wiederholten sie sich ein paarmal, dass Sam Schemarjah war. Dann erst freuten sie sich.

„Alle andern", sagte Sam, „kommen in die Quarantäne. Ihr nicht! Mac hat es gerichtet. Er hat zwei Vettern, die sind hier bedienstet."

Eine halbe Stunde später erschien Mac.

Er sah noch genauso aus wie damals, als er im Städtchen erschienen war. Breit, laut, in einer unverständlichen Sprache polternd und die Taschen schon geschwollen von süßem Backwerk, das er sofort zu verteilen und selbst zu essen begann. Eine knallrote Krawatte flatterte wie eine Fahne über seiner Brust.

„Ihr müsst doch in die Quarantäne", sagte Mac. Denn er hatte übertrieben. Seine Vettern waren zwar in dieser Gegend bedienstet, aber nur bei der Zollrevision. „Aber ich werde euch begleiten. Habt nur keine Angst!"

Sie brauchten in der Tat keine Angst zu haben. Mac schrie allen Beamten zu, dass Mirjam seine Braut sei und Mendel und Deborah seine Schwiegereltern.

Jeden Nachmittag um drei Uhr kam Mac an das Gitter des Lagers. Er streckte seine Hand durch die Drähte, obwohl es verboten war, und begrüßte alle. Nach vier Tagen gelang es ihm, die Familie Singer zu befreien. Auf welche Weise es ihm gelungen war, verriet er nicht. Denn es gehörte zu Macs Eigenschaften, dass er mit großem Eifer Dinge erzählte, die er erfunden hatte; und dass er Dinge verschwieg, die sich wirklich zugetragen hatten.

Er bestand darauf, dass sie ganz ausführlich, auf einem Leiterwagen seiner Firma, Amerika betrachteten, ehe sie sich nach Hause begaben.

Man verlud Mendel Singer, Deborah und Mirjam und führte sie spazieren.

Es war ein heller und heißer Tag. Mendel und Deborah saßen in der Fahrtrichtung, ihnen gegenüber Mirjam, Mac und Sam. Der schwere Wagen ratterte über die Straßen mit einer wütenden Wucht, wie es Mendel Singer schien, als wäre es seine Absicht, Stein und Asphalt für ewige Zeiten zu zertrümmern und die Fundamente der Häuser zu erschüttern. Der lederne Sitz brannte unter Mendels Körper, wie ein heißer Ofen. Obwohl sie sich im düstern Schatten der hohen Mauern hielten, glühte die Hitze wie graues schmelzendes Blei durch die alte Mütze aus schwarzem Seidenrips auf den Schädel Mendels, drang in sein Gehirn und verlötete es dicht, mit feuchter, klebriger, schmerzlicher Glut. Seit seiner Ankunft hatte er kaum geschlafen, wenig gegessen und fast gar nichts getrunken. Er trug heimatliche Galoschen aus Gummi an den schweren Stiefeln, und seine Füße brannten, wie in einem offenen Feuer. Krampfhaft zwischen die Knie geklemmt hatte er seinen Regenschirm, dessen hölzerner Griff heiß war und nicht anzufassen, als wäre er aus rotem Eisen. Vor den Augen Mendels wehte ein dicht gewebter Schleier aus Ruß, Staub und Hitze. Er dachte an die Wüste, durch die seine Ahnen vierzig Jahre gewandert waren. Aber sie waren wenigstens zu Fuß gegangen, sagte er sich. Die wahnsinnige Eile, in der sie jetzt dahinrasten, weckte zwar einen Wind, aber es war ein heißer Wind, der feurige Atem der Hölle. Statt zu kühlen, glühte er. Der Wind war kein Wind, er bestand aus Lärm und Geschrei, es war ein wehender Lärm. Er setzte sich zusammen aus einem schrillen Klingeln von hundert unsichtbaren Glocken, aus dem gefährlichen, metallenen Dröhnen der Bahnen, aus dem tutenden Rufen unzähliger Trompeten, aus dem flehentlichen Kreischen der Schienen an den Kurven der Streets, aus dem Gebrüll Macs, der durch einen übermächtigen Trichter seinen Passagieren Amerika erläuterte, aus dem Gemurmel der Menschen ringsum, aus dem schallenden Gelächter eines fremden Mitreisenden hinter Mendels Rücken, aus den unaufhörlichen Reden, die Sam in des Vaters Angesicht warf, Reden, die Mendel nicht verstand, zu denen er aber fortwährend nickte, ein furchtsames und zugleich freundliches Lächeln um die Lippen, wie eine schmerzende Klammer aus Eisen. Selbst wenn er den Mut gehabt hätte, ernst zu bleiben, wie es seiner Situation entsprach, er hätte das Lächeln nicht ablegen können. Er hatte nicht die Kraft, eine Miene zu verändern. Die Muskeln seines Angesichts waren erstarrt. Er hätte lieber geweint, wie ein kleines Kind. Er roch den scharfen Teer aus dem schmelzenden Asphalt, den trockenen und spröden Staub in der Luft, den ranzigen und fetten Gestank aus Kanälen und Käsehandlungen, den beizenden Geruch von Zwiebeln, den süßlichen Benzinrauch der Autos, den fauligen Sumpfgeruch aus Fischhallen, die Maiglöckchen und das Chloroform[1] von den Wangen seines Sohnes. Alle Gerüche vermengten sich im heißen Brodem[2], der ihm entgegenschlug, mit dem Lärm, der seine Ohren erfüllte und seinen Schädel sprengen wollte. Bald wusste er nicht mehr, was zu hören, zu sehen, zu riechen war. Er lächelte immer noch und nickte mit dem Kopfe. Amerika drang auf ihn ein, Amerika zerbrach ihn, Amerika zerschmetterte ihn. Nach einigen Minuten wurde er ohnmächtig.

Er erwachte in einem Lunch-Room, in den man ihn in der Eile gebracht hatte, um ihn zu laben. In einem runden, von hundert kleinen Glühbirnen umkränzten Spiegel erblickte er seinen weißen Bart und seine knochige Nase und glaubte im ersten Augenblick, Bart und Nase gehörten einem andern. Erst an seinen Angehörigen, die ihn umringten, erkannte er sich selbst wieder. Ein bisschen schämte er sich. Er öffnete mit einiger Mühe die Lippen und bat seinen Sohn um Entschuldigung. Mac ergriff seine Hand und schüttelte sie, als gratulierte er Mendel Singer zu einem gelungenen Kunststück oder zu einer gewonnenen Wette. Um den

---

[1] ein chlorierter Kohlenwasserstoff mit narkotisierender Wirkung
[2] Atem

Mund des Alten legte sich wieder die eiserne Klammer des Lächelns, und die unbekannte Gewalt bewegte wieder seinen Kopf, sodass es aussah, als ob Mendel nickte. Mirjam sah er. Sie hatte wirre schwarze Haare unter dem gelben Schal, etwas Ruß auf den blassen Wangen und einen langen Strohhalm zwischen den Zähnen. Deborah hockte breit, stumm, mit geblähten Nasenflügeln und auf- und abebbenden Brüsten auf einem runden Sessel ohne Lehne. Es sah aus, als müsste sie bald herunterfallen.

„Was gehen mich diese Leute an?", dachte Mendel. „Was geht mich ganz Amerika an? Mein Sohn, meine Frau, meine Tochter, dieser Mac? Bin ich noch Mendel Singer? Ist das noch meine Familie? Bin ich noch Mendel Singer? Wo ist mein Sohn Menuchim?" Es war ihm, als wäre er aus sich selbst herausgestoßen worden, von sich selbst getrennt würde er fortan leben müssen. Es war ihm, als hätte er sich selbst in Zuchnow zurückgelassen, in der Nähe Menuchims. Und während es um seine Lippen lächelte und während es seinen Kopf schüttelte, begann sein Herz langsam zu vereisen, es pochte wie ein metallener Schlegel gegen kaltes Glas. Schon war er einsam, Mendel Singer: Schon war er in Amerika …

Zweiter Teil

XI hi hi hi

Ein paar Hundert Jahre früher war ein Ahne Mendel Singers wahrscheinlich aus Spanien nach Wolhynien[1] gekommen. Er hatte ein glücklicheres, ein gewöhnlicheres, jedenfalls ein weniger beachtetes Schicksal als sein Nachfahre, und wir wissen infolgedessen nicht, ob er viele Jahre oder wenige gebraucht hat, um in dem fremden Land heimisch zu werden. Von Mendel Singer aber wissen wir, dass er nach einigen Monaten in New York zu Hause war.

Ja, er war beinahe heimisch in Amerika! Er wusste bereits, dass old chap auf Amerikanisch Vater hieß und old fool Mutter, oder umgekehrt. Er kannte ein paar Geschäftsleute aus der Bowery, mit denen sein Sohn verkehrte, die Essex Street, in der er wohnte, und die Houston Street, in der das Kaufhaus seines Sohnes lag, seines Sohnes Sam. Er wusste, dass Sam bereits ein American boy war, dass man good bye sagte, how do you do und please, wenn man ein feiner Mann war, dass ein Kaufmann von der Grand Street Respekt verlangen konnte und manchmal am River wohnen durfte, an jenem River, nach dem es auch Schemarjah gelüstete. Man hatte ihm gesagt, dass Amerika God's own country hieß, dass es das Land Gottes war, wie einmal Palästina, und New York eigentlich the wonder city, die Stadt der Wunder, wie einmal Jerusalem. Das Beten dagegen nannte man „service" und die Wohltätigkeit ebenso. Sams kleiner Sohn, zur Welt gekommen knapp eine Woche nach der Ankunft des Großvaters, heißt nicht anders denn MacLincoln und wird in einigen Jahren, husch, geht die Zeit in Amerika, ein college boy. My dear boy, nennt den Kleinen heute die Schwiegertochter. Vega heißt sie immer noch, merkwürdigerweise. Blond ist sie und sanft, mit blauen Augen, die Mendel Singer mehr Güte als Klugheit verraten. Mag sie dumm sein! Frauen brauchen keinen Verstand, Gott helfe ihr, Amen! Zwischen zwölf und zwei muss man Lunch essen und

---

[1] Landschaft im Nordwesten der Ukraine

zwischen sechs und acht ein Dinner. Dieser Zeiten achtet Mendel nicht. Er isst um drei Uhr nachmittag und um zehn Uhr abends, wie zu Hause, obwohl eigentlich zu Hause Tag ist, wenn er sich zum Nachtmahl setzt, oder auch früher Morgen, wer kann es wissen. All right heißt einverstanden, und statt ja! sagt man yes! Will man einem etwas Gutes wünschen, so wünscht man ihm nicht Glück und Gesundheit, sondern prosperity[1]. In der nächsten Zukunft schon gedenkt Sam, eine neue Wohnung zu mieten, am River, mit einem parlour[2]. Ein Grammofon besitzt er schon, Mirjam leiht es manchmal bei der Schwägerin aus und trägt es in getreuen Armen durch die Straßen, wie ein krankes Kind. Das Grammofon kann viele Walzer spielen, aber auch Kol Nidre[3]. Sam wäscht sich zweimal am Tag, den Anzug, den er manchmal am Abend trägt, nennt er Dress. Deborah war schon zehnmal im Kino und dreimal im Theater. Sie hat ein seidenes dunkelgraues Kleid. Sam hat es ihr geschenkt. Eine große goldene Kette trägt sie um den Hals, sie erinnert an eines der Lustweiber, von denen manchmal die heiligen Schriften erzählen. Mirjam ist Verkäuferin in Sams Laden. Sie kommt nach Mitternacht heim und geht um sieben Uhr morgens weg. Sie sagt Guten Abend, Vater, Guten Morgen, Vater! und weiter nichts. Hie und da hört Mendel Singer aus Gesprächen, die an seinen Ohren vorüberrinnen, wie ein Fluß vorbeirinnt an den Füßen eines alten Mannes, der am Ufer steht, dass Mac mit Mirjam spazieren geht, tanzen geht, baden geht, turnen geht. Er weiß, Mendel Singer, dass Mac kein Jude ist, die Kosaken sind auch keine Juden, so weit ist es noch nicht, Gott wird helfen, man wird sehen. Deborah und Mirjam leben gut miteinander. Friede ist im Haus. Mutter und Tochter flüstern miteinander, oft, lange nach Mitternacht, Mendel tut, als ob er schliefe. Er kann es leicht. Er schläft in der Küche, Frau und Tochter schlafen im einzigen Wohnraum. Paläste bewohnt man auch in Amerika nicht. Man wohnt im ersten Stock! Ein Glücksfall. Wie leicht

---

[1] engl.: Wohlstand, Reichtum
[2] engl.: Salon, Wohnzimmer
[3] aram.: „alle Gelübde", Anfangsworte eines feierlichen Gebets zum Versöhnungstag (Jom Kippur, höchster jüdischer Feiertag)

hätte man auch im zweiten, im dritten, im vierten wohnen können! Die Treppe ist schief und schmutzig, immer finster. Mit Streichhölzern beleuchtet man auch am Tage die Stufen. Es riecht warm, feucht und klebrig nach Katzen. Aber Mäusegift und Glassplitter im Sauerteig zerrieben muss man immer noch, jeden Abend, in die Ecken legen. Deborah scheuert jede Woche den Fußboden, aber so safrangelb wie zu Hause wird er niemals. Woran liegt das? Ist Deborah zu schwach? Ist sie zu faul? Ist sie zu alt? Alle Bretter quietschen, wenn Mendel durch die Stube geht. Unmöglich zu erkennen, wo Deborah jetzt das Geld verbirgt. Zehn Dollar in der Woche gibt Sam. Dennoch ist Deborah aufgebracht. Sie ist ein Weib, manchmal reitet sie der Teufel. Sie hat eine gute sanfte Schwiegertochter, Deborah aber behauptet, Vega treibe Luxus. Wenn Mendel derlei Reden hört, sagt er: „Schweig, Deborah! Sei zufrieden mit den Kindern! Bist du noch immer nicht alt genug, um zu schweigen? Hast du mir nicht mehr vorzuwerfen, dass ich zu wenig verdiene, und quält es dich, dass du mit mir nicht streiten kannst? Schemarjah hat uns hierhergebracht, damit wir alt werden und sterben in seiner Nähe. Seine Frau ehrt uns beide, wie es sich gehört. Was willst du noch, Deborah?"

Sie wusste nicht genau, was ihr fehlte. Vielleicht hatte sie gehofft, in Amerika eine ganz fremde Welt zu finden, in der es möglich gewesen wäre, das alte Leben und Menuchim sofort zu vergessen. Aber dieses Amerika war keine neue Welt. Es gab mehr Juden hier als in Kluczýsk, es war eigentlich ein größeres Kluczýsk. Hatte man den weiten Weg über das große Wasser nehmen müssen, um wieder nach Kluczýsk zu kommen, das man in der Fuhre Sameschkins hätte erreichen können? Die Fenster gingen in einen finstern Lichthof, in dem Katzen, Ratten und Kinder sich balgten, um drei Uhr nachmittags, auch im Frühling, musste man die Petroleumlampe anzünden, nicht einmal elektrisches Licht gab es, ein eigenes Grammofon hatte man auch noch nicht. Licht und Sonne hatte Deborah wenigstens zu Hause gehabt. Gewiss! Sie ging dann und wann mit der Schwiegertochter ins Kino, zweimal war sie schon in der Untergrundbahn gefahren, Mirjam war ein nobles Fräulein, mit Hut und Seidenstrümpfen. Brav war sie geworden. Geld verdiente sie auch. Mac gab sich mit ihr ab, besser Mac als die Kosaken. Er war der beste Freund Schemarjahs. Man verstand zwar kein Wort von seinen unaufhörlichen Reden, aber man würde sich daran gewöhnen. Er war geschickter als zehn Juden und hatte noch gewiss den Vorteil, keine Mitgift zu verlangen. Schließlich war es doch eine andere Welt. Ein amerikanischer Mac war kein russischer Mac. Mit dem Geld kam Deborah auch hier nicht aus. Das Leben verteuerte sich zusehends, vom Sparen konnte sie nicht lassen, das gewohnte Dielenbrett verdeckte bereits achtzehnundeinhalb Dollar, die Karotten verringerten sich, die Eier wurden hohl, die Kartoffeln gefroren, die Suppen wässerig, die Karpfen schmal und die Hechte kurz, die Enten mager, die Gänse hart und die Hühner ein Nichts.

Nein, sie wusste nicht genau, was ihr fehlte, Menuchim fehlte ihr. Oft, im Schlaf, im Wachen, beim Einkaufen, im Kino, beim Aufräumen, beim Backen hörte sie ihn rufen. „Mama! Mama!", rief er. Das einzige Wort, das er sprechen gelernt hatte, musste er jetzt schon vergessen haben. Fremde Kinder hörte sie Mama rufen, die Mütter meldeten sich, keine einzige Mutter ließ freiwillig von ihrem Kinde. Man hätte nicht nach Amerika fahren dürfen. Aber man konnte ja immer noch heimkehren!

„Mendel", sagte sie manchmal, „sollen wir nicht umkehren, Menuchim sehn?"

„Und das Geld und der Weg und wovon leben? Glaubst du, dass Schemarjah so viel geben kann? Er ist ein guter Sohn, aber er ist nicht Vanderbilt[1]. Es war vielleicht Bestimmung. Bleiben wir vorläufig! Menuchim werden wir hier wiedersehen, wenn er gesund werden sollte."

Dennoch heftete sich der Gedanke an die Abreise in Mendel Singer fest und verließ ihn niemals. Einmal, als er seinen Sohn im Geschäft besuchte (im Kontor[2] saß er, hinter der gläsernen Tür, und sah die Kunden kommen und gehn und segnete im Stillen jeden Eintretenden), sagte er zu Schemarjah: „Von Menuchim hört man noch immer nichts. Im letzten Brief von Billes war kein

---

[1] Cornelius Vanderbilt (1794–1877), amerikanischer Unternehmer und Multimillionär
[2] Büro, Geschäftsraum

Wort über ihn. Was glaubst du, wenn ich hinüberführe, ihn anzusehn?"

Schemarjah, genannt Sam, war ein American boy, er sagte: „Vater, es ist unpraktisch. Wenn es möglich wäre, Menuchim hierherzubringen, hier würde er sofort gesund. Die Medizin in Amerika ist die beste in der Welt, grad hab' ich's in der Zeitung gelesen. Man heilt solche Krankheiten mit Einspritzungen, einfach mit Einspritzungen! Da man ihn aber nicht hierherbringen kann, den armen Menuchim, wozu die Geldausgabe? Ich will nicht sagen, dass es ganz unmöglich ist! Aber gerade jetzt, wo ich und Mac ein ganz großes Geschäft vorbereiten und das Geld knapp ist, wollen wir nicht davon reden! Warte noch ein paar Wochen! Im Vertrauen gesagt: Ich und Mac, wir spekulieren jetzt in Bauplätzen. Jetzt haben wir ein altes Haus in der Delancy Street abreißen lassen. Ich sage dir, Vater, das Abreißen ist fast so teuer wie das Aufbauen. Aber man soll nicht klagen! Es geht aufwärts! Wenn ich daran denke, wie wir mit Versicherungen angefangen haben! Treppauf, treppab! Und jetzt haben wir dies Geschäft, man kann schon sagen: dieses Warenhaus! Jetzt kommen die Versicherungsagenten zu mir. Ich seh' sie mir an, denke mir: Ich kenn' das Geschäft und werfe sie hinaus, eigenhändig. Alle werfe ich hinaus!"

Mendel Singer begriff nicht ganz, weshalb Sam die Agenten hinauswarf und weshalb er sich darüber so freute. Sam fühlte es und sagte: „Willst du mit mir ein breakfast nehmen, Vater?" Er tat, als ob er vergessen hätte, dass der Vater nur zu Hause aß, er schuf sich gerne eine Gelegenheit, den Abstand zu betonen, der ihn von den Sitten seiner Heimat trennte, er schlug sich auf die Stirn, als ob er Mac wäre, und sagte: „Ach so! Ich habe vergessen! Aber eine Banane wirst du essen, Vater!" Und er ließ dem Vater eine Banane bringen.

„A propos, Mirjam", fing er wieder an, mitten im Essen, „sie macht sich. Sie ist das schönste Girl hier im Geschäft. Wäre sie bei einem Fremden, man hätte ihr längst eine Stellung als Model angeboten. Aber ich möchte nicht, dass meine Schwester ihre Figur für fremde Kleider hergibt. Und Mac will es auch nicht!" Er wartete, ob der Vater etwas über Mac sagen würde. Aber Mendel

Singer schwieg. Er war nicht argwöhnisch. Er hatte den letzten Satz kaum gehört. Er ergab sich der innigen Bewunderung seiner Kinder, insbesondere Schemarjahs. Wie klug er war, wie schnell er dachte, wie fließend sprach er Englisch, wie konnte er auf Klingelknöpfe drücken, Laufjungen anschnauzen, er war ein Boß.

Er ging in die Abteilung für Hemdblusen und Krawatten, um seine Tochter zu sehn. „Guten Tag, Vater!", rief sie, mitten im Bedienen. Respekt erwies sie ihm, zu Hause war es anders gewesen. Sie liebte ihn wahrscheinlich nicht, aber es stand auch nicht geschrieben: Liebe Vater und Mutter!, sondern: Ehre Vater und Mutter! Er nickte ihr zu und entfernte sich wieder. Er ging nach Hause. Er war getrost, er ging langsam in der Mitte der Straße, grüßte die Nachbarn, freute sich an den Kindern. Er trug immer noch seine Mütze aus schwarzem Seidenrips und den halblangen Kaftan und die hohen Stiefel. Aber die Schöße seines Rocks pochten nicht mehr mit hastigem Flügelschlag an die rohledernen Schäfte. Denn Mendel Singer hatte in Amerika, wo alles eilte, erst gelernt, langsam zu wandern.

Also wanderte er durch die Zeit dem Greisenalter entgegen, vom Morgengebet zum Abendgebet, vom Frühstück zum Nachtmahl, vom Erwachen zum Schlaf. Am Nachmittag, um die Stunde, in der zu Hause seine Schüler gekommen waren, legte er sich auf das Rosshaarsofa, schlief eine Stunde und träumte von Menuchim. Dann las er ein bisschen in der Zeitung. Dann ging er in den Laden der Familie Skowronnek, in dem Grammofonapparate, Platten, Notenhefte und Gesangstexte gehandelt, gespielt und gesungen wurden. Dort versammelten sich alle älteren Leute des Viertels. Sie sprachen über Politik und erzählten Anekdoten aus der Heimat. Manchmal, wenn es spät geworden war, gingen sie in die Wohnstube der Skowronneks und beteten sehr schnell ein Abendgebet.

Auf dem Heimweg, den Mendel ein wenig auszudehnen suchte, ergab er sich der Vorstellung, dass ihn zu Hause ein Brief erwartete. Im Brief stand klar und ausdrücklich, dass erstens: Menuchim ganz gesund und vernünftig geworden war; zweitens: dass Jonas wegen eines geringfügigen Gebrechens den Dienst verlassen hatte und nach Amerika kommen wollte. Mendel Singer wusste, dass dieser Brief noch nicht gekommen war. Aber er versuchte gleichsam, dem Brief eine günstige Gelegenheit zu geben, auf dass er Lust bekomme einzutreffen. Und mit einem leisen Herzklopfen zog er den Klingelknopf. In dem Augenblick, in dem er Deborah erblickt, ist es vorbei. Noch war der Brief nicht da. Es wird ein Abend sein wie jeder andere.

An einem Tage, an dem er einen Umweg machte, um nach Hause zu gelangen, sah er an der Ecke der Gasse einen halbwüchsigen Jungen, der ihm aus der Ferne bekannt erschien. Der Junge lehnte in einem Haustor und weinte. Mendel hörte ein dünnes Wimmern, es drang, so leise es auch war, bis zu Mendel, auf die gegenüberliegende Seite der Straße. Wohlvertraut war Mendel dieser Laut. Er blieb stehen. Er beschloss, zu dem Knaben zu treten, ihn auszufragen, ihn zu trösten. Er setzte sich in Gang. Plötzlich, das Wimmern wurde lauter, stockte Mendel in der Straßenmitte. Im Schatten des Abends und des Haustors, in dem der Junge kauerte, schien er Menuchims Umriss und Haltung zu bekommen. Ja, so, vor der Schwelle seines Hauses in Zuchnow, hatte Menuchim gekauert und gewimmert. Mendel machte noch ein paar Schritte. Da huschte der Knabe ins Haus. Mendel trat bis zur Tür. Da hatte der finstere Hausflur den Jungen schon aufgenommen.

Noch langsamer als zuvor ging Mendel heim.

Nicht Deborah kam an die Tür, als er schellte, sondern sein Sohn Sam. Mendel blieb einen Augenblick an der Schwelle. Obwohl er auf nichts anderes als auf eine überraschende Freude vorbereitet war, ergriff ihn doch die Angst, es könnte ein Unglück geschehen sein, ja, dermaßen war sein Herz an Unglück gewöhnt, dass er immer noch erschrak, selbst nach einer langen Vorbereitung auf das Glück. Was kann einem Mann wie mir dachte er, überraschend Fröhliches widerfahren? Alles Plötzliche ist böse, und das Gute schleicht langsam.

Die Stimme Schemarjahs aber beruhigte ihn bald. „Komm nur!", sagte Sam. Er zog den Vater an der Hand ins Zimmer. Deborah hatte zwei Lampen angezündet. Seine Schwiegertochter Vega, Mirjam und Mac saßen um den Tisch. Das ganze Haus kam Mendel verwandelt vor. Die zwei Lampen – sie waren von der gleichen Art – sahen aus wie Zwillinge, und sie beleuchteten weniger das Zimmer als sich selbst gegenseitig. Es war, als ob sie sich zulachten, eine Lampe der andern, und das erheiterte Mendel besonders. „Setz' dich, Vater!", sagte Sam. Er war nicht neugierig, Mendel, er fürchtete schon, es werde jetzt eine von den amerikanischen Geschichten kommen, die alle Welt veranlassten, fröhlich zu sein, und an denen er keine Freude finden konnte. „Was wird schon geschehen sein?", dachte er. „Sie werden mir ein Grammofon geschenkt haben. Oder sie haben beschlossen, Hochzeitstag zu feiern." Er setzte sich sehr umständlich. Alle schwiegen. Dann sagte Sam – und es war, als entzündete er die dritte Lampe im Zimmer: „Vater, wir haben fünfzehntausend Dollar auf einen Schlag verdient."

Mendel erhob sich und reichte allen Anwesenden die Hand. Zuletzt gelangte er zu Mac. Ihm sagte Mendel: „Ich danke Ihnen." Sam übersetzte sofort die drei Worte ins Englische. Mac erhob sich nun ebenfalls und umarmte Mendel. Dann begann er zu sprechen. Er hörte nicht mehr auf. An diesem Abend sprach außer Mac kein anderer mehr. Deborah rechnete die Summe in Rubel um und wurde nicht fertig. Vega dachte an neue Möbel in der neuen Wohnung, besonders an ein Klavier. Ihr Sohn sollte Klavierstunden nehmen. Mendel dachte an einen Abstecher nach Hause. Mirjam hörte nur Mac reden und bemühte sich, möglichst alles zu verstehen. Da sie seine Sprache nicht ganz verstand, meinte sie, Mac spreche zu klug, um verstanden zu werden. Sam überlegte, ob er das ganze Geld in sein Kaufhaus stecken sollte. Nur Mac dachte wenig, machte sich keine Sorgen, schmiedete keine Pläne. Er sprach, was ihm einfiel.

Am nächsten Tag fuhren sie nach Atlantic-City[1]. „Eine schöne Natur!", sagte Deborah. Mendel sah nur das Wasser. Und er erinnerte sich an jene wilde Nacht daheim, in der er mit Sameschkin im Straßengraben gelegen hatte. Und er hörte das Zirpen der Grillen und das Quaken der Frösche. „Bei uns zu Hause", sagte er plötzlich, „ist die Erde so weit wie in Amerika das Wasser". Er

---

[1] Stadt in New Jersey am Atlantik

hatte es gar nicht sagen wollen. „Hörst du, was der Vater sagt?", meinte Deborah. „Er wird alt!" Ja, ja, ich werde alt, dachte Mendel.

Als sie nach Hause kamen, lag im Türspalt ein dicker, geschwollener Brief, den der Postbote nicht hatte durchstecken können. „Siehst du", sagte Mendel und bückte sich, „dieser Brief ist ein guter Brief. Das Glück hat angefangen. Ein Glück bringt das andere, gelobt sei Gott, Er helfe uns weiter".

Es war ein Brief von der Familie Billes. Und es war in der Tat ein guter Brief. Er enthielt die Nachricht, dass Menuchim plötzlich zu reden angefangen hatte.

„Der Doktor Soltysiuk hat ihn gesehn", schrieb die Familie Billes. „Er konnte es nicht glauben. Man will Menuchim nach Petersburg schicken, die großen Doktoren wollen sich den Kopf über ihn zerbrechen. Eines Tages, es war Donnerstagnachmittag, er war allein zu Haus, und es brannte im Ofen, wie jeden Donnerstag, fiel ein brennendes Scheit heraus, und jetzt ist der ganze Fußboden verbrannt, und die Wände muss man tünchen. Es kostet ein schönes Stück Geld. Menuchim lief auf die Straße, er kann auch schon ganz gut laufen, und schrie: ‚Es brennt!' Und seit damals spricht er ein paar Worte.

Schade nur, dass es eine Woche war nach Jonas' Abreise. Denn Euer Jonas war hier, auf Urlaub, er ist wirklich schon ein großer Soldat, und er hat gar nicht gewusst, dass Ihr in Amerika seid. Auch er schreibt Euch hier, auf der andern Seite."

Mendel wendete das Blatt um und las:

„Lieber Vater, liebe Mutter, lieber Bruder und liebe Schwester! Ihr seid also in Amerika, es hat mich getroffen wie ein Blitz. Ich bin zwar selbst schuldig, denn ich habe Euch niemals oder, ich erinnere mich, nur einmal geschrieben, dennoch, wie gesagt, es hat mich getroffen wie ein Blitz. Macht Euch nichts daraus. Es geht mir sehr gut. Alle sind gut zu mir, und ich bin gut zu allen. Besonders gut bin ich zu den Pferden. Ich kann reiten, wie der beste Kosak, und im Galopp mit den Zähnen ein Taschentuch vom Boden aufheben. Solche Sachen liebe ich und das Militär auch. Ich werde bleiben, auch wenn ich ausgedient habe. Man ist versorgt, man hat zu essen, alles befiehlt man von oben, was nötig ist, man braucht nicht selbst zu denken. Ich weiß nicht, ob ich es so schreibe, dass Ihr es ganz genau versteht. Vielleicht könnt Ihr das gar nicht verstehen. Im Stall ist es sehr warm, und ich liebe die Pferde. Sollte einmal einer von Euch herüberkommen, so könnt Ihr mich sehn. Mein Kapitän hat gesagt, wenn ich ein so guter Soldat bleibe, kann ich ein Gesuch machen an den Zaren, das heißt an Seine hochwohlgeborene Majestät, damit meinem Bruder die Desertion vergeben und vergessen wird. Das wäre meine größte Freude, Schemarjah in diesem Leben noch zu sehn, wir sind ja zusammen aufgewachsen.

Sameschkin lässt Euch grüßen, es geht ihm gut.

Man sagt hier manchmal, dass ein Krieg kommen wird. Sollte er wirklich kommen, so müsst Ihr darauf vorbereitet sein, dass ich sterbe, so wie ich darauf vorbereitet bin, denn ich bin ein Soldat.

Für diesen Fall umarme ich Euch ein für alle Mal und für immer. Aber seid nicht traurig, vielleicht bleibe ich am Leben.

Euer Sohn Jonas."

Mendel Singer legte die Brille ab, sah, dass Deborah weinte, und ergriff nach langen Jahren zum ersten Mal wieder ihre beiden Hände. Er zog ihre Hände vom verweinten Angesicht und sagte beinahe feierlich: „Nun, Deborah, der Herr hat uns geholfen. Nimm den Schal, geh hinunter und bring eine Flasche Met[1]."

Sie saßen am Tisch und tranken den Met aus Teegläsern, sahen sich an und dachten das Gleiche. „Der Rabbi hat recht", sagte Deborah. Deutlich diktierte ihr die Erinnerung die Worte, die lange in ihr geschlafen hatten: „Der Schmerz wird ihn weise machen, die Hässlichkeit gütig, die Bitternis milde und die Krankheit stark."

„Das hast du mir nie gesagt", meinte Mendel.

„Ich hatte es vergessen."

„Mit Jonas hätte man auch nach Kluczýsk fahren müssen. Die Pferde liebt er mehr als uns."

„Er ist noch jung", tröstete Deborah. „Vielleicht ist es gut, dass er die Pferde liebt." Und weil sie keine Gelegenheit, boshaft zu sein, vorübergehn ließ, sagte sie noch: „Von dir hat er die Liebe zu den Pferden nicht."

„Nein", sagte Mendel und lächelte friedfertig.

---

[1] Honigwein; damals Nationalgetränk der Ostjuden

Er begann, an eine Heimkehr zu denken. Jetzt konnte man vielleicht bald Menuchim nach Amerika bringen. Er zündete eine Kerze an, löschte die Lampe aus und sagte: „Geh schlafen, Deborah! Wenn Mirjam nach Hause kommt, werde ich ihr den Brief zeigen. Ich bleibe heute wach."

Er holte aus dem Koffer sein altes Gebetbuch, heimisch war es in seiner Hand, er schlug mit einem Griff die Psalmen auf und sang einen nach dem andern. Es sang aus ihm. Er hatte die Gnade erfahren und die Freude.

Auch über ihm wölbte sich Gottes breite, weite, gütige Hand. Von ihr beschirmt und ihr zu Ehren sang er einen Psalm nach dem andern. Die Kerze flackerte in dem leisen, aber eifrigen Wind, den Mendels schaukelnder Oberkörper entfachte. Mit den Füßen schlug er den Takt zu den Versen der Psalmen. Sein Herz jubelte, und sein Körper musste tanzen.

XI

Da verließen zum ersten Mal die Sorgen das Haus Mendel Singers. Vertraut waren sie ihm gewesen, wie verhasste Geschwister. Neunundfünfzig Jahre wurde er jetzt alt. Seit achtundfünfzig Jahren kannte er sie. Die Sorgen verließen ihn, der Tod näherte sich ihm. Sein Bart war weiß, sein Auge war schwach. Der Rücken krümmte sich und die Hände zitterten. Der Schlaf war leicht und die Nacht war lang. Die Zufriedenheit trug er wie ein fremdes geborgtes Kleid. Sein Sohn übersiedelte in die Gegend der Reichen, Mendel blieb in seiner Gasse, in seiner Wohnung, bei den blauen Petroleumlampen, in der Nachbarschaft der Armen, der Katzen und der Mäuse. Er war fromm, gottesfürchtig und gewöhnlich, ein ganz alltäglicher Jude. Wenige beachteten ihn. Manche bemerkten ihn gar nicht. Ein paar alte Freunde besuchte er tagsüber: Menkes, den Obsthändler, Skowronnek, die Musikalienhandlung, Rottenberg, den Bibelschreiber, Groschel, den Schuster. Einmal in der Woche kamen seine drei Kinder, sein Enkel und Mac. Er hatte ihnen gar nichts zu sagen. Sie erzählten Geschichten aus dem Theater, aus der Gesellschaft und aus der

Politik. Er hörte zu und schlief ein. Wenn Deborah ihn weckte, schlug er die Augen auf. „Ich habe nicht geschlafen!", versicherte er. Mac lachte. Sam lächelte. Mirjam flüsterte mit Deborah. Mendel blieb eine Weile wach und nickte wieder ein. Er träumte sofort: Begebenheiten aus der Heimat und Dinge, von denen er in Amerika nur gehört hatte, Theater, Akrobaten und Tänzerinnen in Gold und Rot, den Präsidenten der Vereinigten Staaten, das Weiße Haus, den Milliardär Vanderbilt und immer wieder Menuchim. Der kleine Krüppel mischte sich zwischen das Rot und Gold der Sängerinnen, und vor dem bleichen Strahlen des „Weißen Hauses" haftete er als ein armer grauer Fleck. Dies und jenes mit wachen Augen anzuschauen, war Mendel zu alt. Er glaubte seinen Kindern aufs Wort, dass Amerika das Land Gottes war, New York die Stadt der Wunder und Englisch die schönste Sprache. Die Amerikaner waren gesund, die Amerikanerinnen schön, der Sport wichtig, die Zeit kostbar, die Armut ein Laster, der Reichtum ein Verdienst, die Tugend der halbe Erfolg, der Glaube an sich selbst ein ganzer, der Tanz hygienisch, Rollschuhlaufen eine Pflicht. Wohltätigkeit eine Kapitalsanlage, Anarchismus ein Verbrechen, Streikende die Feinde der Menschheit, Aufwiegler Verbündete des Teufels, moderne Maschinen Segen des Himmels, Edison[1] das größte Genie. Bald werden die Menschen fliegen wie Vögel, schwimmen wie Fische, die Zukunft sehn wie Propheten, im ewigen Frieden leben und in vollkommener Eintracht bis zu den Sternen Wolkenkratzer bauen. Die Welt wird sehr schön sein, dachte Mendel, glücklich mein Enkel! Er wird alles erleben! Dennoch mischte sich in seine Bewunderung für die Zukunft ein Heimweh nach Russland, und es beruhigte ihn zu wissen, dass er noch vor den Triumphen der Lebendigen ein Toter sein würde. Er wusste nicht, warum. Es beruhigte ihn. Er war bereits zu alt für das Neue und zu schwach für Triumphe. Er hatte nur eine Hoffnung noch: Menuchim zu sehn. Sam oder Mac würde hinüberfahren, ihn holen. Vielleicht fuhr auch Deborah.

---

[1] Thomas Alva Edison (1847–1931), amerikanischer Erfinder und Unternehmer, u.a. in den Bereichen Elektrotechnik u. Elektrotechnik, Ton- und Bildmedien und Telekommunikation

Es war Sommer. Das Ungeziefer in der Wohnung Mendel Singers vermehrte sich unaufhaltsam, obwohl die kleinen Messingräder an den Füßen der Betten Tag und Nacht in Näpfchen von Petroleum standen und obwohl Deborah mit einer zarten Hühnerfeder, in Terpentin getaucht, alle Ritzen der Möbel bestrich. Die Wanzen zogen in langen geordneten Reihen die Wände hinunter, den Plafond entlang, warteten in blutlüsterner Tücke auf den Anbruch der Finsternis und fielen auf die Lager der Schlafenden. Die Flöhe sprangen aus den schwarzen Sparren zwischen den Brettern der Diele, in die Kleider, auf die Kissen, auf die Decken. Die Nächte waren heiß und schwer. Durch die offenen Fenster kam von Zeit zu Zeit das ferne Dröhnen unbekannter Züge, die kurzen regelmäßigen Donner einer meilenweiten geschäftigen Welt und der trübe Dunst aus nachbarlichen Häusern, Misthaufen und offenen Kanälen. Die Katzen lärmten, die herrenlosen Hunde heulten, Säuglinge schrien durch die Nacht, und über dem Kopf Mendel Singers schlurften die Schritte der Schlaflosen, dröhnte das Niesen der Erkälteten, miauten die Ermatteten in qualvollem Gähnen. Mendel Singer entzündete die Kerze in der grünen Flasche neben dem Bett und ging ans Fenster. Da sah er den rötlichen Widerschein der lebendigen amerikanischen Nacht, die sich irgendwo abspielte, und den regelmäßigen silbernen Schatten eines Scheinwerfers, der verzweifelt am nächtlichen Himmel Gott zu suchen schien. Ja, und ein paar Sterne sah Mendel ebenfalls, ein paar kümmerliche Sterne, zerhackte Sternbilder. Mendel erinnerte sich an die hellgestirnten Nächte daheim, die tiefe Bläue des weitgespannten Himmels, die sanftgewölbte Sichel des Mondes, das finstere Rauschen der Föhren im Wald, an die Stimmen der Grillen und Frösche. Es kam ihm vor, dass es leicht wäre, jetzt, so wie er ging und stand, das Haus zu verlassen und zu Fuß weiterzuwandern, die ganze Nacht, so lange, bis er wieder unter dem freien Himmel war und die Frösche vernahm und die Grillen und das Wimmern Menuchims. Hier, in Amerika, gesellte es sich zu den vielen Stimmen, in denen die Heimat sang und redete, zum Zirpen der Grillen und zum Quaken der Frösche. Dazwischen lag der Ozean, dachte Mendel. Man musste ein Schiff besteigen, noch einmal ein Schiff, noch einmal zwanzig Tage und Nächte fahren. Dann war er zu Hause, bei Menuchim.

Die Kinder redeten ihm zu, endlich das Viertel zu verlassen. Er hatte Angst. Er wollte nicht übermütig werden. Jetzt, wo alles gut zu gehn begann, durfte man nicht Gottes Zorn hervorrufen. Wann war es ihm je besser gegangen? Wozu in andere Gegenden ziehn? Was hatte man davon? Die paar Jahre, die er noch zu leben gedachte, konnte er in Gemeinschaft mit dem Ungeziefer verbringen.

Er wandte sich um. Da schlief Deborah. Früher hatte sie hier im Zimmer mit Mirjam geschlafen. Jetzt wohnte Mirjam bei ihrem Bruder. Oder bei Mac, dachte Mendel, hurtig und verstohlen. Deborah schlief ruhig, halb aufgedeckt, ein breites Lächeln über dem breiten Angesicht. Was geht sie mich an?, dachte Mendel. Wozu leben wir noch zusammen? Unsere Lust ist vorbei, unsere Kinder sind groß und versorgt, was soll ich bei ihr? Essen, was sie gekocht hat! Es steht geschrieben, dass es nicht gut ist, dass der Mensch allein sei. Also leben wir zusammen. Sehr lange schon lebten sie zusammen, jetzt handelte es sich darum, wer früher sterben würde. Wahrscheinlich ich, dachte Mendel. Sie ist gesund und hat wenig Sorgen. Immer noch verbirgt sie Geld unter irgendeinem Dielenbrett. Sie weiß nicht, dass es eine Sünde ist. Mag sie es verbergen!

Die Kerze im Flaschenhals ist zu Ende gebrannt. Die Nacht ist vergangen. Die ersten Geräusche des Morgens hört man schon, noch ehe man die Sonne sieht. Man öffnet irgendwo kreischende Türen, man hört polternde Schritte im Stiegenhaus, der Himmel ist fahlgrau, und von der Erde steigt ein gelblicher Dunst auf, Staub und Schwefel aus den Kanälen. Deborah erwacht, seufzt und sagt: „Es wird regnen! Es stinkt aus dem Kanal, mach die Fenster zu!"

So beginnen die sommerlichen Tage. Am Nachmittag kann Mendel nicht zu Hause schlafen. Er geht auf den Spielplatz der Kinder. Er freut sich am Gesang der seltenen Amseln, sitzt lange auf einer Bank, zieht mit dem Regenschirm verworrene Striche in den Sand. Das Geräusch des Wassers, das ein langer Gummischlauch über den kleinen Rasen stäubt, kühlt Mendel Singers Angesicht, er glaubt, das Wasser zu fühlen, und er schläft ein. Er träumt vom Theater, von Akrobaten in Rot und Gold, vom Weißen Haus, vom Präsidenten der Vereinigten Staaten, vom Milliardär Vanderbildt und von Menuchim.

Eines Tages kommt Mac. Er sagt (Mirjam begleitet ihn und übersetzt es), dass er Ende Juli oder im August nach Russland fahren wird, Menuchim holen.

Mendel ahnt, warum Mac fahren will. Er möchte wahrscheinlich Mirjam heiraten. Er tut alles Mögliche für die Familie Singer. Wenn ich stürbe, denkt Mendel, würde Mac Mirjam heiraten. Beide warten auf meinen Tod. Ich habe Zeit. Ich warte auf Menuchim.

Es ist Juni, ein heißer und besonders langer Monat.

Wann wird endlich der Juli kommen?

Ende Juli bestellt Mac eine Schiffskarte. Man schreibt an die Familie Billes. Mendel geht in den Laden der Skowronneks, um den Freunden zu erzählen, dass sein jüngster Sohn ebenfalls nach Amerika kommt.

Im Laden der Familie Skowronnek sind viel mehr Leute versammelt als sonst, an andern Tagen. Jeder hat ein Zeitungspapier in der Hand. In Europa ist der Krieg ausgebrochen.

Mac wird nicht mehr nach Russland fahren. Menuchim wird nicht nach Amerika kommen. Der Krieg ist ausgebrochen.

Hatten die Sorgen nicht soeben erst Mendel Singer verlassen? Sie gingen, und der Krieg brach aus.

Jonas war im Krieg und Menuchim in Russland.

Zweimal in der Woche, am Abend, kamen Sam und Mirjam, Vega und Mac, Mendel Singer besuchen. Und sie bemühten sich, dem Alten Jonas' sichern Untergang und Menuchims gefährdetes Leben zu verbergen. Es war, als glaubten sie, sie könnten Mendels nach Europa gerichteten Blick auf ihre eigene glückliche Leistung und ihre eigene Sicherheit lenken. Sie stellten sich gleichsam zwischen Mendel Singer und den Krieg. Und während er ihren Reden zuzuhören schien, ihren Vermutungen recht gab, dass Jonas in einer Kanzlei beschäftigt sei und Menuchim seiner besonderen Krankheit wegen gesichert in einem Petersburger Spital, sah er seinen Sohn Jonas mit dem Pferd stürzen und in einem jener Stacheldrähte hängen bleiben, die von den Kriegsberichterstattern so anschaulich beschrieben wurden. Und sein

Häuschen in Zuchnow brannte – Menuchim lag im Winkel und wurde verbrannt. Gelegentlich getraute er sich, einen kleinen Satz zu sagen: „Vor einem Jahr, als der Brief kam", sagte Mendel, „hätte ich selbst zu Menuchim fahren müssen."

Niemand wusste darauf etwas zu erwidern. Ein paar Mal schon hatte Mendel diesen Satz gesprochen, und stets war das gleiche Schweigen eingebrochen. Es war, als löschte der Alte mit diesem einen Satz das Licht im Zimmer aus, finster wurde es, und keiner sah mehr, wohin mit dem Finger zu deuten. Und nachdem sie lange geschwiegen hatten, erhoben sie sich und gingen.

Mendel Singer aber schloss die Tür hinter ihnen, schickte Deborah schlafen, entzündete eine Kerze und begann, einen Psalm nach dem andern zu singen. In guten Stunden sang er sie und in bösen. Er sang sie, wenn er dem Himmel dankte und wenn er ihn fürchtete. Mendels schaukelnde Bewegungen waren immer die gleichen. Und nur an seiner Stimme hätte ein aufmerksamer Lauscher vielleicht erkannt, ob Mendel, der Gerechte, dankbar war oder ausgefüllt von Ängsten.

In diesen Nächten schüttelte ihn die Furcht, wie der Wind einen schwachen Baum. Und die Sorge lieh ihm ihre Stimme, mit einer fremden Stimme sang er die Psalmen. Er war fertig. Er schlug das Buch zu, hob es an die Lippen, küsste es und drückte die Flamme aus. Aber er wurde nicht ruhig. Zu wenig, zu wenig, sagte er sich, habe ich getan. Manchmal erschrak er über die Erkenntnis, dass sein einziges Mittel, das Singen der Psalmen, ohnmächtig sein könnte in dem großen Sturm, in dem Jonas und Menuchim untergingen. Die Kanonen, dachte er, sind laut, die Flammen sind gewaltig, meine Kinder verbrennen, meine Schuld ist es, meine Schuld! Und ich singe Psalmen. Es ist nicht genug! Es ist nicht genug!

XII

Alle Menschen, die an den politischen Nachmittagen Skowronneks gewettet hatten, dass Amerika neutral bleiben würde, verloren die Wette.

Es war Herbst. Um sieben Uhr morgens erwachte Mendel Singer. Um acht Uhr stand er schon in der Straße, vor dem Haus. Der Schnee war noch weiß und hart, wie zu Hause, in Zuchnow. Aber hier zerrann er bald. In Amerika hielt er sich nicht länger als
5 eine Nacht. In der Früh schon zerkneteten ihn die hurtigen Füße der Zeitungsjungen. Mendel Singer wartete, bis einer von ihnen vorbeikam. Er kaufte eine Zeitung und ging wieder ins Haus. Die blaue Petroleumlampe brannte. Sie erleuchtete den Morgen, der finster war wie die Nacht. Mendel Singer entfaltete die Zeitung,
10 sie war fett, klebrig und naß, sie roch wie die Lampe. Er las die Berichte vom Kriegsschauplatz zweimal, dreimal, viermal. Er nahm zur Kenntnis, dass fünfzehntausend Deutsche auf einmal in Gefangenschaft geraten waren und dass die Russen ihre Offensive[1] in der Bukowina[2] wieder aufgenommen hatten.
15 Das allein genügte ihm nicht. Er legte die Brille ab, putzte sie, zog sie wieder an und las die Kriegsberichte noch einmal. Seine Augen durchsiebten die Zeilen. Fielen da nicht einmal die Namen: Sam Singer, Menuchim, Jonas heraus?

„Was ist Neues in der Zeitung?", fragte Deborah heute wie je-
20 den Morgen. „Gar nichts!", erwiderte Mendel. „Die Russen siegen, und die Deutschen werden gefangen."

Es wurde still. Im Spirituskocher siedete der Tee. Es sang beinahe wie der Samowar zu Hause. Nur der Tee schmeckte anders, ranzig war er, amerikanischer Tee, obwohl die Päckchen in chine-
25 sisches Papier gehüllt waren. „Nicht einmal einen Tee kann man trinken!", sagte Mendel und wunderte sich selbst, dass er von solchen Kleinigkeiten sprach. Er wollte vielleicht etwas anderes sagen? Es gab so viel Wichtiges in der Welt, und Mendel beklagte sich über den Tee. Die Russen siegten, und die Deutschen wur-
30 den gefangen. Nur von Sam hörte man gar nichts und nichts von Menuchim.

Vor zwei Wochen hatte Mendel geschrieben. Auch das Rote Kreuz hatte mitgeteilt, dass Jonas verschollen sei. „Er ist wahrscheinlich tot", dachte im Stillen Deborah. Mendel dachte das

---

[1] militärischer in Angriff
[2] Landschaft in den Nordost-Karpaten

Gleiche. Aber sie sprachen lange über die Bedeutung des Wortes „verschollen", und als schlösse es die Möglichkeit des Todes vollkommen aus, kamen sie immer wieder überein, dass „verschollen" nur gefangen genommen heißen konnte, desertiert oder in der Gefangenschaft verwundet.

Warum aber schrieb Sam schon so lange nicht? Nun, er war auf einem längeren Marsch begriffen, oder gerade in einer „Umgruppierung", in einer jener Umgruppierungen, deren Wesen und Bedeutung am Nachmittag bei Skowronnek genauer erläutert wurden.

„Man kann es nicht laut sagen", dachte Mendel, „Sam hätte nicht gehn sollen."

Er sagte den zweiten Teil des Satzes dennoch laut, Deborah hörte es. „Das verstehst du nicht, Mendel", sagte Deborah. Alle Argumente für die Teilnahme Sams am amerikanischen Krieg hatte Deborah von ihrer Tochter Mirjam bezogen. „Amerika ist nicht Russland. Amerika ist ein Vaterland. Jeder anständige Mensch ist verpflichtet, für das Vaterland in den Krieg zu gehn. Mac ist gegangen, Sam hat nicht bleiben können. Außerdem ist er, Gott sei Dank!, beim Regimentsstab. Dort fällt man nicht. Denn wenn man zulassen sollte, dass alle hohen Offiziere fallen, würde man gar nicht siegen. Und Sam ist, Gott sei Dank!, neben den hohen Offizieren."

„Einen Sohn hab' ich dem Zaren gegeben, es wäre genug gewesen!"

„Der Zar ist was anderes und Amerika ist etwas anderes!"

Mendel debattierte nicht weiter. Alles hatte er schon gehört. Er erinnerte sich noch an den Tag, an dem beide fortgegangen waren, Mac und Sam. Beide hatten ein amerikanisches Lied gesungen, in der Mitte der Gasse. Am Abend hatte man bei Skowronnek gesagt: Sam sei, unberufen, ein schöner Soldat.

Vielleicht war Amerika ein Vaterland, der Krieg eine Pflicht, die Feigheit eine Schande, ausgeschlossen der Tod beim Regimentsstab! Dennoch, dachte Mendel, bin ich der Vater, ich hätte ein Wort sagen müssen. „Bleib Sam!", hätte ich sagen müssen. „Lange Jahre habe ich gewartet, um einen kleinen Zipfel vom Glück zu sehen. Nun ist Jonas bei den Soldaten, wer weiß, was mit Menuchim geschehen wird, du hast eine Frau, ein Kind und ein Geschäft. Bleib, Sam!" Vielleicht wäre er geblieben.

Mendel stellte sich, wie es seine Gewohnheit war, ans Fenster, den Rücken der Stube zugekehrt. Er sah geradeaus auf das zerbrochene und mit braunem Pappendeckel vernagelte Fenster der Lemmels gegenüber im ersten Stock. Unten war der Laden des jüdischen Selchers[1] mit dem hebräischen Schild, weiße, schmutzige Buchstaben auf blassblauem Grund. Auch der Sohn der Lemmels war in den Krieg gegangen. Die ganze Familie Lemmel besuchte die Abendschule und lernte Englisch. Am Abend gingen sie mit Heften in die Schule, wie kleine Kinder. Wahrscheinlich war es richtig. Vielleicht sollten auch Mendel und Deborah in die Schule gehn. Amerika war ein Vaterland.

Es schneite noch ein wenig, langsame, faule und feuchte Flocken. Die Juden, aufgespannte schwarze Regenschirme schwankten über ihren Köpfen, begannen schon, auf und ab zu promenieren. Immer mehr kamen, sie gingen in der Mitte der Gasse, die letzten weißen Schneereste zerschmolzen unter ihren Füßen, es war, als müssten sie hier im Interesse der Behörden so lange auf und ab gehn, bis der Schnee vollends vernichtet war. Den Himmel konnte Mendel von seinem Fenster aus nicht erblicken. Aber er wusste, dass es ein finsterer Himmel war. In allen Fenstern gegenüber sah er den gelblich roten Widerschein von Lampen. Finster war der Himmel. Finster war es in allen Stuben.

Bald öffnete sich hier und dort ein Fenster, die Büsten der Nachbarinnen wurden sichtbar, man hängte rote und weiße Bettbezüge und nackte, gelbliche, gehäutete Pölster an die Fenster. Auf einmal war die ganze Gasse heiter und bunt. Die Nachbarinnen riefen einander laute Grüße zu. Aus dem Innern der Stuben drangen Tellergeklapper und Kindergeschrei. Man hätte glauben können, es sei Friede, wenn nicht vom Laden der Skowronneks her die Kriegsmärsche aus den Grammofons durch die Gasse gerasselt hätten.

Wann ist Sonntag?, dachte Mendel. Früher hatte er von einem Samstag zum andern gelebt, jetzt lebte er von einem Sonntag

---

[1] österr.: Metzger

zum nächsten. Am Sonntag kam Besuch, Mirjam, Vega und der Enkel. Sie brachten Briefe von Sam oder wenigstens Neuigkeiten allgemeiner Natur. Alles wussten sie, alle Zeitungen lasen sie. Gemeinsam leiteten sie jetzt das Geschäft. Es ging immer gut, sie waren tüchtig, sie sammelten Geld und warteten auf die Rückkehr Sams.

Mirjam brachte manchmal Herrn Glück mit, den ersten Direktor. Sie ging mit Glück tanzen, sie ging mit Glück baden. Ein neuer Kosak!, dachte Mendel. Aber er sagte nichts.

„Ich kann nicht in den Krieg, leider!", seufzte Mister Glück. „Ich habe einen schweren Herzklappenfehler, das Einzige, was ich von meinem seligen Vater geerbt habe." Mendel betrachtete die rosigen Wangen Glücks, seine kleinen braunen Augen und den koketten flaumigen Schnurrbart, den er entgegen der Mode trug und mit dem er oft spielte. Er saß zwischen Mirjam und Vega. Einmal, als Mendel mitten im Gespräch vom Tisch aufstand, glaubte er zu bemerken, dass der Herr Glück die rechte Hand im Schoß Vegas hielt und die linke auf Mirjams Schenkel. Mendel ging hinaus, in die Straße, er ging vor dem Hause auf und ab und wartete, bis die Gäste weggegangen waren.

„Du benimmst dich wie ein russischer Jude", sagte Deborah, als er zurückkehrte.

„Ich bin ein russischer Jude", erwiderte Mendel.

Eines Tages, es war ein Wochentag, Anfang Februar, Mendel und Deborah saßen beim Mittagessen, trat Mirjam ein.

„Guten Tag, Mutter!", sagte sie und, „Guten Tag, Vater!", und blieb stehn.

Deborah legte den Löffel aus der Hand und rückte den Teller weg. Mendel sah beide Frauen an. Er wusste, dass etwas Außerordentliches geschehen war. Mirjam kam an einem Wochentag, zu einer Zeit, in der sie im Geschäft hätte sein müssen. Sein Herz schlug laut. Er war dennoch ruhig. Er glaubte, sich an diese Szene erinnern zu können. Sie hatte sich schon einmal zugetragen. Da stand Mirjam im schwarzen Regenmantel und war stumm. Da saß Deborah, den Teller hatte sie weit von sich geschoben, er steht fast in der Mitte des Tisches, draußen schneit es, weich, faul und flockig. Die Lampe brennt gelblich, ihr Licht ist fett, wie ihr Geruch. Sie kämpft gegen den dunklen Tag, der schwächlich und fahl ist, aber mächtig genug, um mit seinem hellen Grau das ganze Zimmer zu bestreichen. An dieses Licht erinnert sich Mendel Singer genau. Er hat diese Szene geträumt. Er weiß auch, was jetzt folgen wird. Alles weiß Mendel schon, als läge es längst zurück und als hätte sich der Schmerz schon vor Jahren in eine Trauer verwandelt. Mendel ist ganz ruhig.

Es ist ein paar Sekunden still. Mirjam spricht nicht, als hoffte sie, der Vater oder die Mutter würden sie durch eine Frage von der Pflicht befreien, die Botschaft auszurichten. Sie steht und schweigt. Keins von den dreien rührt sich.

Mendel steht auf und sagt: „Ein Unglück ist geschehen!"

Mirjam sagt: „Mac ist zurückgekommen. Er hat Sams Uhr gebracht und die letzten Grüße."

Deborah sitzt, als ob nichts geschehen wäre, ruhig auf dem Sessel. Ihre Augen sind trocken und leer, wie zwei dunkle Stückchen Glas. Sie sitzt dem Fenster gegenüber, und es sieht aus, als zählte sie die Schneeflocken.

Es ist still, man hört das harte Ticken der Uhr.

Plötzlich beginnt Deborah, sich ganz langsam, mit schleichenden Fingern, die Haare zu raufen. Sie zieht eine Haarflechte nach der andern über das Gesicht, das bleich ist und ohne Regung, wie aufgequollener Gips. Dann reißt sie eine Strähne nach der andern aus, fast in demselben Tempo, in dem draußen die Schneeflocken niederfallen. Schon zeigen sich zwei, drei weiße Inseln inmitten des Haars, ein paar talergroße Flecken der nackten Kopfhaut und ganz winzige Tröpfchen roten Blutes. Niemand rührt sich. Die Uhr tickt, der Schnee fällt, und Deborah reißt sich sachte die Haare aus.

Mirjam sinkt in die Knie, vergräbt den Kopf im Schoß Deborahs und rührt sich nicht mehr. In Deborahs Angesicht ändert sich kein Zug. Ihre beiden Hände zupfen abwechselnd an den Haaren. Ihre Hände sehen aus wie bleiche, fleischige fünffüßige Tiere, die sich von Haaren nähren.

Mendel steht, die Arme über der Lehne des Sessels verschränkt.

Deborah beginnt zu singen. Sie singt mit einer tiefen, männlichen Stimme, die so klingt, als wäre ein unsichtbarer Sänger im Zimmer. Die fremde Stimme singt ein altes jüdisches Lied ohne Worte, ein schwarzes Wiegenlied für tote Kinder.

Mirjam erhebt sich, rückt den Hut zurecht, geht zur Tür und lässt Mac eintreten.

Er ist in der Montur größer als im Zivil. Er hat in beiden Händen, die er vor sich herträgt wie Teller, die Uhr, die Brieftasche und ein Portemonnaie Sams.

Diese Gegenstände legt Mac langsam auf den Tisch, gerade vor Deborah. Er sieht eine Weile zu, wie sie sich die Haare ausreißt. Dann geht er zu Mendel, legt dem Alten seine großen Hände auf die Schultern und weint lautlos. Seine Tränen rinnen, ein dichter Regen, über die Uniform.

Es ist still, Deborahs Gesang hat aufgehört, die Uhr tickt, der Abend sinkt plötzlich über die Welt, die Lampe leuchtet nicht mehr gelb, sondern weiß, hinter den Fensterscheiben ist die Welt schwarz, man kann keine Flocken mehr sehen.

Auf einmal kommt ein gröhlender Laut aus Deborahs Brust. Er klingt wie der Rest jener Melodie, die sie vorher gesungen hat, ein gesprengter, geborstener Ton.

Dann fällt Deborah vom Sessel. Sie liegt, eine gekrümmte weiche Masse, auf dem Boden.

Mac stößt die Tür auf, lässt sie offen, es wird kalt in der Stube.

Er kommt zurück, ein Doktor begleitet ihn, ein kleiner, flinker, grauhaariger Mann.

Mirjam steht gegenüber dem Vater.

Mac und der Doktor tragen Deborah auf das Bett.

Der Doktor sitzt am Bettrand und sagt: „Sie ist tot."

„Auch Menuchim ist gestorben, allein, unter Fremden", denkt Mendel Singer.

XIII

Sieben runde Tage saß Mendel Singer auf einem Schemel neben dem Kleiderschrank und schaute auf das Fenster, an dessen

Scheibe zum Zeichen der Trauer ein weißes Stückchen Leinwand hing und in dem Tag und Nacht eine der beiden blauen Lampen brannte. Sieben runde Tage rollten nacheinander ab, wie große, schwarze, langsame Reifen, ohne Anfang und ohne Ende, rund wie die Trauer. Der Reihe nach kamen die Nachbarn: Menkes, Skowronnek, Rottenberg und Groschel, brachten harte Eier und Eierbeugel[1] für Mendel Singer, runde Speisen, ohne Anfang und ohne Ende, rund wie die sieben Tage der Trauer.

Mendel sprach wenig mit seinen Besuchern. Er bemerkte kaum, dass sie kamen und gingen. Tag und Nacht stand seine Tür offen, mit zurückgeschobenem, zwecklosem Riegel. Wer kommen wollte, kam, wer gehen wollte, ging. Der und jener versuchte, ein Gespräch anzufangen. Aber Mendel Singer wich ihm aus. Er sprach, während die andern lebendige Dinge erzählten, mit seiner toten Frau. „Du hast es gut, Deborah!", sagte er zu ihr. „Es ist nur schade, dass du keinen Sohn hinterlassen hast, ich selbst muss das Totengebet sagen, ich werde aber bald sterben, und niemand wird uns beweinen. Wie zwei kleine Stäubchen wurden wir verweht. Wie zwei kleine Fünkchen sind wir erloschen. Ich habe Kinder gezeugt, dein Schoß hat sie geboren, der Tod hat sie genommen. Voller Not und ohne Sinn war dein Leben. In jungen Jahren habe ich dein Fleisch genossen, in spätern Jahren habe ich es verschmäht. Vielleicht war das unsere Sünde. Weil nicht die Wärme der Liebe in uns war, sondern zwischen uns der Frost der Gewohnheit, starb alles rings um uns, verkümmerte alles und wurde verdorben. Du hast es gut, Deborah. Der Herr hat Mitleid mit dir gehabt. Du bist eine Tote und begraben. Mit mir hat Er kein Mitleid. Denn ich bin ein Toter und lebe. Er ist der Herr, Er weiß, was er tut. Wenn du kannst, bete für mich, dass man mich auslösche aus dem Buch der Lebendigen.

Sieh, Deborah, die Nachbarn kommen zu mir, um mich zu trösten. Aber obwohl es viele sind und sie alle ihre Köpfe anstrengen, finden sie doch keinen Trost für meine Lage. Noch schlägt mein Herz, noch schauen meine Augen, noch bewegen sich meine Glieder, noch gehen meine Füße. Ich esse und trinke, bete und atme.

---

[1] ringförmiges Gebäck

Aber mein Blut stockt, meine Hände sind welk, mein Herz ist leer. Ich bin nicht Mendel Singer mehr, ich bin der Rest von Mendel Singer. Amerika hat uns getötet. Amerika ist ein Vaterland, aber ein tödliches Vaterland. Was bei uns Tag war, ist hier Nacht. Was bei uns Leben war, ist hier Tod. Der Sohn, der bei uns Schemarjah hieß, hat hier Sam geheißen. In Amerika bist du begraben, Deborah, auch mich, Mendel Singer, wird man in Amerika begraben."

Am Morgen des achten Tages, als Mendel von seiner Trauer aufstand, kam seine Schwiegertochter Vega, in Begleitung des Mister Glück.

„Mister Singer", sagte Mister Glück, „unten ist der Wagen. Sie müssen sofort mit uns kommen, mit Mirjam ist etwas passiert."

„Gut", erwiderte Mendel gleichgültig – als hätte man ihm mitgeteilt, dass man sein Zimmer tapezieren müsse. „Gut, gebt mir meinen Mantel."

Mendel kroch mit schwachen Armen in den Mantel und ging die Stiegen hinunter. Mister Glück drängte ihn in den Wagen. Sie fuhren und sprachen kein Wort. Mendel fragte nicht, was mit Mirjam geschehen sei. Wahrscheinlich ist sie auch tot, dachte er ruhig. Mac hat sie aus Eifersucht getötet.

Zum ersten Mal betrat er die Wohnung seines toten Sohnes. Man schob ihn in ein Zimmer. Da lag Mirjam in einem breiten weißen Bett. Ihre Haare flossen lose, in einer funkelnden blauen Schwärze, über die weißen Kissen. Ihr Angesicht glühte rot, und ihre schwarzen Augen hatten breite runde rote Ränder; umkreist von Ringen aus Brand waren Mirjams Augen. Eine Krankenschwester saß neben ihr, Mac stand in einer Ecke, groß und ohne sich zu rühren, wie ein Möbelstück.

„Da ist Mendel Singer", rief Mirjam. Sie streckte eine Hand gegen den Vater aus und begann zu lachen. Ihr Lachen dauerte ein paar Minuten. Es klang wie das Klingeln der hellen ununterbrochenen Signale auf Bahnhöfen und als schlüge man mit tausend Klöppeln aus Messing auf tausend dünne Kristallgläser. Plötzlich brach das Lachen ab. Eine Sekunde war es still. Dann begann Mirjam zu schluchzen. Sie schob die Decke zurück, ihre nackten Beine zappelten, ihre Füße schlugen in schneller Regelmäßigkeit auf das weiche Lager, immer schneller, immer regelmäßiger, während ihre geballten Fäuste im gleichen Rhythmus durch die Luft schwangen. Die Krankenschwester hielt Mirjam mit Gewalt fest. Sie wurde ruhiger. „Guten Tag, Mendel Singer!", sagte Mirjam. „Du bist mein Vater, ich kann es dir erzählen. Ich liebe Mac, der da steht, aber ich habe ihn betrogen. Mit Mister Glück habe ich geschlafen, ja, mit Mister Glück! Glück ist mein Glück, Mac ist mein Mac. Mendel Singer gefällt mir auch und wenn du willst – – –." Da hielt die Krankenschwester Mirjam die Hand vor den Mund, und Mirjam verstummte.

Mendel Singer stand noch immer an der Tür, Mac stand immer noch in der Ecke. Beide Männer sahen einander fortwährend an. Da sie sich nicht mit Worten verständigen konnten, redeten sie mit den Augen. „Sie ist verrückt", sagten Mendel Singers Augen zu denen Macs. „Sie hat ohne Männer nicht leben können, sie ist verrückt."

Vega trat ein und sagte: „Wir haben den Arzt kommen lassen. Jeden Augenblick muss er da sein. Seit gestern spricht Mirjam wirr. Sie war mit Mac spazieren gegangen, und als sie zurückkam, begann sie, sich so unverständlich zu benehmen. Jeden Augenblick muss der Arzt da sein."

Der Doktor kam. Es war ein Deutscher, er konnte sich mit Mendel verstehn. „Wir werden sie in die Anstalt bringen", sagte der Doktor. „Ihre Tochter muss leider in eine Anstalt. Warten Sie einen Moment, ich werde sie betäuben."

Mac stand noch immer im Zimmer. „Wollen Sie sie festhalten?", fragte der Doktor. Mac hielt mit seinen großen Händen Mirjam fest. Der Doktor stieß ihr eine Spritze in den Schenkel. „Bald wird sie ruhig sein!", sagte er.

Der Krankenwagen kam, zwei Träger mit einer Bahre traten ins Zimmer. Mirjam schlief. Man band sie auf die Bahre. Mendel, Mac und Vega fuhren hinter dem Krankenwagen.

„Das hast du nicht erlebt", sprach Mendel zu seiner Frau Deborah, während sie fuhren. „Ich erlebe es noch, aber ich habe es gewusst. Seit jenem Abend, an dem ich Mirjam mit dem Kosaken im Felde sah, habe ich es gewusst. Der Teufel ist in sie gefahren. Bete für uns, Deborah, dass er sie wieder verlasse."

Nun saß Mendel im Wartezimmer der Anstalt, umgeben von andern Wartenden, vor kleinen Tischchen, auf denen Vasen voll gelber sommerlicher Blumen standen, und dünnen Gestellen, beladen mit bunten illustrierten Zeitschriften. Aber keiner von den Wartenden roch an den Blumen, keiner der Wartenden blätterte in den Zeitschriften. Zuerst glaubte Mendel, alle Menschen, die hier mit ihm saßen, wären verrückt und er selbst ein Verrückter, wie alle. Dann sah er durch die breite Tür aus spiegelndem Glas, die diesen Warteraum von dem weiß getünchten Korridor trennte, wie draußen Menschen in blau gestreiften Kitteln paarweise vorbeigeführt wurden. Zuerst Frauen, dann Männer, und manchmal warf einer von den Kranken sein wildes, verkniffenes, zerrissenes, böses Gesicht durch die Scheibe der Tür in den Wartesaal. Alle Wartenden erschauerten, nur Mendel blieb ruhig. Ja, es erschien ihm merkwürdig, dass nicht auch die Wartenden blau gestreifte Kittel trugen und er selbst auch nicht.

Er saß in einem breiten ledernen Lehnstuhl, die Mütze aus schwarzem Seidenrips hatte er über ein Knie gestülpt, sein Regenschirm lehnte, ein treuer Gefährte, neben dem Sessel. Mendel blickte abwechselnd auf die Menschen, die gläserne Tür, die Zeitschriften, die Verrückten, die draußen immer noch vorbeizogen – man führte sie zum Bad –, und auf die goldenen Blumen in den Vasen. Es waren gelbe Schlüsselblumen, Mendel erinnerte sich, dass er sie daheim auf den grünen Wiesen oft gesehen hatte. Die Blumen kamen aus der Heimat. Er gedachte ihrer gern. Diese Wiesen hatte es dort gegeben und diese Blumen! Der Friede war dort heimisch gewesen, die Jugend war dort heimisch gewesen und die vertraute Armut. Im Sommer war der Himmel ganz blau gewesen, die Sonne ganz heiß, das Getreide ganz gelb, die Fliegen hatten grün geschillert und warme Liedchen gesummt, und hoch unter den blauen Himmeln hatten die Lerchen getrillert, ohne Aufhören. Mendel Singer vergaß, während er die Schlüsselblumen ansah, dass Deborah gestorben, Sam gefallen, Mirjam verrückt und Jonas verschollen war. Es war, als hätte er soeben erst die Heimat verloren und in ihr Menuchim, den treuesten aller Toten, den weitesten aller Toten, den nächsten aller Toten. Wären wir dort geblieben, dachte Mendel, gar nichts wäre geschehen! Jonas hat recht gehabt, Jonas, das dümmste meiner Kinder! Die Pferde hat er geliebt, den Schnaps hat er geliebt, die Mädchen hat er geliebt, jetzt ist er verschollen! Jonas, ich werde dich nie mehr wiedersehen, ich werde dir nicht sagen können, dass du recht hattest, ein Kosak zu werden. „Was geht ihr nur immer in der Welt herum?", hatte Sameschkin gesagt. „Der Teufel schickt euch!" Er war ein Bauer, Sameschkin, ein kluger Bauer. Mendel hatte nicht fahren wollen. Deborah, Mirjam, Schemarjah – sie hatten fahren wollen, in der Welt herumfahren. Man hätte bleiben sollen, die Pferde lieben, Schnaps trinken, in den Wiesen schlafen, Mirjam mit Kosaken gehn lassen und Menuchim lieben.

Bin ich verrückt geworden, dachte Mendel weiter, dass ich so denke? Denkt ein alter Jude solche Sachen? Gott hat meine Gedanken verwirrt, der Teufel denkt aus mir, wie er aus meiner Tochter Mirjam redet.

Der Doktor kam, zog Mendel in eine Ecke und sagte leise: „Fassen Sie sich, Ihre Tochter ist sehr krank. Es gibt jetzt viele solcher Fälle, der Krieg, verstehn Sie, und das Unglück in der Welt, es ist eine schlimme Zeit. Die Medizin weiß noch nicht, wie man diese Krankheit heilt. Einer Ihrer Söhne ist Epileptiker, wie ich höre, entschuldigen Sie, so was ist in der Familie. Wir Ärzte nennen das degenerative Psychose[1]. Es kann sich geben. Es kann sich aber auch als eine Krankheit erweisen, die wir Ärzte dementia nennen, dementia praecox[2], aber sogar die Namen sind unsicher. Da ist einer von den seltenen Fällen, die wir nicht heilen können. Sie sind doch ein frommer Mann, Mister Singer? Der liebe Gott kann helfen. Beten Sie nur fleißig zum lieben Gott. Übrigens, wollen Sie noch einmal Ihre Tochter sehen? Kommen Sie!"

Ein Schlüsselbund rasselte, eine Tür fiel mit hartem Knall zu, und Mendel ging durch einen langen Korridor, vorbei an weißen Türen mit schwarzen Nummern, wie an vertikal aufgestellten Särgen. Noch einmal rasselte der Schlüsselbund der Wärterin,

---

[1] Geisteserkrankung, die zu geistigem und körperlichem Verfall führt
[2] Demenzerkrankung junger Menschen

und einer der Särge ward aufgetan, drin lag Mirjam und schlief, Mac und Vega standen neben ihr.

„Jetzt müssen wir gehen", sagte der Doktor.

„Führt mich direkt nach Hause, in meine Gasse", befahl Mendel.

Seine Stimme klang so hart, dass alle erschraken. Sie sahen ihn an. Sein Aussehn schien sich nicht verändert zu haben. Dennoch war es ein anderer Mendel. Genau wie in Zuchnow und wie die ganze Zeit in Amerika war er angezogen. In hohen Stiefeln, im halblangen Kaftan, in der Mütze aus schwarzem Seidenrips. Was also hatte ihn so verändert? Warum erschien er allen größer und stattlicher? Warum ging so ein weißer und furchtbarer Glanz von seinem Angesicht aus? Fast schien er den großen Mac zu überragen. Seine Majestät, der Schmerz, dachte der Doktor, ist in den alten Juden gefahren.

„Einmal", begann Mendel im Wagen, „hat mir Sam gesagt, dass die Medizin in Amerika die beste der Welt ist. Jetzt kann sie nicht helfen. Gott kann helfen! – sagt der Doktor. Sag' Vega, hast du schon gesehn, dass Gott einem Mendel Singer geholfen hätte? Gott kann helfen!"

„Du wirst jetzt bei uns wohnen", sagte Vega schluchzend.

„Ich werde nicht bei euch wohnen, mein Kind", antwortete Mendel, „du wirst einen Mann nehmen, du sollst nicht ohne Mann sein, dein Kind soll nicht ohne Vater sein. Ich bin ein alter Jude, Vega, bald werde ich sterben. Hör zu, Vega! Mac war Schemarjahs Freund, Mirjam hat er geliebt, ich weiß, er ist kein Jude, aber ihn sollst du heiraten, nicht den Mister Glück! Hörst du, Vega? Wundert es dich, dass ich so rede, Vega? Wundere dich nicht, ich bin nicht verrückt. Alt bin ich geworden, ein paar Welten habe ich zugrunde gehn sehn, endlich bin ich klug geworden. Alle die Jahre war ich ein törichter Lehrer. Nun weiß ich, was ich sage."

Sie kamen an, sie luden Mendel ab, führten ihn ins Zimmer, Mac und Vega standen noch eine Weile und wussten nicht, was tun.

Mendel setzte sich auf den Schemel neben den Schrank und sagte zu Vega: „Vergiss nicht, was ich dir gesagt habe. Jetzt geht, meine Kinder."

Sie verließen ihn. Mendel trat ans Fenster und sah zu, wie sie in den Wagen stiegen. Es schien ihm, dass er sie segnen müsse, wie Kinder, die einen sehr schweren oder einen sehr glücklichen Weg antreten. Ich werde sie nie mehr sehen, dachte er dann, ich werde sie auch nicht segnen. Mein Segen könnte ihnen zum Fluch werden, ihre Begegnung mit mir ein Nachteil. Er fühlte sich leicht, ja, leichter als jemals in all seinen Jahren. Er hatte alle Beziehungen gelöst. Es fiel ihm ein, dass er schon seit Jahren einsam war. Einsam war er seit dem Augenblick gewesen, an dem die Lust zwischen seinem Weib und ihm aufgehört hatte. Allein war er, allein. Frau und Kinder waren um ihn gewesen und hatten ihn verhindert, seinen Schmerz zu tragen. Wie unnütze Pflaster, die nicht heilen, waren sie auf seinen Wunden gelegen und hatten sie nur verdeckt. Jetzt, endlich, genoss er sein Weh mit Triumph. Es galt, nur noch eine Beziehung zu kündigen. Er machte sich an die Arbeit.

Er ging in die Küche, raffte Zeitungspapier und Kienspäne zusammen und machte ein Feuer auf der offenen Herdplatte. Als das Feuer eine ansehnliche Höhe und Weite erreichte, ging Mendel mit starken Schritten zum Schrank und entnahm ihm das rotsamtene Säckchen, in dem seine Gebetsriemen lagen, sein Gebetmantel[1] und seine Gebetbücher. Er stellte sich vor, wie diese Gegenstände brennen würden. Die Flammen werden den gelblich getönten Stoff des Mantels aus reiner Schafwolle ergreifen und mit spitzen, bläulichen, gefräßigen Zungen vernichten. Der glitzernde Rand aus silbernen Fäden wird langsam verkohlen, in kleinen rot glühenden Spiralen. Das Feuer wird die Blätter der Bücher sachte zusammenrollen, in silbergraue Asche verwandeln, und die schwarzen Buchstaben für ein paar Augenblicke blutig färben. Die ledernen Ecken der Einbände werden emporgerollt, stellen sich auf, wie seltsame Ohren, mit denen die Bücher zuhören, was ihnen Mendel in den heißen Tod nachruft. Ein schreckliches Lied ruft er ihnen nach. „Aus, aus, aus ist es mit Mendel Singer", ruft er, und mit den Stiefeln stampft er den Takt dazu, dass die Dielenbretter dröhnen und die Töpfe an der Wand

---

[1] ein großes Tuch, eine Art Gewand, das Juden sich zum Gebet umlegen

zu klappern beginnen. „Er hat keinen Sohn, er hat keine Tochter, er hat kein Weib, er hat keine Heimat, er hat kein Geld. Gott sagt: Ich habe Mendel Singer gestraft; wofür straft er, Gott? Warum nicht Lemmel, den Fleischer? Warum straft er nicht Skowronnek? Warum straft er nicht Menkes? Nur Mendel straft er! Mendel hat den Tod, Mendel hat den Wahnsinn, Mendel hat den Hunger, alle Gaben Gottes hat Mendel. Aus, aus, aus ist es mit Mendel Singer."

So stand Mendel vor dem offenen Feuer und brüllte und stampfte mit den Füßen. Er hielt das rotsamtene Säckchen in den Armen, aber er warf es nicht hinein. Ein paarmal hob er es in die Höhe, aber seine Arme ließen es wieder sinken. Sein Herz war böse auf Gott, aber in seinen Muskeln wohnte noch die Furcht vor Gott. Fünfzig Jahre, Tag für Tag, hatten diese Hände den Gebetmantel ausgebreitet und wieder zusammengefaltet, die Gebetriemen aufgerollt und um den Kopf geschlungen und um den linken Arm, dieses Gebetbuch aufgeschlagen, um und um geblättert und wieder zugeklappt. Nun weigerten sich die Hände, Mendels Zorn zu gehorchen. Nur der Mund, der so oft gebetet hatte, weigerte sich nicht. Nur die Füße, die so oft zu Ehren Gottes beim Halleluja gehüpft hatten, stampften den Takt zu Mendels Zorngesang.

Da die Nachbarn Mendel also schreien und poltern hörten und da sie den graublauen Rauch durch die Ritzen und Spalten seiner Tür in den Treppenflur dringen sahen, klopften sie bei Singer an und riefen, dass er ihnen öffne. Er aber hörte sie nicht. Seine Augen erfüllte der Dunst des Feuers, und in seinen Ohren dröhnte sein großer schmerzlicher Jubel. Schon waren die Nachbarn bereit, die Polizei zu holen, als einer von ihnen sagte: „Rufen wir doch seine Freunde! Sie sitzen bei Skowronnek. Vielleicht bringen sie den Armen wieder zur Vernunft."

Als die Freunde kamen, beruhigte sich Mendel wirklich. Er schob den Riegel zurück und ließ sie eintreten, der Reihe nach, wie sie immer gewohnt waren, in Mendels Stube zu treten, Menkes, Skowronnek, Rottenberg und Groschel. Sie zwangen Mendel, sich aufs Bett zu setzen, setzten sich selbst neben ihn und vor ihn hin, und Menkes sagte: „Was ist mit dir, Mendel? Warum machst du Feuer, warum willst du das Haus anzünden?"

„Ich will mehr verbrennen als nur ein Haus und mehr als einen Menschen. Ihr werdet staunen, wenn ich euch sage, was ich wirklich zu verbrennen im Sinn hatte. Ihr werdet staunen und sagen: Auch Mendel ist verrückt, wie seine Tochter. Aber ich versichere euch: Ich bin nicht verrückt. Ich war verrückt. Mehr als sechzig Jahre war ich verrückt, heute bin ich es nicht."

„Also sag uns, was du verbrennen willst!"

„Gott will ich verbrennen."

Allen vier Zuhörern entrang sich gleichzeitig ein Schrei. Sie waren nicht alle fromm und gottesfürchtig, wie Mendel immer gewesen war. Alle vier lebten schon lange genug in Amerika, sie arbeiteten am Sabbat, ihr Sinn stand nach Geld, und der Staub der Welt lag schon dicht, hoch und grau auf ihrem alten Glauben. Viele Bräuche hatten sie vergessen, gegen manche Gesetze hatten sie verstoßen, mit ihren Köpfen und Gliedern hatten sie gesündigt. Aber Gott wohnte noch in ihren Herzen. Und als Mendel Gott lästerte, war es ihnen, als hätte er mit scharfen Fingern an ihre nackten Herzen gegriffen.

„Lästere nicht, Mendel", sagte nach einem längeren Schweigen Skowronnek. „Du weißt besser als ich, denn du hast viel mehr gelernt, dass Gottes Schläge einen verborgenen Sinn haben. Wir wissen nicht, wofür wir gestraft werden."

„Ich aber weiß es, Skowronnek", erwiderte Mendel. „Gott ist grausam, und je mehr man ihm gehorcht, desto strenger geht er mit uns um. Er ist mächtiger als die Mächtigen, mit dem Nagel seines kleinen Fingers kann er ihnen den Garaus machen, aber er tut es nicht. Nur die Schwachen vernichtet er gerne. Die Schwäche eines Menschen reizt seine Stärke, und der Gehorsam weckt seinen Zorn. Er ist ein großer grausamer Isprawnik[1]. Befolgst du die Gesetze, so sagt er, du habest sie nur zu deinem Vorteil befolgt. Und verstößt du nur gegen ein einziges Gebot, so verfolgt er dich mit hundert Strafen. Willst du ihn bestechen, so macht er dir einen Prozess. Und gehst du redlich mit ihm um, so lauert er auf die Bestechung. In ganz Rußland gibt es keinen böseren Isprawnik."

---

[1] Titel des Kreispolizeichefs im zaristischen Russland

„Erinnere dich, Mendel", begann Rottenberg, „erinnere dich an Hiob. Ihm ist Ähnliches geschehen wie dir. Er saß auf der nackten Erde, Asche auf dem Haupt, und seine Wunden taten ihm so weh, dass er sich wie ein Tier auf dem Boden wälzte. Auch er lästerte Gott. Und doch war es nur eine Prüfung gewesen. Was wissen wir, Mendel, was oben vorgeht? Vielleicht kam der Böse vor Gott und sagte, wie damals: Man muss einen Gerechten verführen. Und der Herr sagte: Versuch es nur mit Mendel, meinem Knecht."

„Und da siehst du auch", fiel Groschel ein, „dass dein Vorwurf ungerecht ist. Denn Hiob war kein Schwacher, als Gott ihn zu prüfen begann, sondern ein Mächtiger. Und auch du warst kein Schwacher, Mendel! Dein Sohn hatte ein Kaufhaus, ein Warenhaus, er wurde reicher von Jahr zu Jahr. Dein Sohn Menuchim wurde beinahe gesund, und fast wäre er auch nach Amerika gekommen. Du warst gesund, dein Weib war gesund, deine Tochter war schön, und bald hättest du einen Mann für sie gefunden!"

„Warum zerreißt du mir das Herz, Groschel?", entgegnete Mendel. „Warum zählst du mir auf, was alles gewesen ist, jetzt, da nichts mehr ist? Meine Wunden sind noch nicht vernarbt, und schon reißt du sie auf."

„Er hat recht", sagten die übrigen drei, wie aus einem Munde.

Und Rottenberg begann: „Dein Herz ist zerrissen, Mendel, ich weiß es. Weil wir aber über alles mit dir sprechen dürfen und weil du weißt, dass wir deine Schmerzen tragen, als wären wir deine Brüder, wirst du uns da zürnen, wenn ich dich bitte, an Menuchim zu denken? Vielleicht, lieber Mendel, hast du Gottes Pläne zu stören versucht, weil du Menuchim zurückgelassen hast? Ein kranker Sohn war dir beschieden, und ihr habt getan, als wäre es ein böser Sohn."

Es wurde still. Lange antwortete Mendel gar nichts. Als er wieder zu reden anfing, war es, als hätte er Rottenbergs Worte nicht gehört; denn er wandte sich an Groschel und sagte:

„Und was willst du mit dem Beispiel Hiobs? Habt ihr schon wirkliche Wunder gesehen, mit euren Augen? Wunder, wie sie am Schluss von Hiob berichtet werden? Soll mein Sohn Schemarjah aus dem Massengrab in Frankreich auferstehn? Soll mein

Sohn Jonas aus seiner Verschollenheit lebendig werden? Soll meine Tochter Mirjam plötzlich gesund aus der Irrenanstalt heimkehren? Und wenn sie heimkehrt, wird sie da noch einen Mann finden und ruhig weiterleben können, wie eine, die niemals verrückt gewesen ist? Soll mein Weib Deborah sich aus dem Grab erheben, noch ist es feucht? Soll mein Sohn Menuchim mitten im Krieg aus Russland hierherkommen, gesetzt den Fall, dass er noch lebt? Denn es ist nicht richtig", und hier wandte sich Mendel wieder Rottenberg zu, „dass ich Menuchim böswillig zurückgelassen habe und um ihn zu strafen. Aus andern Gründen, meiner Tochter wegen, die angefangen hatte, sich mit Kosaken abzugeben – mit Kosaken! –, mussten wir fort. Und warum war Menuchim krank? Schon seine Krankheit war ein Zeichen, dass Gott mir zürnt – und der erste der Schläge, die ich nicht verdient habe."

„Obwohl Gott alles kann", begann der Bedächtigste von allen, Menkes, „so ist doch anzunehmen, dass er die ganz großen Wunder nicht mehr tut, weil die Welt ihrer nicht mehr wert ist. Und wollte Gott sogar bei dir eine Ausnahme machen, so stünden dem die Sünden der andern entgegen. Denn die andern sind nicht würdig, ein Wunder bei einem Gerechten zu sehn, und deshalb musste Loth auswandern, und Sodom und Gomorrah gingen zugrunde und sahen nicht das Wunder an Loth. Heute aber ist die Welt überall bewohnt – und selbst, wenn du auswanderst, werden die Zeitungen berichten, was mit dir geschehen ist. Also muss Gott heutzutage nur mäßige Wunder vollbringen. Aber sie sind groß genug, gelobt sei sein Name! Deine Frau Deborah kann nicht lebendig werden, Dein Sohn Schemarjah kann nicht lebendig werden. Aber Menuchim lebt wahrscheinlich, und nach dem Krieg kannst du ihn sehn. Dein Sohn Jonas ist vielleicht in Kriegsgefangenschaft, und nach dem Krieg kannst du ihn sehn. Deine Tochter kann gesund werden, die Verwirrung wird von ihr genommen werden, schöner kann sie sein als zuvor, und einen Mann wird sie bekommen, und sie wird dir Enkel gebären. Und einen Enkel hast du, den Sohn Schemarjahs. Nimm deine Liebe zusammen, die du bis jetzt für alle Kinder hattest, für diesen einen Enkel! Und du wirst getröstet werden."

„Zwischen mir und meinem Enkel", erwiderte Mendel, „ist das Band zerrissen, denn Schemarjah ist tot, mein Sohn und der Vater meines Enkels. Meine Schwiegertochter Vega wird einen andern Mann heiraten, mein Enkel wird einen neuen Vater haben, dessen Vater ich nicht bin. Das Haus meines Sohnes ist nicht mein Haus. Ich habe dort nichts zu suchen. Meine Anwesenheit bringt Unglück, und meine Liebe zieht den Fluch herab, wie ein einsamer Baum im flachen Felde den Blitz. Was aber Mirjam betrifft, so hat mir der Doktor selbst gesagt, dass die Medizin ihre Krankheit nicht heilen kann. Jonas ist wahrscheinlich gestorben, und Menuchim war krank, auch wenn es ihm besser ging. Mitten in Russland, in einem so gefährlichen Krieg, wird er bestimmt zugrunde gegangen sein. Nein, meine Freunde! Ich bin allein und ich will allein sein. Alle Jahre habe ich Gott geliebt, und er hat mich gehasst. Alle Jahre hab' ich ihn gefürchtet, jetzt kann er mir nichts mehr machen. Alle Pfeile aus seinem Köcher haben mich schon getroffen. Er kann mich nur noch töten. Aber dazu ist er zu grausam. Ich werde leben, leben, leben."

„Aber seine Macht", wandte Groschel ein, „ist in dieser Welt und in der andern. Wehe dir, Mendel, wenn du tot bist!"

Da lachte Mendel aus voller Brust und sagte: „Ich habe keine Angst vor der Hölle, meine Haut ist schon verbrannt, meine Glieder sind schon gelähmt, und die bösen Geister sind meine Freunde. Alle Qualen der Hölle habe ich schon gelitten. Gütiger als Gott ist der Teufel. Da er nicht so mächtig ist, kann er nicht so grausam sein. Ich habe keine Angst, meine Freunde!"

Da verstummten die Freunde. Aber sie wollten Mendel nicht allein lassen, und also blieben sie schweigend sitzen. Groschel, der Jüngste, ging hinunter, die Frauen der andern und seine eigene zu verständigen, dass die Männer heute Abend nicht nach Hause kommen würden. Er holte noch fünf Juden in Mendel Singers Wohnung, damit sie zehn seien und das Abendgebet sagen können. Sie begannen zu beten. Aber Mendel Singer beteiligte sich nicht am Gebet. Er saß auf dem Bett und rührte sich nicht. Selbst das Totengebet sagte er nicht – und Menkes sagte es für ihn. Die fremden fünf Männer verließen das Haus. Aber die vier Freunde blieben die ganze Nacht. Eine der beiden blauen Lampen brannte noch mit dem letzten Dochtrest und dem letzten Tropfen Öl auf dem flachen Grunde. Es war still. Der und jener schlief auf seinem Sitz ein, schnarchte und erwachte, von seinen eigenen Geräuschen gestört; und nickte wieder ein.

Nur Mendel schlief nicht. Die Augen weit offen, sah er auf das Fenster, hinter dem die dichte Schwärze der Nacht endlich schütter zu werden begann, dann grau, dann weißlich. Sechs Schläge erklangen aus dem Innern der Uhr. Da erwachten die Freunde, einer nach dem andern. Und ohne dass sie sich verabredet hätten, ergriffen sie Mendel bei den Armen und führten ihn hinunter. Sie brachten ihn in die Hinterstube der Skowronneks und betteten ihn auf ein Sofa.

Hier schlief er ein.

XIV

Seit diesem Morgen blieb Mendel Singer bei den Skowronneks. Seine Freunde verkauften die kümmerliche Einrichtung. Sie ließen nur das Bettzeug zurück und den rotsamtenen Sack mit den Gebetsutensilien, die Mendel beinahe verbrannt hätte. Den Sack rührte Mendel nicht mehr an. In der Hinterstube der Skowronneks hing er grau und verstaubt an einem mächtigen Nagel. Mendel Singer betete nicht mehr. Wohl wurde er manchmal gebraucht, wenn ein zehnter Mann fehlte, um die vorgeschriebene Zahl der Betenden vollzählig zu machen. Dann ließ er sich seine Anwesenheit bezahlen. Manchmal lieh er auch dem und jenem seine Gebetsriemen aus, gegen ein kleines Entgelt. Man erzählte sich von ihm, dass er oft in das italienische Viertel hinüberging, um Schweinefleisch zu essen und Gott zu ärgern. Die Menschen, in deren Mitte er lebte, nahmen für Mendel Partei, in dem Kampf, den er gegen den Himmel führte. Obwohl sie gläubig waren, mussten sie dem Juden recht geben. Zu hart war Jehovah mit ihm umgegangen.

Noch war Krieg in der Welt. Außer Sam, Mendels Sohn, lebten alle Angehörigen des Viertels, die ins Feld gegangen waren. Der junge Lemmel war Offizier geworden und hatte glücklicherweise die linke Hand verloren. Er kam in Urlaub und war der Held des Viertels. Allen Juden verlieh er die Heimatsberechtigung in Amerika. Er blieb nur noch in der Etappe[1], um frischen Truppen den letzten Schliff zu geben. So groß auch der Unterschied zwischen dem jungen Lemmel und dem alten Singer war, die Juden des Viertels stellten beide in eine gewisse Nachbarschaft. Es war, als glaubten die Juden, dass Mendel und Lemmel das ganze Ausmaß des Unglücks, das allen zugedacht gewesen, untereinander aufgeteilt hätten. Und mehr als nur eine linke Hand hatte Mendel verloren! Kämpfte Lemmel gegen die Deutschen, so kämpfte Mendel gegen überirdische Gewalten. Und obwohl sie überzeugt waren, dass der Alte nicht mehr über seinen ganzen Verstand zu verfügen imstande war, konnten die Juden doch nicht umhin, Bewunderung in ihr Mitleid zu mischen und Andacht vor der Heiligkeit des Wahns. Ohne Zweifel ein Auserkorener war Mendel Singer. Als erbarmungswürdiger Zeuge für die grausame Gewalt Jehovahs lebte er in der Mitte der andern, deren mühseligen Wochentag kein Schrecken störte. Lange Jahre hatte er wie sie alle seine Tage gelebt, von wenigen beachtet, von manchen gar nicht bemerkt. Eines Tages ward er ausgezeichnet in einer fürchterlichen Weise. Es gab keinen mehr, der ihn nicht kannte. Den größten Teil des Tages hielt er sich in der Gasse auf. Es war, als gehörte es zu seinem Fluch, nicht nur ein Unheil sonder Beispiel zu leiden, sondern auch das Zeichen des Leids wie ein Banner zu tragen. Und wie ein Wächter seiner eigenen Schmerzen ging er auf und ab in der Mitte der Gasse, von allen gegrüßt, von manchen mit kleinen Münzen beschenkt, von vielen angesprochen. Für die Almosen dankte er nicht, die Grüße erwiderte er kaum und Fragen beantwortete er mit „Ja" oder „Nein". Früh am Morgen erhob er sich. In die Hinterstube der Skowronneks kam kein Licht, sie hatte keine Fenster. Er fühlte nur den Morgen durch die Läden, einen weiten Weg hatte der Morgen, ehe er zu Mendel Singer gelangte. Regten sich die ersten Geräusche in den Straßen, begann Singer den Tag. Im Spirituskocher siedete der Tee. Er trank ihn zu einem Brot und einem harten Ei. Er warf einen schüchternen,

---

[1] hier: Nachschubgebiet hinter der Front

aber bösen Blick auf den Sack mit den heiligen Gegenständen an der Wand, im dunkelblauen Schatten sah das Säckchen aus wie ein noch dunklerer Auswuchs des Schattens. „Ich bete nicht!", sagte sich Mendel. Aber es tat ihm weh, dass er nicht betete. Sein Zorn schmerzte ihn und die Machtlosigkeit dieses Zorns. Obwohl Mendel mit Gott böse war, herrschte Gott noch über die Welt. Der Hass konnte ihn ebenso wenig fassen wie die Frömmigkeit.

Erfüllt von solchen und ähnlichen Überlegungen, begann Mendel seinen Tag. Früher, er erinnerte sich, war sein Erwachen leicht gewesen, die frohe Erwartung des Gebetes hatte ihn geweckt und die Lust, die bewusste Nähe zu Gott zu erneuern. Aus der wohligen Wärme des Schlafes war er eingetreten in den noch heimlicheren, noch trauteren Glanz des Gebets, wie in einen prächtigen und doch gewohnten Saal, in dem der mächtige und dennoch lächelnde Vater wohnte. „Guten Morgen, Vater!", hatte Mendel Singer gesagt – und geglaubt, eine Antwort zu hören. Ein Trug war es gewesen. Der Saal war prächtig und kalt, der Vater war mächtig und böse. Keine andern Laute kamen über seine Lippen als Donner.

Mendel Singer sperrte den Laden auf, legte die Notenblätter, die Gesangstexte, die Grammofonplatten in das schmale Schaufenster und zog mit einer langen Stange den eisernen Rollladen hoch. Dann nahm er einen Mundvoll Wasser, besprengte den Fußboden, ergriff den Besen und fegte den Schmutz des vergangenen Tages zusammen. Auf einer kleinen Schaufel trug er die Papierschnitzel zum Herd und machte ein Feuer und verbrannte sie. Dann ging er hinaus, kaufte ein paar Zeitungen und brachte sie einigen Nachbarn in die Häuser. Er begegnete den Milchjungen und den frühen Bäckern, begrüßte sie und ging wieder „ins Geschäft". Bald kamen die Skowronneks. Sie schickten ihn dies und jenes besorgen. Den ganzen Tag hieß es: „Mendel, lauf hinaus und kauf einen Hering", „Mendel, die Rosinen sind noch nicht eingelegt!", „Mendel, du hast die Wäsche vergessen!", „Mendel, die Leiter ist zerbrochen!", „In der Laterne fehlt eine Scheibe", „Wo ist der Korkenzieher?" Und Mendel lief hinaus und kaufte einen Hering und legte die Rosinen ein und holte die Wäsche und richtete die Leiter und trug die Laterne zum Glasermeister und fand den Korkenzieher. Die Nachbarinnen holten ihn manchmal, damit er die kleinen Kinder bewache, wenn ein Kino das Programm geändert hatte oder ein neues Theater gekommen war. Und Mendel saß bei den fremden Kindern, und wie er einmal zu Hause mit einem leichten und zärtlichen Finger den Korb Menuchims ins Schaukeln gebracht hatte, so schaukelte er jetzt mit einer leichten und zärtlichen Fußspitze die Wiegen fremder Säuglinge, deren Namen er nicht wusste. Er sang dazu ein altes Lied, ein sehr altes Lied: „Sprich mir nach, Menuchim: ‚Am Anfang schuf Gott Himmel und Erde', sprich es mir nach, Menuchim!"

Es war im Monat Ellul[1], und die hohen Feiertage brachen an. Alle Juden des Viertels wollten ein provisorisches Bethaus in Skowronneks Hinterstube einrichten. (Denn in die Synagoge gingen sie nicht gern.) „Mendel, in deinem Zimmer wird man beten!", sagte Skowronnek. „Was sagst du dazu?" „Man soll beten!", erwiderte Mendel. Und er sah zu, wie sich die Juden versammelten, die großen gelben Wachskerzen anzündeten, mit den überhängenden Dochtbüscheln. Er selbst half jedem Kaufmann, die Rollläden herunterlassen und die Türen schließen. Er sah, wie sie alle die weißen Kittel überzogen, dass sie aussahen wie Leichen, die noch einmal auferstanden sind, um Gott zu loben. Sie zogen die Schuhe aus und standen in Socken. Sie fielen in die Knie und erhoben sich, die großen goldgelben Wachskerzen und die blütenweißen aus Stearin bogen sich und tropften auf die Gebetsmäntel heiße Tränen, die im Nu verkrusteten. Die weißen Juden selbst bogen sich wie die Kerzen, und auch ihre Tränen fielen auf den Fußboden und vertrockneten. Aber Mendel Singer stand schwarz und stumm, in seinem Alltagsgewand, im Hintergrund, in der Nähe der Tür und bewegte sich nicht. Seine Lippen waren verschlossen und sein Herz ein Stein. Der Gesang des Kol Nidre erhob sich wie ein heißer Wind. Mendel Singers Lippen blieben verschlossen und sein Herz ein Stein. Schwarz und stumm, in seinem Alltagsgewand, hielt er sich im Hintergrund, in der Nähe

---

[1] der zwölfte Monat im jüdischen Kalender (entspricht etwa August/September)

der Tür. Niemand beachtete ihn. Die Juden bemühten sich, ihn nicht zu sehen. Ein Fremder war er unter ihnen. Der und jener dachte an ihn und betete für ihn. Mendel Singer aber stand aufrecht an der Tür und war böse auf Gott. Sie beten alle, weil sie sich fürchten, dachte er. Ich aber fürchte mich nicht. Ich fürchte mich nicht!

Nachdem alle gegangen waren, legte sich Mendel Singer auf sein hartes Sofa. Es war noch warm von den Körpern der Beter. Vierzig Kerzen brannten noch im Zimmer. Sie auszulöschen, wagte er nicht, sie ließen ihn nicht einschlafen. So lag er wach, die ganze Nacht. Er dachte sich Lästerungen sondergleichen aus. Er stellte sich vor, dass er jetzt hinausging, ins italienische Viertel, Schweinefleisch in einem Restaurant kaufte und zurückkehrte, um es hier, in der Gesellschaft der schweigsam brennenden Kerzen zu verzehren. Wohl knüpfte er sein Taschentuch auf, wohl zählte er die Münzen, die er besaß, aber er verließ das Zimmer nicht und aß nichts. Er lag angekleidet, mit großen wachen Augen auf dem Sofa und murmelte: „Aus, aus, aus ist es mit Mendel Singer! Er hat keinen Sohn, er hat keine Tochter, er hat kein Weib, er hat kein Geld, er hat kein Haus, er hat keinen Gott! Aus, aus, aus ist es mit Mendel Singer!" Die goldenen und die bläulichen Flammen der Kerzen erzitterten leise. Die heißen, wächsernen Tränen tropften mit harten Schlägen auf die Leuchterplatten, auf den gelben Sand in den messingenen Mörsern, auf das dunkelgrüne Glas der Flaschen. Der heiße Atem der Beter lebte noch im Zimmer. Auf den provisorischen Stühlen, die man für sie aufgestellt hatte, lagen noch ihre weißen Gebetsmäntel und warteten auf den Morgen und auf die Fortsetzung des Gebets. Es roch nach Wachs und verkohlenden Dochten. Mendel verließ die Stube, öffnete den Laden, trat ins Freie. Es war eine klare herbstliche Nacht. Kein Mensch zeigte sich. Mendel ging auf und ab vor dem Laden. Die breiten, langsamen Schritte des Polizisten erklangen. Da kehrte Mendel in den Laden zurück. Immer noch ging er Uniformierten aus dem Weg.

Die Zeit der Feiertage war vorüber, der Herbst kam, der Regen sang. Mendel kaufte Heringe, fegte den Fußboden, holte die Wäsche, richtete die Leiter, suchte den Korkenzieher, legte die Rosinen ein, ging auf und ab durch die Mitte der Gasse. Für Almosen dankte er kaum, Grüße erwiderte er nicht, Fragen beantwortete er mit „Ja" oder „Nein". Am Nachmittag, wenn sich die Leute versammelten, um Politik zu reden und aus den Zeitungen vorzulesen, legte sich Mendel auf das Sofa und schlief. Die Reden der andern weckten ihn nicht. Der Krieg ging ihn gar nichts an. Die neuesten Platten sangen ihn in den Schlaf. Er erwachte erst, wenn es still geworden war und alle verschwanden. Dann sprach er noch eine Weile mit dem alten Skowronnek.

„Deine Schwiegertochter heiratet", sagte Skowronnek einmal.
„Ganz recht!", erwiderte Mendel.
„Aber sie heiratet Mac!"
„Das hab' ich ihr geraten!"
„Das Geschäft geht gut!"
„Es ist nicht mein Geschäft."
„Mac hat uns wissen lassen, dass er dir Geld geben will!"
„Ich will kein Geld!"
„Gute Nacht, Mendel!"
„Gute Nacht, Skowronnek!"

Die schrecklichen Neuigkeiten flammten auf in den Zeitungen, die Mendel jeden Morgen zu kaufen pflegte. Sie flammten auf, er vernahm wider Willen ihren fernen Widerschein, er wollte nichts von ihnen wissen. Über Rußland regierte kein Zar mehr. Gut, mochte der Zar nicht mehr regieren. Von Jonas und Menuchim wussten sie jedenfalls nichts zu melden, die Zeitungen. Man wettete bei Skowronnek, dass der Krieg in einem Monat zu Ende sein würde. Gut, mochte der Krieg zu Ende gehn. Schemarjah kehrte nicht zurück. Die Leitung der Irrenanstalt schrieb, dass Mirjams Zustand sich nicht gebessert habe. Vega schickte den Brief ein, Skowronnek las ihn Mendel vor. „Gut", sagte Mendel, „Mirjam wird nicht mehr gesund werden!"

Sein alter schwarzer Kaftan schimmerte grün an den Schultern, und wie eine winzige Zeichnung der Wirbelsäule wurde, den ganzen Rücken entlang, die Naht sichtbar. Mendels Gestalt wurde kleiner und kleiner. Die Schöße seines Rockes wurden länger und länger und berührten, wenn Mendel ging, nicht mehr die Schäfte der Stiefel, sondern fast schon die Knöchel. Der Bart, der früher nur die Brust bedeckt hatte, reichte bis zu den letzten Knöpfen des Kaftans. Der Schirm der Mütze aus schwarzem, nunmehr grünlichem Rips, war weich und dehnbar geworden und hing schlaff über Mendel Singers Augen, einem Lappen nicht unähnlich. In den Taschen trug Mendel Singer viele Sachen: Päckchen, um die man ihn geschickt hatte, Zeitungen, verschiedene Werkzeuge, mit denen er die schadhaften Gegenstände bei Skowronneks reparierte, Knäuel bunter Bindfäden, Packpapier und Brot. Diese Gewichte beugten den Rücken Mendels noch tiefer, und weil die rechte Tasche gewöhnlich schwerer war als die linke, zog sie auch die rechte Schulter des Alten hinunter. Also ging er schief und gekrümmt durch die Gasse, ein baufälliger Mensch, die Knie geknickt und mit schlurfenden Sohlen. Die Neuigkeiten der Welt und die Wochentage und Feste der andern rollten an ihm vorbei, wie Wagen an einem alten abseitigen Haus.

Eines Tages war der Krieg wirklich zu Ende. Das Viertel war leer. Die Menschen waren fortgegangen, die Friedensfeiern zu sehen und die Heimkehr der Regimenter. Viele hatten Mendel aufgetragen, auf die Häuser zu achten. Er ging von einer Wohnung zur andern, prüfte die Klinken und Schlösser und kehrte heim, in den Laden. Aus einer unermesslichen Ferne glaubte er das festliche Gedröhn der freudigen Welt zu hören, das Knallen der Feuerwerke und das Gelächter Zehntausender Menschen. Ein kleiner stiller Friede kam über ihn. Seine Finger kraulten den Bart, seine Lippen verzogen sich zu einem Lächeln, ja, sogar ein winziges Kichern kam in kurzen Stößen aus seiner Kehle. „Mendel wird sich auch ein Fest machen", flüsterte er und zum ersten Mal ging er an einen der braunen Grammofonkästen. Er hatte schon gesehen, wie man das Instrument aufdrehte. „Eine Platte, eine Platte!", sagte er. Heute Vormittag war ein heimgekehrter Soldat da gewesen und hatte ein halbes Dutzend Platten gebracht, neue Lieder aus Europa. Mendel packte die oberste aus, legte sie behutsam auf das Instrument, dachte eine Weile nach, um sich genau an die Hantierung zu erinnern, und setzte endlich die Nadel auf. Es räusperte sich der Apparat. Dann erklang das Lied. Es war Abend, Mendel stand im Finstern neben dem Grammofon und lauschte. Jeden Tag hatte er hier Lieder gehört, lustige und traurige, langsame und hurtige, dunkle und helle. Aber niemals war ein Lied wie dieses hier gewesen. Es rann wie ein kleines Wässerchen und murmelte sachte, wurde groß wie das Meer und rauschte. Die ganze Welt höre ich jetzt, dachte Mendel. Wie ist es möglich, dass die ganze Welt auf so einer kleinen Platte eingraviert ist? Als sich eine kleine silberne Flöte einmischte und von nun an die samtenen Geigen nicht mehr verließ und wie ein getreuer schmaler Saum umrandete, begann Mendel zum ersten Mal seit langer Zeit zu weinen. Da war das Lied zu Ende. Er drehte es noch einmal auf und zum dritten Mal. Er sang es schließlich mit seiner heiseren Stimme nach und trommelte mit zagen Fingern auf das Gestell des Kastens.

So traf ihn der heimkehrende Skowronnek. Er stellte das Grammofon ab und sagte: „Mendel, zünde die Lampe an! Was spielst du hier?". Mendel zündete die Lampe an. „Sieh nach, Skowronnek, wie das Liedchen heißt." „Das sind die neuen Platten", sagte Skowronnek. „Heute habe ich sie gekauft. Das Lied heißt", und Skowronnek zog die Brille an, hielt die Platte unter die Lampe und las: „Das Lied heißt: Menuchims Lied."

Mendel wurde plötzlich schwach. Er musste sich setzen. Er starrte auf die spiegelnde Platte in Skowronneks Händen.

„Ich weiß, woran du denkst", sagte Skowronnek.

„Ja", antwortete Mendel.

Skowronnek drehte noch einmal die Kurbel. „Ein schönes Lied", sagte Skowronnek, legte den Kopf auf die linke Schulter und horchte.

Allmählich füllte sich der Laden mit den verspäteten Nachbarn. Keiner sprach. Alle hörten das Lied und wiegten im Takt die Köpfe.

Und sie hörten es sechzehnmal, bis sie es auswendig konnten.

Mendel blieb allein im Laden. Er versperrte sorgfältig die Tür von innen, räumte das Schaufenster aus, begann, sich auszuziehen. Jeden seiner Schritte begleitete das Lied. Während er einschlief, schien es ihm, dass sich die blaue und silberne Melodie mit dem kläglichen Wimmern verbinde, mit Menuchims, seines eigenen Menuchims, einzigem, längst nicht mehr gehörtem Lied.

XV

Länger wurden die Tage. Die Morgen enthielten schon so viel Helligkeit, dass sie sogar durch den geschlossenen Rollladen in das fensterlose Hinterzimmer Mendels einbrechen konnten. Im April erwachte die Gasse eine gute Stunde früher. Mendel zündete den Spirituskocher an, stellte den Tee auf, füllte das kleine blaue Waschbecken, tauchte sein Gesicht in die Schüssel, trocknete sich mit einem Zipfel des Handtuchs, das an der Türklinke hing, öffnete den Rollladen, nahm einen Mund voll Wasser, bespuckte sorgfältig die Diele und betrachtete die verschlungenen Ornamente, die der helle Strahl aus seinen gespitzten Lippen auf den Staub zeichnete. Schon zischte der Spirituskocher; noch hatte es nicht einmal sechs geschlagen. Mendel trat vor die Tür. Da öffneten sich die Fenster in der Gasse, wie von selbst. Es war Frühling.

Es war Frühling. Ostern bereitete man vor, in allen Häusern half Mendel. Den Hobel legte er an die hölzernen Tischplatten, um sie zu säubern von den profanen Nahrungsresten des ganzen Jahres. Die runden, zylinderförmigen Pakete, in denen das Osterbrot[1] geschichtet lag in karminrotem Papier, stellte er auf die weißen Fächer der Schaufenster, und die Weine aus Palästina befreite er von dem Spinngewebe, unter dem sie in den kühlen Kellern geruht hatten. Die Betten der Nachbarn nahm er auseinander und trug Stück um Stück in die Höfe, wo die linde Aprilsonne das Ungeziefer hervorlockte und der Vernichtung durch Benzin, Terpentin und Petroleum anheimgab.

In rosa und himmelblaues Zierpapier schnitt er mit der Schere runde und winklige Löcher und Fransen und befestigte es mit Reißnägeln an den Küchengestellen, als kunstvollen Belag für das Geschirr. Die Fässer und Bottiche füllte er mit heißem Wasser, große eiserne Kugeln hielt er an hölzernen Stangen ins Herdfeuer, bis sie glühten. Dann tauchte er die Kugeln in die Bottiche und Fässer, das Wasser zischte, gereinigt waren die Gefäße, wie die Vorschrift es befahl. In riesengroßen Mörsern zerstampfte er die

---

[1] ungesäuertes Brot, Mazzen

Osterbrote zu Mehl, schüttete es in saubere Säcke und umschnürte sie mit blauen Bändchen. All das hatte er einmal im eigenen Hause gemacht. Langsamer als in Amerika war dort der Frühling gekommen. Mendel erinnerte sich an den alternden grauen Schnee, der das hölzerne Pflaster des Bürgersteigs in Zuchnow um diese Jahreszeit säumte, an die kristallenen Eiszapfen am Rande der Spundlöcher, an die plötzlichen sanften Regen, die in den Dachrinnen sangen, die ganze Nacht, an die fernen Donner, die hinter dem Föhrenwald dahinrollten, an den weißen Reif, der jeden hellblauen Morgen zärtlich bedeckte, an Menuchim, den Mirjam in eine geräumige Tonne gesteckt hatte, um ihn aus dem Wege zu räumen, und an die Hoffnung, dass endlich, endlich in diesem Jahre der Messias kommen werde. Er kam nicht. Er kommt nicht, dachte Mendel, er wird nicht kommen. Andere mochten ihn erwarten. Mendel wartete nicht.

Dennoch erschien Mendel seinen Freunden wie den Nachbarn in diesem Frühling verändert. Sie beobachteten manchmal, dass er ein Lied summte, und sie erhaschten ein sanftes Lächeln unter seinem weißen Bart.

„Er wird kindisch, er ist schon alt", sagte Groschel.

„Er hat alles vergessen", sagte Rottenberg.

„Es ist eine Freude vor dem Tod", meinte Menkes.

Skowronnek, der ihn am besten kannte, schwieg. Nur einmal, an einem Abend, vor dem Schlafengehen, sagte er zu seiner Frau: „Seitdem die neuen Platten gekommen sind, ist unser Mendel ein anderer Mensch. Ich ertappe ihn manchmal, wie er selbst ein Grammofon aufzieht. Was meinst du dazu?"

„Ich meine dazu", erwiderte ungeduldig die Frau Skowronnek, „dass Mendel alt und kindisch wird und bald gar nicht zu gebrauchen." Sie war schon seit geraumer Zeit mit Mendel unzufrieden. Je älter er wurde, desto geringer wurde ihr Mitleid für ihn. Allmählich vergaß sie auch, dass Mendel ein wohlhabender Mann gewesen war, und ihr Mitgefühl, das sich von ihrem Respekt genährt hatte (denn ihr Herz war klein), starb dahin. Sie nannte ihn auch nicht mehr wie am Anfang Mister Singer, sondern einfach: Mendel, wie bald alle Welt. Und hatte sie ihm früher Aufträge mit jener gewissen Zurückhaltung erteilt, die beweisen sollte, dass seine Folgsamkeit sie ehrte und beschämte zugleich, so fing sie jetzt an, ihn dermaßen ungeduldig zu befehligen, dass ihre Unzufriedenheit mit seinem Gehorsam schon von vornherein sichtbar wurde. Obwohl Mendel nicht schwerhörig war, erhob Frau Skowronnek die Stimme, um mit ihm zu sprechen, als fürchtete sie, missverstanden zu werden, und als wollte sie durch ihr Schreien beweisen, dass Mendel ihre Befehle falsch ausführte, weil sie in ihrer gewohnten Stimmlage zu ihm gesprochen hatte. Ihr Schreien war eine Vorsichtsmaßregel; das Einzige, was Mendel kränkte. Denn er, der vom Himmel so erniedrigt war, machte sich wenig aus dem gutmütigen und leichtfertigen Spott der Menschen, und nur, wenn man seine Fähigkeit zu verstehen anzweifelte, war er beleidigt. „Mendel, sputet Euch", so begann jeder Auftrag der Frau Skowronnek. Er machte sie ungeduldig, er schien ihr zu langsam. „Schreien Sie nicht so", erwiderte Mendel gelegentlich, „ich höre Sie schon." „Aber Sie eilen sich nicht, Sie haben Zeit!" „Ich habe weniger Zeit als Sie, Frau Skowronnek, so wahr ich älter bin als Sie!" Frau Skowronnek, die den Nebensinn der Antwort und die Zurechtweisung nicht sofort begriff und sich nur verspottet wähnte, wendete sich sofort an den nächststehenden Menschen im Laden: „Nun, was sagen Sie dazu? Er wird alt! Unser Mendel wird alt!" Sie hätte ihm gerne noch ganz andere Eigenschaften nachgesagt, aber sie begnügte sich mit der Erwähnung des Alters, das sie für ein Laster hielt. Wenn Skowronnek derlei Reden hörte, sagte er zu seiner Frau: „Alt werden wir alle! Ich bin genauso alt wie Mendel – und du wirst auch nicht jünger!" „Du kannst ja eine Junge heiraten", sagte Frau Skowronnek. Sie war glücklich, dass sie endlich einen gebrauchsfertigen Anlass zu einem ehelichen Zwist hatte. Und Mendel, der die Entwicklung dieser Streitigkeiten kannte und von vornherein begriff, dass sich der Zorn der Frau Skowronnek schließlich gegen ihren Mann und seinen Freund entladen würde, zitterte um seine Freundschaft.

Heute war Frau Skowronnek aus einem besondern Grund gegen Mendel Singer eingenommen. „Stell' dir vor", sagte sie zu ihrem Mann, „seit einigen Tagen ist mein Hackmesser verschwunden. Ich kann schwören, dass Mendel es genommen hat.

Frage ich ihn aber, so weiß er nichts davon. Er wird alt und älter, er ist wie ein Kind!"

In der Tat hatte Mendel Singer das Hackmesser der Frau Skowronnek an sich genommen und versteckt. Er bereitete schon seit Langem im Geheimen einen großen Plan vor, den letzten seines Lebens. Eines Abends glaubte er, ihn ausführen zu können. Er tat, als nickte er auf dem Sofa ein, während die Nachbarn sich bei Skowronnek unterhielten. In Wirklichkeit aber schlief Mendel keineswegs. Er lauerte und lauschte mit geschlossenen Lidern, bis sich der Letzte entfernt hatte. Dann zog er unter dem Kopfpolster des Sofas das Hackmesser hervor, steckte es unter den Kaftan und huschte in die abendliche Gasse. Die Laternen waren noch nicht entzündet, aus manchen Fenstern drang schon gelbes Lampenlicht. Gegenüber dem Hause, in dem er mit Deborah gewohnt hatte, stellte sich Mendel Singer auf und spähte nach den Fenstern seiner früheren Wohnung. Dort lebte jetzt das junge Ehepaar Frisch, unten hatte es einen modernen Eiscreme-Salon eröffnet. Jetzt traten die jungen Leute aus dem Haus. Sie schlossen den Salon. Sie gingen ins Konzert. Sparsam waren sie, geizig konnte man sagen, fleißig, und Musik liebten sie. Der Vater des jungen Frisch hatte in Kowno eine Hochzeitskapelle dirigiert. Heute konzertierte ein philharmonisches Orchester, eben aus Europa gekommen. Frisch sprach schon seit Tagen davon. Nun gingen sie. Sie sahen Mendel nicht. Er schlich sich hinüber, trat ins Haus, tastete sich das altgewohnte Geländer empor und zog alle Schlüssel aus der Tasche. Er bekam sie von den Nachbarn, die ihm die Bewachung ihrer Wohnungen übertrugen, wenn sie ins Kino gingen. Ohne Mühe öffnete er die Tür. Er schob den Riegel vor, legte sich platt auf den Boden und begann, ein Dielenbrett nach dem andern zu beklopfen. Es dauerte sehr lange. Er wurde müde, gönnte sich eine kleine Pause und arbeitete dann weiter. Endlich tönte es hohl, just an der Stelle, an der einmal das Bett Deborahs gestanden war. Mendel entfernte den Schmutz aus den Fugen, lockerte das Brett mit dem Hackmesser an allen vier Rändern und stemmte es hoch. Er hatte sich nicht getäuscht, er fand, was er suchte. Er ergriff das stark verknotete Taschentuch, barg es im Kaftan, legte das Brett wieder hin und entfernte sich lautlos.

Niemand war im Treppenflur, kein Mensch hatte ihn gesehn. Früher als gewöhnlich sperrte er heute den Laden, ließ er die Rollbalken[1] nieder. Er entzündete die große Hängelampe, den Rundbrenner, und setzte sich in ihren Lichtkegel. Er entknotete das Taschentuch und zählte seinen Inhalt. Siebenundsechzig Dollar in Münzen und Papier hatte Deborah gespart. Es war viel, aber es genügte nicht und enttäuschte Mendel. Legte er seine eigenen Ersparnisse hinzu, die Almosen und kleinen Vergütungen für seine Arbeiten in den Häusern, so waren es genau sechsundneunzig Dollar. Sie reichten nicht. „Also noch ein paar Monate!", flüsterte Mendel. „Ich habe Zeit."

Ja, er hatte Zeit, ziemlich lange noch musste er leben! Vor ihm lag der große Ozean. Noch einmal musste er ihn überqueren. Das ganze große Meer wartete auf Mendel. Ganz Zuchnow und Umgebung warteten auf ihn: die Kaserne, der Föhrenwald, die Frösche in den Sümpfen und die Grillen auf den Feldern. Ist Menuchim tot, so liegt er auf dem kleinen Friedhof und wartet. Auch Mendel wird sich hinlegen. In Sameschkins Gehöft wird er vorher eintreten, keine Angst mehr wird er vor den Hunden haben, gebt ihm einen Wolf aus Zuchnow, und er fürchtet sich nicht. Ungeachtet der Käfer und der Würmer, der Laubfrösche und der Heuschrecken wird Mendel imstande sein, sich auf die nackte Erde zu legen. Dröhnen werden die Kirchenglocken und ihn an das lauschende Licht in Menuchims törichten Augen erinnern. Mendel wird antworten: „Heimgekehrt bin ich, lieber Sameschkin, mögen andere durch die Welt wandern, meine Welten sind gestorben, zurückgekommen bin ich, um hier für ewig einzuschlafen!" Die blaue Nacht ist über das Land gespannt, die Sterne glänzen, die Frösche quaken, die Grillen zirpen, und drüben, im finstern Wald, singt jemand das Lied Menuchims.

So schläft Mendel heute ein, in der Hand hält er das verknotete Taschentuch.

Am andern Morgen ging er in Skowronneks Wohnung, legte auf die kalte Herdplatte der Küche das Hackmesser und sagte: „Hier, Frau Skowronnek, das Hackmesser hat sich gefunden!"

---

[1] Rollläden

Er wollte sich schnell wieder entfernen, aber die Frau Skowronnek begann: „Gefunden hat es sich! Es war nicht schwer, Ihr habt es doch versteckt! Übrigens habt Ihr gestern fest geschlafen. Wir waren noch einmal vor dem Laden und haben geklopft. Habt Ihr schon gehört? Der Frisch vom Eiscreme-Salon hat Euch etwas sehr Wichtiges zu sagen. Ihr sollt sofort zu ihm hinübergehn."

Mendel erschrak. Irgendjemand hatte ihn also gestern gesehen, vielleicht hatte ein anderer die Wohnung ausgeplündert, und man verdächtigte Mendel. Vielleicht auch waren es gar nicht Deborahs Ersparnisse, sondern die der Frau Frisch, und er hatte sie geraubt. Seine Knie zitterten.

„Erlaubt mir, dass ich mich setze", sagte er zu Frau Skowronnek. „Zwei Minuten könnt ihr sitzen", sagte sie, „dann muss ich kochen." „Was für eine wichtige Sache ist es?", forschte er. Aber er wusste schon im Voraus, dass ihm die Frau nichts verraten würde. Sie weidete sich an seiner Neugier und schwieg. Dann hielt sie die Zeit für gekommen, ihn wegzuschicken: „Ich mische mich nicht in fremde Angelegenheiten! Geht nur zu Frisch!", sagte sie.

Und Mendel ging und beschloss, nicht bei Frisch einzutreten. Es konnte nur etwas Böses sein. Es würde von selbst früh genug kommen. Er wartete.

Am Nachmittag aber kamen die Enkel Skowronneks zu Besuch. Frau Skowronnek schickte ihn um drei Portionen Erdbeercreme. Zage betrat Mendel den Laden. Mister Frisch war zum Glück nicht da. Seine Frau sagte: „Mein Mann hat Ihnen etwas sehr Wichtiges mitzuteilen, kommen Sie bestimmt am Nachmittag!"

Mendel tat, als ob er nicht gehört hätte. Sein Herz lief stürmisch, es wollte ihm entfliehen, mit beiden Händen hielt er es fest. Etwas Böses drohte ihm auf jeden Fall. Er wollte die Wahrheit sagen, Frisch würde ihm glauben. Glaubte man ihm nicht, so kam er ins Zuchthaus. Nun, es war auch nichts dabei. Im Zuchthaus wird er sterben. Nicht in Zuchnow.

Er konnte die Gegend des Eiscreme-Salons nicht verlassen. Er ging auf und ab vor dem Laden. Er sah den jungen Frisch heimkehren. Er wollte noch warten, aber seine Füße hasteten von selbst in den Laden. Er öffnete die Tür, die eine schrille Glocke in Bewegung setzte, und fand nicht mehr die Kraft, die Tür zu schließen, sodass die Alarmklingel unaufhörlich lärmte und Mendel betäubt in ihrem gewaltsamen Lärm gefangen blieb, gefesselt im Klingeln und unfähig, sich zu rühren. Mister Frisch selbst schloss die Tür. Und in der Stille, die jetzt einbrach, hörte Mendel den Mister Frisch seiner Frau sagen: „Schnell ein Soda mit Himbeer für Mister Singer!"

Wie lange hatte man nicht mehr „Mister Singer" zu Mendel gesagt? Erst in diesem Augenblick empfand er, dass man ihm lange Zeit nur „Mendel" gesagt hatte, um ihn zu kränken. Es ist ein böser Witz von Frisch, dachte er. Das ganze Viertel weiß, dass dieser junge Mann geizig ist, er selbst weiß, dass ich das Himbeerwasser nicht bezahlen werde. Ich werde es nicht trinken.

„Danke, danke", sagte Mendel, „ich trinke nichts!"

„Sie werden uns keinen Korb geben", sagte lächelnd die Frau.

„Mir werden Sie keinen Korb geben", sagte der junge Frisch.

Er zog Mendel an eines der dünnbeinigen Tischchen aus Gusseisen und drückte den Alten in einen breiten Korbsessel. Er selbst setzte sich auf einen gewöhnlichen hölzernen Stuhl, rückte nahe an Mendel heran und begann:

„Gestern, Mister Singer, war ich, wie Sie wissen, beim Konzert." Mendel setzte der Herzschlag aus. Er lehnte sich zurück und tat einen Schluck, um sich am Leben zu erhalten. „Nun", fuhr Frisch fort, „ich habe ja viel Musik gehört, aber so etwas ist noch nicht da gewesen! Zweiunddreißig Musikanten, verstehn Sie, und fast alle aus unserer Gegend. Und sie spielten jüdische Melodien, verstehen Sie? Das Herz wird warm, ich habe geweint, das ganze Publikum hat geweint. Sie spielten am Schluss Menuchims Lied, Mister Singer, Sie kennen es vom Grammofon her. Ein schönes Lied, nicht wahr?"

„Was will er nur?", dachte Mendel. „Ja, ja, ein schönes Lied."

„In der Pause gehe ich zu den Musikanten. Es ist voll. Alle drängen sich zu den Musikanten. Der und jener findet einen Freund, und ich auch, Mister Singer, ich auch."

Frisch machte eine Pause. Leute traten in den Laden, die Glocke schrillte.

„Ich finde", sagte Mister Frisch, „aber trinken Sie nur, Mister Singer! – Ich finde meinen leiblichen Vetter, den Berkovitsch aus

Kowno. Der Sohn meines Onkels. Und wir küssen uns. Und wir reden. Und plötzlich sagt Berkovitsch: Kennst du hier einen alten Mann, namens Mendel Singer?"

Frisch wartete wieder. Aber Mendel Singer rührte sich nicht. Er nahm zur Kenntnis, dass ein gewisser Berkovitsch nach einem alten Mendel Singer gefragt hatte.

„Ja", sagte Frisch, „ich erwiderte ihm, dass ich einen Mendel Singer aus Zuchnow kenne. Das ist er, sagte Berkovitsch. Unser Kapellmeister ist ein großer Komponist, noch jung und ein Genie, von ihm kommen die meisten Musikstücke, die wir spielen. Er heißt Alexej Kossak und ist auch aus Zuchnow."

„Kossak?", wiederholte Mendel. „Meine Frau ist eine geborene Kossak. Es ist ein Verwandter!"

„Ja", sagte Frisch, „und es scheint, dass dieser Kossak Sie sucht. Er will Ihnen wahrscheinlich etwas mitteilen. Und ich soll Sie fragen, ob Sie es hören wollen. Entweder Sie gehn zu ihm ins Hotel, oder ich schreibe Berkovitsch Ihre Adresse."

Es wurde Mendel leicht und gleichzeitig schwer zumute. Er trank das Himbeerwasser, lehnte sich zurück und sagte: „Ich danke Ihnen, Mister Frisch. Aber es ist nicht so wichtig. Dieser Kossak wird mir alle traurigen Sachen erzählen, die ich schon weiß. Und außerdem – ich will Ihnen die Wahrheit sagen: Ich habe schon daran gedacht, mich mit Ihnen zu beraten. Ihr Bruder hat doch eine Schiffskartenagentur? Ich will nach Haus, nach Zuchnow. Es ist nicht mehr Russland, die Welt hat sich verändert. Was kostet eine Schiffskarte heute? Und was für Papiere muss ich haben? Reden Sie mit Ihrem Bruder, aber sagen Sie niemandem etwas."

„Ich werde mich erkundigen", erwiderte Frisch. „Aber Sie haben bestimmt nicht so viel Geld. Und in Ihrem Alter! Vielleicht sagt Ihnen dieser Kossak etwas! Vielleicht nimmt er Sie mit! Er bleibt nur kurze Zeit in New York! Soll ich dem Berkovitsch Ihre Adresse geben? Denn, wie ich Sie kenne, Sie gehen nicht ins Hotel!"

„Nein", sagte Mendel, „ich werde nicht hingehn. Schreiben Sie ihm, wenn Sie wollen."

Er erhob sich.

Frisch drückte ihn wieder in den Sessel. „Einen Moment", sagte er, „Mister Singer, ich habe das Programm mitgenommen. Da ist das Bild dieses Kossak." Und er zog aus der Brusttasche ein großes Programm, entfaltete es und hielt es Mendel vor die Augen.

„Ein schöner, junger Mann", sagte Mendel. Er betrachtete die Fotografie. Obwohl das Bild abgenutzt war, das Papier schmutzig und das Porträt sich in hunderttausend winzige Moleküle aufzulösen schien, trat es lebendig aus dem Programm vor Mendels Augen. Er wollte es sofort zurückgeben, aber er behielt es und starrte darauf. Breit und weiß war die Stirn unter der Schwärze der Haare, wie ein glatter besonnter Stein. Die Augen waren groß und hell. Sie blickten Mendel Singer geradeaus an, er konnte sich nicht mehr von ihnen befreien. Sie machten ihn fröhlich und leicht, so glaubte Mendel. Ihre Klugheit sah er leuchten. Alt waren sie und jung zugleich. Alles wussten sie, die Welt spiegelte sich in ihnen. Es war Mendel Singer, als ob er beim Anblick dieser Augen selbst jünger würde, ein Jüngling wurde er, gar nichts wusste er. Alles musste er von diesen Augen erfahren. Er hat sie schon gesehn, geträumt, als kleiner Junge. Vor Jahren, als er anfing, die Bibel zu lernen, waren es die Augen der Propheten. Männer, zu denen Gott selbst gesprochen hat, haben diese Augen. Alles wissen sie, nichts verraten sie, das Licht ist in ihnen.

Lange sah Mendel das Bild an. Dann sagte er: „Ich werde es nach Hause mitnehmen, wenn Sie erlauben, Mister Frisch." Und er faltete das Papier zusammen und ging.

Er ging um die Ecke, entfaltete das Programm, sah es an und steckte es wieder ein. Eine lange Zeit schien ihm seit der Stunde vergangen zu sein, in der er den Eiscreme-Salon betreten hatte. Die paar Tausend Jahre, die in den Augen Kossaks leuchteten, lagen dazwischen und die Jahre, vor denen Mendel noch so jung gewesen war, dass er sich das Angesicht von Propheten hatte vorstellen können. Er wollte umkehren, nach dem Konzertsaal fragen, in dem die Kapelle spielte, und hineingehn. Aber er schämte sich. Er ging in den Laden der Skowronneks und erzählte, dass ihn ein Verwandter seiner Frau in Amerika suche. Er habe Frisch die Erlaubnis gegeben, die Adresse mitzuteilen.

„Morgen Abend wirst du bei uns essen, wie alle Jahre", sagte Skowronnek. Es war der erste Osterabend. Mendel nickte. Er wollte lieber in seinem Hinterzimmer bleiben, er kannte die schiefen Blicke der Frau Skowronnek und die berechnenden Hände, mit denen sie Mendel die Suppe und den Fisch zuteilte. Es ist das letzte Mal, dachte er. Von heute in einem Jahr werde ich in Zuchnow sein: lebendig oder tot; lieber tot.

Als erster der Gäste kam er am nächsten Abend, aber als letzter setzte er sich an den Tisch. Frühzeitig kam er, um die Frau Skowronnek nicht zu kränken, spät nahm er seinen Platz ein, um zu zeigen, dass er sich für den Geringsten unter den Anwesenden hielt. Ringsum saßen sie schon: die Hausfrau, beide Töchter Skowronneks mit ihren Männern und Kindern, ein fremder Reisender in Musikalien und Mendel. Er saß am Ende des Tisches, auf den man ein gehobeltes Brett gelegt hatte, um ihn zu verlängern. Mendels Sorge galt nun nicht allein der Erhaltung des Friedens, sondern auch dem Gleichgewicht zwischen der Tischplatte und ihrer künstlichen Verlängerung. Mendel hielt mit einer Hand das Brettende fest, weil man einen Teller oder eine Terrine daraufstellen musste. Sechs schneeweiße dicke Kerzen brannten in sechs silbernen Leuchtern auf dem schneeweißen Tischtuch, dessen gestärkter Glanz die sechs Flammen zurückstrahlte. Wie weiße und silberne Wächter von gleichem Wuchs standen die Kerzen vor Skowronnek, dem Hausherrn, der im weißen Kittel auf einem weißen Kissen saß, angelehnt an ein anderes Kissen, ein sündenreiner König auf einem sündenreinen Thron. Wie lange war es her, dass Mendel in der gleichen Tracht, in gleicher Art den Tisch und das Fest regiert hatte? Heute saß er gebeugt und geschlagen, in seinem grün schillernden Rock am letzten Ende, der Geringste unter den Anwesenden, besorgt um die eigene Bescheidenheit und eine armselige Stütze der Feier. Die Osterbrote lagen verhüllt unter einer weißen Serviette, ein schneeiger Hügel neben dem saftigen Grün der Kräuter, dem dunklen Rot der Rüben und dem herben Gelb der Meerrettichwurzel. Die Bücher mit den Berichten von dem Auszug der Juden aus Ägypten lagen aufgeschlagen vor jedem Gast. Skowronnek begann, die Legende vorzusingen, und alle wiederholten seine Worte, erreichten ihn und sangen einträchtig im Chor diese behagliche, schmunzelnde Melodie, eine gesungene Aufzählung der einzelnen Wunder, die immer wieder zusammengerechnet wurden und immer wieder die gleichen Eigenschaften Gottes ergaben: die Größe, die Güte, die Barmherzigkeit, die Gnade für Israel und den Zorn gegen Pharao. Sogar der Reisende in Musikalien, der die Schrift nicht lesen konnte und die Gebräuche nicht verstand, konnte sich der Melodie nicht entziehen, die ihn mit jedem neuen Satz umwarb, einspann und umkoste, sodass er sie mitzusummen begann, ohne es zu wissen. Und selbst Mendel stimmte sie milde gegen den Himmel, der vor viertausend Jahren freigiebig heitere Wunder gespendet hatte, und es war, als würde durch die Liebe Gottes zum ganzen Volk Mendel mit seinem eigenen kleinen Schicksal beinahe ausgesöhnt. Noch sang er nicht mit, Mendel Singer, aber sein Oberkörper schaukelte vor und zurück, gewiegt vom Gesang der andern. Er hörte die Enkelkinder Skowronneks mit hellen Stimmen singen und erinnerte sich der Stimmen seiner eigenen Kinder. Er sah noch den hilflosen Menuchim auf dem ungewohnten erhöhten Stuhl am feierlichen Tisch. Der Vater allein hatte während des Singens von Zeit zu Zeit einen hurtigen Blick auf seinen jüngsten und ärmsten Sohn geworfen, das lauschende Licht in seinen törichten Augen gesehn und gefühlt, wie sich der Kleine vergeblich mühte, mitzuteilen, was in ihm klang, und zu singen, was er hörte. Es war der einzige Abend im Jahr, an dem Menuchim einen neuen Rock trug, wie seine Brüder, und den weißen Kragen des Hemdes mit den ziegelroten Ornamenten als festlichen Rand um sein welkes Doppelkinn. Wenn Mendel ihm den Wein vorhielt, trank er mit gierigem Zug den halben Becher, keuchte und prustete und verzog sein Gesicht zu einem misslungenen Versuch zu lachen oder zu weinen: Wer konnte es wissen.

Daran dachte Mendel, während er sich im Gesang der andern wiegte. Er sah, dass sie schon weit voraus waren, überschlug ein paar Seiten und bereitete sich vor, aufzustehn, die Ecke von den Tellern zu entlasten, damit sich kein Unfall ereignete, wenn er loslassen sollte. Denn der Zeitpunkt näherte sich, an dem man den roten Becher mit Wein füllte und die Tür öffnete, um den

Propheten Eliahu[1] einzulassen. Schon wartete das dunkelrote Glas, die sechs Lichter spiegelten sich in seiner Wölbung. Frau Skowronnek hob den Kopf und sah Mendel an. Er stand auf, schlurfte zur Tür und öffnete sie. Skowronnek sang nun die Einladung an den Propheten. Mendel wartete, bis sie zu Ende war. Denn er wollte nicht den Weg zweimal machen. Dann schloss er die Tür, setzte sich wieder, stemmte die stützende Faust unter das Tischbrett, und der Gesang ging weiter.

Kaum eine Minute, nachdem Mendel sich gesetzt hatte, klopfte es. Alle hörten das Klopfen, aber alle dachten, es sei eine Täuschung. An diesem Abend saßen die Freunde zu Haus, leer waren die Gassen des Viertels. Um diese Stunde war kein Besuch möglich. Es war gewiss der Wind, der klopfte. „Mendel", sagte Frau Skowronnek, „Ihr habt die Tür nicht richtig geschlossen." Da klopfte es noch einmal, deutlich und länger. Alle hielten ein. Der Geruch der Kerzen, der Genuss des Weins, das gelbe ungewohnte Licht und die alte Melodie hatten die Erwachsenen und die Kinder so nah an die Erwartung eines Wunders gebracht, dass ihr Atem für einen Augenblick aussetzte und dass sie ratlos und blass einander ansahen, als wollten sie sich fragen, ob der Prophet nicht wirklich Einlass verlange. Also blieb es still, und niemand wagte, sich zu rühren. Endlich regte sich Mendel. Noch einmal schob er die Teller in die Mitte. Noch einmal schlurfte er zur Tür und öffnete. Da stand ein groß gewachsener Fremder im halbdunklen Flur, wünschte guten Abend und fragte, ob er eintreten dürfe. Skowronnek erhob sich mit einiger Mühe aus seinen Pölstern. Er ging zur Tür, betrachtete den Fremden und sagte: „Please!" – wie er es in Amerika gelernt hatte. Der Fremde trat ein. Er trug einen dunklen Mantel, hochgeschlagen war sein Kragen, den Hut behielt er auf dem Kopf, offenbar aus Andacht vor der Feier, in die er geraten war, und weil alle anwesenden Manner mit bedeckten Häuptern dasaßen.

„Es ist ein feiner Mann", dachte Skowronnek. Und er knöpfte, ohne ein Wort zu sagen, dem Fremden den Mantel auf. Der Mann verneigte sich und sagte: „Ich heiße Alexej Kossak. Ich bitte um

---

[1] der Prophet Elias

Entschuldigung. Ich bitte sehr um Entschuldigung. Man hat mir gesagt, dass sich ein gewisser Mendel Singer aus Zuchnow bei Ihnen aufhält. Ich möchte ihn sprechen."

„Das bin ich", sagte Mendel, trat nahe an den Gast und hob den Kopf. Seine Stirn reichte bis zur Schulter des Fremden. „Herr Kossak", fuhr Mendel fort, „ich habe schon von Ihnen gehört. Ein Verwandter sind Sie."

„Legen Sie ab und setzen Sie sich mit uns an den Tisch", sagte Skowronnek.

Frau Skowronnek erhob sich. Alle rückten zusammen. Man machte dem Fremden Platz. Skowronneks Schwiegersohn stellte noch einen Stuhl an den Tisch. Der Fremde hängte den Mantel an einen Nagel und setzte sich Mendel gegenüber. Man stellte einen Becher Wein vor den Gast. „Lassen Sie sich nicht aufhalten", bat Kossak, „beten Sie weiter."

Sie fuhren fort. Still und schmal saß der Gast auf seinem Platz. Mendel betrachtete ihn unaufhörlich. Unermüdlich sah Alexej Kossak auf Mendel Singer. Also saßen sie einander gegenüber, umweht von dem Gesang der andern, aber von ihnen getrennt. –

Es war beiden angenehm, dass sie der andern wegen noch nicht miteinander sprechen konnten. Mendel suchte die Augen des Fremden. Schlug sie Kossak nieder, so war es dem Alten, als müsste er den Gast bitten, sie offen zu halten. In diesem Angesicht war Mendel Singer alles fremd, nur die Augen hinter den randlosen Gläsern waren ihm nahe. Zu ihnen schweifte immer wieder sein Blick, wie in einer Heimkehr zu vertrauten, hinter Fenstern verborgenen Lichtern, aus der fremden Landschaft des schmalen, blassen und jugendlichen Gesichts. Schmal, verschlossen und glatt waren die Lippen. Wenn ich sein Vater wäre, dachte Mendel, würde ich ihm sagen: „Lächle, Alexej". Leise zog er aus der Tasche das Plakat, entfaltete es unter dem Tisch, um die andern nicht zu stören, und reichte es dem Fremden hinüber. Der nahm es und lächelte, schmal, zart und nur eine Sekunde lang.

Man unterbrach den Gesang, die Mahlzeit begann, einen Teller heißer Suppe schob Frau Skowronnek vor den Gast, und Herr Skowronnek bat ihn, mitzuessen. Der Reisende in Musikalien begann ein Gespräch in Englisch mit Kossak, von dem Mendel gar nichts verstand. Dann erklärte der Reisende allen, dass Kossak ein junges Genie sei, nur noch eine Woche in New York bleibe und sich erlauben werde, den Anwesenden Freikarten zu dem Konzert seines Orchesters zu schicken. Andere Gespräche konnten nicht in Gang kommen. Man aß in wenig festlicher Eile dem Ende der Feier zu, und jeden zweiten Bissen begleitete ein höfliches Wort des Fremden oder seiner Wirte. Mendel sprach nicht. Frau Skowronnek zu Gefallen aß er noch schneller als die andern, um keinen Anlass zu Verzögerungen zu geben. Und alle begrüßten das Ende des Mahls und fuhren eifrig fort im Absingen der Wunder. Skowronnek schlug einen immer schnelleren Rhythmus an, die Frauen konnten ihm nicht folgen. Als er aber zu den Psalmen kam, veränderte er die Stimme, das Tempo und die Melodie, und so betörend klangen die Worte, die er nunmehr sang, dass sogar Mendel am Ende jeder Strophe „Hallelujah, Hallelujah" wiederholte. Er schüttelte den Kopf, dass sein tiefer Bart über die aufgeschlagenen Blätter des Buches strich und ein zartes Rascheln hörbar wurde, als wollte sich der Bart Mendels an dem Gebet beteiligen, da der Mund Mendels so sparsam feierte.

Nun waren sie bald fertig. Die Kerzen waren bis zur Hälfte abgebrannt, der Tisch war nicht mehr glatt und feierlich, Flecken und Speisereste sah man auf dem weißen Tischtuch, und Skowronneks Enkel gähnten schon. Man hielt am Ende des Buches. Skowronnek sagte mit erhobener Stimme den überlieferten Wunsch: „Im nächsten Jahre in Jerusalem!" Alle wiederholten es, klappten die Bücher zu und wandten sich zum Gast. An Mendel kam jetzt die Reihe, den Besucher zu fragen. Der Alte räusperte sich, lächelte und sagte: „Nun, Herr Alexej, was wollen Sie mir erzählen?"

Mit halblauter Stimme begann der Fremde: „Ihr hättet längst von mir Nachricht gehabt, Herr Mendel Singer, wenn ich Eure Adresse gewusst hätte. Aber nach dem Kriege wusste sie niemand mehr. Billes' Schwiegersohn, der Musikant, ist an Typhus gestorben, Euer Haus in Zuchnow stand leer, denn die Tochter Billes' war zu ihren Eltern, die damals schon in Dubno wohnten, geflohen, und in Zuchnow, in Eurem Haus, waren österreichische Soldaten. Nun, nach dem Kriege schrieb ich an meinen Manager hierher, aber der Mann war nicht geschickt genug, er schrieb mir, dass Ihr nicht zu finden seiet."

„Schade um Billes' Schwiegersohn!", sagte Mendel, und er dachte dabei an Menuchim.

„Und nun", fuhr Kossak fort, „habe ich eine angenehme Nachricht." Mendel hob den Kopf. „Ich habe Euer Haus gekauft, vom alten Billes, vor Zeugen und aufgrund einer amtlichen Einschätzung. Und das Geld will ich Euch auszahlen."

„Wie viel macht es?", fragte Mendel.

„Dreihundert Dollar!", sagte Kossak.

Mendel griff sich an den Bart und kämmte ihn mit gespreizten zitternden Fingern. „Ich danke Ihnen!", sagte er.

„Und was Euren Sohn Jonas betrifft", sprach Kossak weiter, „so ist er seit dem Jahre 1915 verschollen. Niemand konnte etwas über ihn sagen. Weder in Petersburg noch in Berlin, noch in Wien, noch im Schweizer Roten Kreuz. Ich habe überall angefragt und anfragen lassen. Aber vor zwei Monaten traf ich einen jungen Mann aus Moskau. Er kam eben als Flüchtling über die polnische Grenze, denn wie Ihr wisst, gehört Zuchnow jetzt zu Polen. Und dieser junge Mann war Jonas' Regimentskamerad gewesen. Er sagte mir, dass er einmal durch Zufall gehört hat, dass Jonas lebt und in der weißgardistischen[1] Armee kämpft. Nun ist es wohl ganz schwer geworden, etwas über ihn zu erfahren. Aber Ihr dürft die Hoffnung immer noch nicht aufgeben."

Mendel wollte eben den Mund auftun, um nach Menuchim zu fragen. Aber sein Freund Skowronnek, der Mendels Frage vorausahnte, eine traurige Antwort für sicher hielt und bestrebt war, betrübliche Gespräche an diesem Abend zu vermeiden oder sie wenigstens, solang es ging, zu verschieben, kam dem Alten zuvor und sagte: „Nun, Herr Kossak, da wir das Vergnügen haben, einen so großen Mann wie Sie bei uns zu sehen, machen Sie uns vielleicht noch die Freude, etwas aus Ihrem Leben zu erzählen.

---

[1] Die Weiße Armee kämpfte im russischen Bürgerkrieg gegen die Ergebnisse der Oktoberrevolution und war der hauptsächliche Kontrahent des bolschewistischen Sowjetrusslands.

Wie kommt es, dass Sie den Krieg, die Revolution und alle Gefahren überstanden haben?"

Der Fremde hatte offenbar diese Frage nicht erwartet, denn er antwortete nicht sofort. Er schlug die Augen nieder, wie einer, der sich schämt oder nachdenken muss, und antwortete erst nach einer längeren Weile: „Ich habe nichts Besonderes erlebt. Als Kind war ich lange krank, mein Vater war ein armer Lehrer, wie Herr Mendel Singer, mit dessen Frau ich ja verwandt bin. (Es ist jetzt nicht an der Zeit, die Verwandtschaft näher zu erläutern.) Kurz, meiner Krankheit wegen und weil wir arm waren, kam ich in eine große Stadt, in ein öffentliches medizinisches Institut. Man behandelte mich gut, ein Arzt hatte mich besonders gern, ich wurde gesund, und der Doktor behielt mich in seinem Haus. Dort", hier senkte Kossak die Stimme und den Kopf, und es war, als spräche er zum Tisch, so, dass alle den Atem anhielten, um ihn genau zu hören, „dort setzte ich mich eines Tages an das Klavier und spielte aus dem Kopf eigene Lieder. Und die Frau des Doktors schrieb die Noten zu meinen Liedern. Der Krieg war mein Glück. Denn ich kam zur Militärmusik und wurde Dirigent einer Kapelle, blieb die ganze Zeit in Petersburg und spielte ein paarmal beim Zaren. Meine Kapelle ging mit mir nach der Revolution ins Ausland. Ein paar fielen ab, ein paar Neue kamen dazu, in London machten wir einen Kontrakt mit einer Konzertagentur, und so ist mein Orchester entstanden."

Alle lauschten immer noch, obwohl der Gast längst nichts mehr erzählte. Aber seine Worte schwebten noch im Zimmer, und an den und jenen schlugen sie erst jetzt. Kossak sprach den Jargon der Juden mangelhaft, er mischte halbe russische Sätze in seine Erzählung, und die Skowronneks und Mendel begriffen sie nicht einzeln, sondern erst im ganzen Zusammenhang. Die Schwiegersöhne Skowronneks, die als kleine Kinder nach Amerika gekommen waren, verstanden nur die Hälfte und ließen sich von ihren Frauen die Erzählung des Fremden ins Englische übersetzen. Der Reisende in Musikalien wiederholte daraufhin die Biografie Kossaks, um sie sich einzuprägen. Die Kerzen brannten nur noch als kurze Stümpfe in den Leuchtern, es wurde dunkel im Zimmer, die Enkel schliefen mit schiefen Köpfchen auf den

Sesseln, aber niemand machte Anstalten, zu gehn, ja, Frau Skowronnek holte sogar zwei ganze Kerzen, klebte sie auf die alten Stümpfe und eröffnete so den Abend von Neuem. Ihr alter Respekt vor Mendel Singer erwachte. Dieser Gast, der ein großer Mann war, beim Zaren gespielt hatte, einen merkwürdigen Ring am kleinen Finger trug und eine Perle in der Krawatte, mit einem Anzug aus gutem europäischen Stoff bekleidet war – sie verstand sich darauf, denn ihr Vater war Tuchhändler gewesen –, dieser Gast konnte nicht mit Mendel in die Hinterstube des Ladens gehn. Ja, sie sagte zur Überraschung ihres Mannes: „Mister Singer! Es ist gut, dass Sie heute zu uns gekommen sind. Sonst", und sie wandte sich an Kossak, „ist er so bescheiden und zartfühlend, dass er alle meine Einladungen ausschlägt. Er ist dennoch wie das älteste Kind in unserem Haus." Skowronnek fiel ihr ins Wort: „Mach uns noch einen Tee!" Und während sie aufstand, sagte er zu Kossak: „Wir alle kennen Ihre Lieder schon lange, ‚Menuchims Lied' ist doch von Ihnen?" – „Ja", sagte Kossak. „Es ist von mir." Es schien, dass ihm diese Frage nicht angenehm war. Er sah schnell auf Mendel Singer und fragte: „Ihre Frau ist tot?" Mendel nickte. „Und soviel ich weiß, haben Sie doch eine Tochter?" Statt Mendels erwiderte nun Skowronnek: „Sie ist leider durch den Tod der Mutter und des Bruders Sam verwirrt geworden und in der Anstalt." Der Fremde ließ wieder den Kopf sinken. Mendel erhob sich und ging hinaus.

Er wollte nach Menuchim fragen, aber er hatte nicht den Mut dazu. Er kannte ja die Antwort schon im Voraus. Er selbst versetzte sich an die Stelle des Gastes und antwortete sich: „Menuchim ist schon lange tot. Er ist jämmerlich umgekommen." Er prägte sich diesen Satz ein, schmeckte im Voraus seine ganze Bitterkeit, um dann, wenn er wirklich erklingen sollte, ruhig bleiben zu können. Und da er noch eine schüchterne Hoffnung tief in seinem Herzen keimen fühlte, versuchte er, sie zu töten. Wenn Menuchim am Leben wäre, sagte er sich, so hätte es mir der Fremde sofort am Anfang erzählt. Nein! Menuchim ist schon lange tot. Jetzt werde ich ihn fragen, damit diese dumme Hoffnung ein Ende nehme! Aber er fragte noch immer nicht. Er setzte sich eine Pause, und die geräuschvolle Tätigkeit der Frau Skowronnek, die in der Küche mit dem Teekocher hantierte, veranlasste ihn, das Zimmer zu verlassen, um der Hausfrau zu helfen, wie er es gewohnt war.

Heute aber schickte sie ihn ins Zimmer zurück. Er besaß dreihundert Dollar und einen vornehmen Verwandten. „Es schickt sich nicht für Euch, Mister Mendel", sagte sie. „Lasst Euren Gast nicht allein!" Sie war übrigens schon fertig. Mit den vollen Teegläsern auf dem breiten Tablett betrat sie das Zimmer, gefolgt von Mendel. Der Tee dampfte. Mendel war endlich entschlossen, nach Menuchim zu fragen. Auch Skowronnek fühlte, dass die Frage nicht mehr aufzuschieben war. Er fragte lieber selbst, Mendel, sein Freund, sollte zu dem Weh, das ihm die Antwort bereiten würde, nicht auch noch die Qual zu fragen auf sich nehmen müssen.

„Mein Freund Mendel hatte noch einen armen kranken Sohn namens Menuchim. Was ist mit ihm geschehn?"

Wieder antwortete der Fremde nicht. Er stocherte mit dem Löffel auf dem Grunde des Glases herum, zerrieb den Zucker und, als wollte er aus dem Tee die Antwort ablesen, sah er auf das hellbraune Glas und, den Löffel immer noch zwischen Daumen und Zeigefinger, die schmale braune Hand sachte bewegend, sagte er endlich, unerwartet laut, wie mit einem plötzlichen Entschluss:

„Menuchim lebt!"

Es klingt nicht wie eine Antwort, es klingt wie ein Ruf. Unmittelbar darauf bricht ein Lachen aus Mendel Singers Brust. Alle erschrecken und sehen starr auf den Alten. Mendel sitzt zurückgelehnt auf dem Sessel, schüttelt sich und lacht. Sein Rücken ist so gebeugt, dass er die Lehne nicht ganz berühren kann. Zwischen der Lehne und Mendels altem Nacken (weiße Härchen kräuseln sich über dem schäbigen Kragen des Rocks) ist ein weiter Abstand. Mendels langer Bart bewegt sich heftig, flattert beinahe, wie eine weiße Fahne, und scheint ebenfalls zu lachen. Aus Mendels Brust dröhnt und kichert es abwechselnd. Alle erschrecken, Skowronnek erhebt sich etwas schwerfällig aus den schwellenden Kissen und behindert durch den langen weißen Kittel, geht um den ganzen Tisch, tritt zu Mendel, beugt sich zu ihm und nimmt mit beiden Händen Mendels beide Hände. Da verwandelt sich Mendels Lachen in Weinen, er schluchzt, und die Tränen fließen aus den alten halb verhüllten Augen in den wild wuchernden Bart, verlieren sich im wüsten Gestrüpp, andere bleiben lange und rund und voll wie gläserne Tropfen in den Haaren hängen.

Endlich ist Mendel ruhig. Er sieht Kossak gerade an und wiederholt: „Menuchim lebt?"

Der Fremde sieht Mendel ruhig an und sagt: „Menuchim lebt, er ist gesund, es geht ihm sogar gut!"

Mendel faltet die Hände, er hebt sie, so hoch er kann, dem Plafond entgegen. Er möchte aufstehn. Er hat das Gefühl, dass er jetzt aufstehn müsste, gerade werden, wachsen, groß und größer werden, über das Haus hinauf und mit den Händen den Himmel berühren. Er kann die gefalteten Hände nicht mehr lösen. Er blickt zu Skowronnek, und der alte Freund weiß, was er jetzt zu fragen hat, an Mendels statt.

„Wo ist Menuchim jetzt?", fragt Skowronnek.

Und langsam erwidert Alexej Kossak:

„Ich selbst bin Menuchim."

Alle erheben sich plötzlich von den Sitzen, die Kinder, die schon geschlafen haben, erwachen und brechen in Weinen aus. Mendel selbst steht so heftig auf, dass hinter ihm sein Stuhl mit lautem Krach hinfällt. Er geht, er eilt, er hastet, er hüpft zu Kossak, dem Einzigen, der sitzen geblieben ist. Es ist ein großer Aufruhr im Zimmer. Die Kerzen beginnen zu flackern, als würden sie plötzlich von einem Wind angeweht. An den Wänden flattern die Schatten stehender Menschen. Mendel sinkt vor dem sitzenden Menuchim nieder, er sucht mit unruhigem Mund und wehendem Bart die Hände seines Sohnes, seine Lippen küssen, wo sie hintreffen, die Knie, die Schenkel, die Weste Menuchims. Mendel steht wieder auf, hebt die Hände und beginnt, als wäre er plötzlich blind geworden, mit heftigen Fingern das Gesicht seines Sohnes abzutasten. Die stumpfen alten Finger huschen über die Haare Menuchims, die glatte breite Stirn, die kalten Gläser der Brille, die schmalen geschlossenen Lippen. Menuchim sitzt ruhig und rührt sich nicht. Alle Anwesenden umringen Menuchim und Mendel, die Kinder weinen, die Kerzen flackern, die Schatten an der Wand ballen sich zu schweren Wolken zusammen. Niemand spricht.

Endlich erklingt Menuchims Stimme: „Steh auf, Vater!", sagt er, greift Mendel unter die Arme, hebt ihn hoch und setzt ihn auf den Schoß, wie ein Kind. Die andern entfernen sich wieder. Jetzt sitzt Mendel auf dem Schoß seines Sohnes, lächelt in die Runde, jedem ins Angesicht. Er flüstert: „Der Schmerz wird ihn weise machen, die Hässlichkeit gütig, die Bitternis milde und die Krankheit stark." Deborah hat es gesagt. Er hört noch ihre Stimme.

Skowronnek verlässt den Tisch, legt seinen Kittel ab, zieht seinen Mantel an und sagt: „Gleich komme ich wieder!" Wohin geht Skowronnek? Es ist noch nicht spät, kaum elf Uhr, die Freunde sitzen noch an den Tischen. Er geht von Haus zu Haus, zu Groschel, Menkes und Rottenberg. Alle sind noch an den Tischen zu finden. „Ein Wunder ist geschehn! Kommt zu mir und seht es an!" Er führt alle drei zu Mendel. Unterwegs begegnen sie der Tochter Lemmels, die ihre Gäste begleitet hat. Sie erzählen ihr von Mendel und Menuchim. Der junge Frisch, der mit seiner Frau noch ein bisschen spazieren geht, hört ebenfalls die Neuigkeit. Also erfahren einige, was sich ereignet hat. Unten, vor dem Hause Skowronneks, steht, als Beweis, das Automobil, in dem Menuchim gekommen ist. Ein paar Leute öffnen die Fenster und sehen es. Menkes, Groschel, Skowronnek und Rottenberg treten ins Haus. Mendel geht ihnen entgegen und drückt ihnen stumm die Hände.

Menkes, der Bedächtigste von allen, nahm das Wort: „Mendel", sagte er, „wir sind gekommen, dich in deinem Glück zu sehn, wie wir dich im Unglück gesehn haben. Erinnerst du dich, wie du geschlagen warst! Wir trösteten dich, aber wir wussten, dass es umsonst war. Nun erlebst du ein Wunder am lebendigen Leibe. Wie wir damals mit dir traurig waren, so sind wir heute mit dir fröhlich. Groß sind die Wunder, die der Ewige vollbringt, heute noch, wie vor einigen Tausend Jahren. Gelobt sei sein Name!"

Alle standen. Die Töchter Skowronneks, die Kinder, die Schwiegersöhne und der Reisende in Musikalien waren schon in Überkleidern und nahmen Abschied. Mendels Freunde setzten sich nicht, denn sie waren nur zu einem kurzen Glückwunsch gekommen. Kleiner als sie alle, mit gekrümmtem Rücken, im grünlich schillernden Rock stand Mendel in ihrer Mitte, wie ein unscheinbarer verkleideter König. Er musste sich recken, um ihnen in die Gesichter zu sehn. „Ich danke euch", sagte er. „Ohne eure Hilfe hätte ich diese Stunde nicht erlebt. Seht euch meinen Sohn an!" Er zeigte mit der Hand auf ihn, als könnte irgendjemand von den Freunden nicht gründlich genug Menuchim betrachten. Ihre Augen befühlten den Stoff des Anzugs, die seidene Krawatte, die Perle, die schmalen Hände und den Ring. Dann sagten sie: „Ein edler junger Mann! Man sieht, dass er ein Besonderer ist!"

„Ich habe kein Haus", sagte Mendel zu seinem Sohn. „Du kommst zu deinem Vater, und ich weiß nicht, wo dich schlafen zu legen."

„Ich möchte dich mitnehmen, Vater", erwiderte der Sohn. „Ich weiß nicht, ob du fahren darfst, weil ja Feiertag[1] ist."

„Er darf fahren", sagten alle, wie aus einem Munde.

„Ich glaube, dass ich mit dir fahren darf", meinte Mendel. „Schwere Sünden hab' ich begangen, der Herr hat die Augen zugedrückt. Einen Isprawnik hab' ich ihn genannt. Er hat sich die Ohren zugehalten. Er ist so groß, dass unsere Schlechtigkeit ganz klein wird. Ich darf mit dir fahren."

Alle begleiteten Mendel zum Wagen. An diesem und jenem Fenster standen Nachbarn und Nachbarinnen und sahen hinunter. Mendel holte seine Schlüssel, sperrte noch einmal den Laden auf, ging ins Hinterzimmer und nahm das rotsamtene Säckchen vom Nagel. Er blies darauf, um es vom Staub zu befreien, ließ den Rollladen herunter, sperrte zu und gab Skowronnek die Schlüssel. Mit dem Sack im Arm stieg er ins Auto. Der Motor ratterte. Die Scheinwerfer leuchteten auf. Aus dem und jenem Fenster riefen Stimmen: „Auf Wiedersehen, Mendel." Mendel Singer ergriff Menkes am Ärmel und sagte: „Morgen, beim Gebet, wirst du verkünden lassen, dass ich dreihundert Dollar für Arme spende. Lebt wohl!"

Und er fuhr an der Seite seines Sohnes in den vierundvierzigsten Broadway, ins Astor Hotel.

---

[1] Gemeint ist Pessach, das jüdische Osterfest.

XVI

Kümmerlich und gebeugt, im grünlich schillernden Rock, das rotsamtene Säckchen im Arm, betrat Mendel Singer die Halle, betrachtete das elektrische Licht, den blonden Portier, die weiße Büste eines unbekannten Gottes vor dem Aufgang zur Stiege und den schwarzen Neger, der ihm den Sack abnehmen wollte. Er stieg in den Lift und sah sich im Spiegel neben seinem Sohn, er schloss die Augen, denn er fühlte sich schwindlig werden. Er war schon gestorben, er schwebte in den Himmel, es nahm kein Ende. Der Sohn fasste ihn bei der Hand, der Lift hielt, Mendel ging auf einem lautlosen Teppich durch einen langen Korridor. Er öffnete erst die Augen, als er im Zimmer stand. Wie es seine Gewohnheit war, trat er sofort zum Fenster. Da sah er zum ersten Mal die Nacht von Amerika aus der Nähe, den geröteten Himmel, die flammenden, sprühenden, tropfenden, glühenden, roten, blauen, grünen, silbernen, goldenen Buchstaben, Bilder und Zeichen. Er hörte den lärmenden Gesang Amerikas, das Hupen, das Tuten, das Dröhnen, das Klingeln, das Kreischen, das Knarren, das Pfeifen und das Heulen. Dem Fenster gegenüber, an dem Mendel lehnte, erschien jede fünfte Sekunde das breite lachende Gesicht eines Mädchens, zusammengesetzt aus lauter hingesprühten Funken und Punkten, das blendende Gebiss in dem geöffneten Mund aus einem Stück geschmolzenen Silber. Diesem Angesicht entgegen schwebte ein rubinroter, überschäumender Pokal, kippte von selbst um, ergoss seinen Inhalt in den offenen Mund und entfernte sich, um neu gefüllt wieder zu erscheinen, rubinrot und weißgischtig überschäumend. Es war eine Reklame für eine neue Limonade. Mendel bewunderte sie als die vollkommenste Darstellung des nächtlichen Glücks und der goldenen Gesundheit. Er lächelte, sah das Bild ein paar Mal kommen und verschwinden und wandte sich wieder dem Zimmer zu. Da stand aufgeschlagen sein weißes Bett. In einem Schaukelstuhl wiegte sich Menuchim. „Ich werde heute nicht schlafen", sagte Mendel. „Leg' du dich schlafen, ich werde neben dir sitzen. Im Winkel hast du geschlafen, in Zuchnow, neben dem Herd."

„Ich erinnere mich genau an einen Tag", begann Menuchim, nahm seine Brille ab, und Mendel sah die nackten Augen seines Sohnes, traurig und müde erschienen sie ihm, „ich erinnere mich an einen Vormittag, die Sonne ist sehr hell, das Zimmer leer. Da kommst du, hebst mich hoch, ich sitze auf einem Tisch, und du klingelst an ein Glas mit einem Löffel. Es war ein wunderbares Klingeln, ich wollte, ich könnte es heute komponieren und spielen. Dann singst du. Dann beginnen die Glocken zu läuten, ganz alte, wie große schwere Löffel schlagen sie an riesengroße Gläser." „Weiter, weiter", sagte Mendel. Auch er erinnerte sich genau an jenen Tag, an dem Deborah aus dem Hause ging, die Reise zu Kapturak vorbereiten. „Das ist aus frühen Tagen das Einzige!", sagte der Sohn. „Dann kommt die Zeit, wo Billes' Schwiegersohn, der Geiger, spielt. Jeden Tag, glaube ich, spielt er. Er hört zu spielen auf, aber ich höre ihn immer, den ganzen Tag, die ganze Nacht." – „Weiter, weiter!", mahnte Mendel, in dem Ton, in dem er seine Schüler immer zum Lernen angeeifert hatte. „Dann ist lange nichts! Dann sehe ich eines Tages einen großen roten und blauen Brand. Ich lege mich auf den Boden. Ich krieche zur Tür. Plötzlich reißt mich jemand hoch und treibt mich, ich laufe. Ich bin draußen, die Leute stehen auf der andern Seite der Gasse. Feuer!, schreit es aus mir!" – „Weiter, weiter!", mahnte Mendel. „Ich weiß nichts mehr. Man sagte mir dann später, ich wäre lange krank und bewusstlos gewesen. Ich erinnere mich erst an die Zeiten in Petersburg, ein weißer Saal, weiße Betten, viele Kinder in den Betten, ein Harmonium oder eine Orgel spielt, und ich singe mit lauter Stimme dazu. Dann führt mich der Doktor im Wagen nach Haus. Eine große blonde Frau in einem blassblauen Kleid spielt Klavier. Sie steht auf. Ich gehe an die Tasten, es klingt, wenn ich sie anrühre. Plötzlich spiele ich die Lieder der Orgel und alles, was ich singen kann." – „Weiter, weiter!", mahnte Mendel. „Ich wüsste nichts weiter, was mich mehr anginge als diese paar Tage. Ich erinnere mich an die Mutter. Es war warm und weich bei ihr, ich glaube, sie hatte eine sehr tiefe Stimme und ihr Gesicht war sehr groß und rund, wie eine ganze Welt." „Weiter, weiter!", sagte Mendel. „An Mirjam, an Jonas, an Schemarjah erinnere ich mich nicht. Von ihnen habe ich erst viel später gehört, durch Billes' Tochter."

Mendel seufzte. „Mirjam", wiederholte er. Sie stand vor ihm, im goldgelben Schal, mit den blauschwarzen Haaren, flink und leichtfüßig, eine junge Gazelle. Seine Augen hatte sie. „Ein schlechter Vater war ich", sagte Mendel. „Dich habe ich schlecht behandelt und sie. Jetzt ist sie verloren, keine Medizin kann ihr helfen." „Wir werden zu ihr gehn", sagte Menuchim. „Ich selbst, Vater, bin ich nicht geheilt worden?"

Ja, Menuchim hatte recht. Der Mensch ist unzufrieden, sagte sich Mendel. Eben hat er ein Wunder erlebt, schon will er das nächste sehn. Warten, warten, Mendel Singer! Sieh nur, was aus Menuchim, dem Krüppel, geworden ist. Schmal sind seine Hände, klug sind seine Augen, zart sind seine Wangen.

„Geh schlafen, Vater!", sagte der Sohn. Er ließ sich auf den Boden nieder und zog Mendel Singer die alten Stiefel aus. Er betrachtete die Sohlen, die zerrissen waren, gezackte Ränder hatten, das gelbe geflickte Oberleder, die ruppig gewordenen Schäfte, die durchlöcherten Socken, die ausgefransten Hosen. Er entkleidete den Alten und legte ihn ins Bett. Dann verließ er das Zimmer, holte aus seinem Koffer ein Buch, kehrte zum Vater zurück, setzte sich in den Schaukelstuhl neben das Bett, entzündete die kleine grüne Lampe und begann zu lesen. Mendel tat, als ob er schliefe. Er blinzelte durch einen schmalen Spalt zwischen den Lidern. Sein Sohn legte das Buch weg und sagte: „Du denkst an Mirjam, Vater! Wir werden sie besuchen. Ich werde Ärzte rufen. Man wird sie heilen. Sie ist noch jung! Schlaf ein!" Mendel schloss die Augen, aber er schlief nicht ein. Er dachte an Mirjam, hörte die ungewohnten Geräusche der Welt, fühlte durch die geschlossenen Lider die nächtlichen Flammen des hellen Himmels. Er schlief nicht, aber es war ihm wohl, er ruhte aus. Mit wachem Kopf lag er gebettet in Schlaf und erwartete den Morgen.

Der Sohn bereitete ihm das Bad, kleidete ihn an, setzte ihn in den Wagen. Sie fuhren lange, durch geräuschvolle Straßen, sie verließen die Stadt, sie kamen auf einen langen und breiten Weg, an dessen Rändern knospende Bäume standen. Der Motor summte hell, im Winde wehte Mendels Bart. Er schwieg. „Willst du wissen, wohin wir fahren, Vater?", fragte der Sohn. „Nein!", antwortete Mendel. „Ich will nichts wissen! Wohin du fährst, ist es gut."

Und sie gelangten in eine Welt, wo der weiche Sand gelb war, das weite Meer blau und alle Häuser weiß. Auf der Terrasse vor einem dieser Häuser, an einem kleinen weißen Tischchen, saß Mendel Singer. Er schlürfte einen goldbraunen Tee. Auf seinen gebeugten Rücken schien die erste warme Sonne dieses Jahres. Die Amseln hüpften dicht an ihn heran. Ihre Schwestern flöteten indessen vor der Terrasse. Die Wellen des Meeres plätscherten mit sanftem regelmäßigem Schlag an den Strand. Am blassblauen Himmel standen ein paar weiße Wölkchen. Unter diesem Himmel war es Mendel leicht, zu glauben, dass Jonas sich einmal wieder einfinden würde und Mirjam heimkehren, „schöner als alle Frauen der Welt", zitierte er im Stillen. Er selbst, Mendel Singer, wird nach späten Jahren in den guten Tod eingehen, umringt von vielen Enkeln und „satt am Leben", wie es im „Hiob" geschrieben stand. Er fühlte ein merkwürdiges und auch verbotenes Verlangen, die Mütze aus altem Seidenrips abzulegen und die Sonne auf seinen alten Schädel scheinen zu lassen. Und zum ersten Mal in seinem Leben entblößte Mendel Singer aus freiem Willen sein Haupt, so wie er es nur im Amt getan hatte und im Bad. Die spärlichen, gekräuselten Härchen auf seinem kahlen Kopf bewegte ein Frühlingswind, wie seltsame zarte Pflanzen.

So grüßte Mendel Singer die Welt.

Und eine Möwe stieß, wie ein silbernes Geschoss des Himmels, unter das Zeltdach der Terrasse. Mendel beobachtete ihren jähen Flug und die schattenhafte weiße Spur, die sie in der blauen Luft hinterließ.

Da sagte der Sohn: „Nächste Woche fahre ich nach San Francisco. Auf der Rückkehr spielen wir noch zehn Tage in Chicago. Ich denke, Vater, dass wir in vier Wochen nach Europa fahren können!"

„Mirjam?"

„Heute noch werde ich sie sehen, mit Ärzten sprechen. Alles wird gut werden, Vater. Vielleicht nehmen wir sie mit. Vielleicht wird sie in Europa gesund!"

Sie kehrten ins Hotel zurück. Mendel ging ins Zimmer seines Sohnes. Er war müde.

„Leg' dich auf das Sofa, schlaf' ein wenig", sagte der Sohn. „In zwei Stunden bin ich wieder hier!"

Mendel legte sich gehorsam. Er wusste, wohin sein Sohn ging. Zur Schwester ging er. Er war ein wunderbarer Mensch, der Segen ruhte auf ihm, gesund würde er Mirjam machen.

Mendel erblickte eine große Fotografie in rostbraunem Rahmen auf dem kleinen Spiegeltisch.

„Gib mir das Bild!", bat er.

Er betrachtete es lange. Er sah die junge blonde Frau in einem hellen Kleid, hell wie der Tag, in einem Garten saß sie, durch den der Wind spazieren ging und die Sträucher am Rande der Beete bewegte. Zwei Kinder, ein Mädchen und ein Knabe, standen neben einem kleinen eselbespannten Wagen, wie sie in manchen Gärten als spielerisches Vehikel gebraucht werden.

„Gott segne sie!", sagte Mendel.

Der Sohn ging. Der Vater blieb auf dem Sofa, die Fotografie legte er sachte neben sich. Sein müdes Auge schweifte durchs Zimmer zum Fenster. Von seinem tief gelagerten Sofa aus konnte er einen viel gezackten wolkenlosen Ausschnitt des Himmels sehn. Er nahm noch einmal das Bild vor. Da war seine Schwiegertochter, Menuchims Frau, da waren die Enkel, Menuchims Kinder. Betrachtete er das Mädchen genauer, glaubte er, ein Kinderbild Deborahs zu sehn. Tot war Deborah, mit fremden, jenseitigen Augen erlebte sie vielleicht das Wunder. Dankbar erinnerte sich Mendel an ihre junge Wärme, die er einst gekostet hatte, ihre roten Wangen, ihre halb offenen Augen, die im Dunkel der Liebesnächte geleuchtet hatten, schmale lockende Lichter. Tote Deborah!

Er stand auf, schob einen Sessel an das Sofa, stellte das Bild auf den Sessel und legte sich wieder hin. Während sie sich langsam schlossen, nahmen seine Augen die ganze blaue Heiterkeit des Himmels in den Schlaf hinüber und die Gesichter der neuen Kinder. Neben ihnen tauchten aus dem braunen Hintergrund des Porträts Jonas und Mirjam auf. Mendel schlief ein. Und er ruhte aus von der Schwere des Glücks und der Größe der Wunder.

Ende

Anhang

1. Autor und Werk

Joseph Roth war – wie sein Protagonist Mendel Singer – ein Jude galizischer Abstammung. Er verließ seine Heimat, um zunächst in Lemberg, dann in Wien zu studieren. Später arbeitete er als Reporter und Korrespondent für verschiedene Zeitungen, was mehrere Wohnortwechsel mit sich brachte. In der nationalsozialistischen Zeit emigrierte er nach Frankreich und lebte einige Jahre in Paris. Das Gefühl der Heimatlosigkeit war für Roth ein prägendes. Dieses und drei gescheiterte Liebesbeziehungen trugen wohl auch dazu bei, dass Joseph Roth schwer alkoholkrank war. Er starb mit nur 44 Jahren an den Folgen seiner Sucht im Pariser Exil.

In seinem literarischen Werk hat Roth häufig die für ihn wichtigen Lebensthemen verarbeitet: das Leben der Ostjuden zum Beispiel in dem Essay „Juden auf Wanderschaft" oder im Roman „Hiob", den Zerfall der österreichisch-ungarischen Monarchie in „Radetzkymarsch" oder seine Alkoholsucht in seiner letzten Erzählung „Die Legende vom heiligen Trinker".

Joseph Roths Leben

Kindheit und Jugend

Geboren wurde Joseph Roth am 2.9.1894 im galizischen Brody, das damals zur österreichisch-ungarischen Monarchie gehörte und nahe der russischen Grenze lag. Seine Mutter entstammte einer jüdischen Kaufmannsfamilie. Der Vater war ebenfalls Kaufmann, wurde aber aufgrund einer Geisteskrankheit früh in eine Anstalt eingewiesen.

Roth wuchs nicht, wie er selbst behauptete, in ärmlichen Verhältnissen auf, sondern besuchte ein deutschsprachiges Gymnasium und erhielt Privatunterricht. Die Situation der Familie gestaltete sich dahin gehend schwierig, dass die Mutter den Gesundheitszustand ihres Mannes geheim hielt, da Geisteskrankheit im orthodoxen Judentum als Fluch Gottes galt und die Heiratsaussichten der Kinder verringerte. Sie lebte zurückgezogen und konzentrierte sich auf die Erziehung ihres einzigen Sohnes.

Studium
Roth war ein guter Schüler und schloss als einziger Jude seines Jahrgangs mit Auszeichnung ab.
Er immatrikulierte sich 1903 an der Universität Lemberg und lebte ein Jahr bei einem Onkel. Konflikte zwischen den beiden, Unruhen zwischen polnischen und ruthenischen[1] Studenten sowie den Anhängern der verschiedenen jüdischen Schulen und die Umstellung der Unterrichtssprache vom Deutschen aufs Polnische bewogen Roth zum Wechsel an die Wiener Universität. Dort studierte er Germanistik und Philosophie. Er lebte gemeinsam mit seiner Mutter, die vor den Gefahren des herannahenden Krieges geflohen war, und einer Tante zusammen. Die prekäre[2] finanzielle Situation der Familie konnte der Student bald durch Stipendien und Hauslehrerstellen überbrücken.
Joseph Roth war strebsam und erfolgsorientiert, bei seinen Kommilitonen galt er als distanziert und arrogant – mit Bügelfalte, Stock und Monokel gab er sich als Ebenbild eines „Wiener Gigerls"[3].

Joseph Roth als Student in Wien, 1915

---

[1] ukrainische
[2] heikel, knapp
[3] (Wiener Dialekt) – ein auffallend modisch gekleideter Mensch

Erster Weltkrieg

Bei Ausbruch des Ersten Weltkrieges wurde Roth als kriegsuntauglich eingestuft und zeigte sich zunächst pazifistisch. Am 31.5.1916 meldete er sich trotzdem zum Einjährig-Freiwilligendienst.
Nach einer kurzen Dienstzeit im Feldjäger-Bataillon wurde er 1917 in den Lembergischen Pressedienst versetzt. Er kämpfte nie an der Front. Nach Kriegsende brach er sein Studium ab und konzentrierte sich auf den Erwerb seines Lebensunterhaltes.

Journalist in Wien und Berlin

Bereits während des Krieges schrieb Roth Berichte und Feuilletons für verschiedene Zeitschriften. Ab 1919 arbeitete er als Redakteur bei *Der Neue Tag* und wurde Stammgast im Wiener *Café Herrenhof*, in dem er auch seine spätere Frau Friederike Reichler kennenlernte. 1921 siedelte er nach Berlin um und war hauptsächlich für den *Berliner Börsen-Courier* tätig. Später schrieb er sozialkritische Beiträge für die sozialistische Zeitung *Vorwärts*.
In den kommenden Jahren erschien die Großzahl seiner Beiträge in der renommierten *Frankfurter Zeitung (FZ)*, bei der er ab 1923 als Feuilletonkorrespondent arbeitete. Weitere Arbeitgeber waren in dieser Zeit auch die *Wiener Sonntags- und Montagszeitung*, das *Neue 8-Uhr-Blatt*, *Der Tag* und das *Prager Tagblatt*. Roths erster Roman *Das Spinnennetz* wurde ab 1923 in der *Wiener Arbeiterzeitung* als Fortsetzungsroman gedruckt. Für die FZ reiste er ab 1925 nach Frankreich, Albanien und Jugoslawien, Polen, Italien, in die Sowjetunion und das Saargebiet.

Privatleben

Die am 5.3.1922 geschlossene Ehe mit Friederike (Friedl) Reichler stürzte Roth bald in eine tiefe Krise. Friedl kam mit dem Lebensstil des Reisejournalisten nicht zurecht. Ihre Veranlagung zur Geisteskrankheit ma-

Joseph und Friederike Roth in Paris, 1925

nifestierte sich im Laufe der Jahre; sie lebte ab 1928 unter ständiger Aufsicht oder in Nervenheilanstalten. Roth gab sich selbst die Schuld am Zustand seiner Frau und begann, heftig zu trinken. Später beantragte er die Scheidung. Friedl sollte nach Linz ins Sanatorium gebracht werden, kam aber nie an. Sie wurde Opfer des nationalsozialistischen Euthanasieprogramms.

Trotz der starken Selbstvorwürfe pflegte Roth eine Reihe von Affären. Mit der Redakteurin und ehemaligen Ehefrau des Prinzen von Kamerun, Andrea Magna Bell, teilte er sogar eine Wohnung. Nachdem beide nach Frankreich emigriert waren, zerbrach das Verhältnis aufgrund der Eifersucht Roths und finanzieller Schwierigkeiten. In Paris lebte Joseph Roth zwei Jahre mit der Schriftstellerin Irmgard Keun zusammen. Beide teilten neben ihrer pessimistischen Weltsicht auch den Hang zum Alkohol. Auch diese Beziehung zerbrach an Eifersucht.

Letzte Jahre in Paris
Am 30.1.1933, dem Tag von Hitlers Ernennung zum Reichskanzler, hatte Roth Deutschland verlassen, in dem wenig später auch seine Bücher verbrannt wurden. Er verbrachte die folgende Zeit nicht ausschließlich in Frankreich, sondern reiste, soweit noch möglich, durch Europa.

Er schrieb und publizierte weiterhin, vorrangig in niederländischen Exilverlagen (*Querida, de Lange*), und schrieb für verschiedene Exilzeitschriften.

Joseph Roth, Ende der 1930er-Jahre

In seinen letzten Lebensjahren verschlechterten sich die finanzielle und gesundheitliche Situation Roths enorm. Das *Hotel Foyot*, in dem er während seiner Parisaufenthalte gelebt hatte, wurde abgerissen und so kam er in ein Armenhospital, in dem er am 27.5.1939 an einer Lungenentzündung und den Folgen seines Alkoholkonsums starb. Da kein Beleg für eine Taufe zu finden war, wurde Joseph Roth nach einem „gedämpft-katholischen" Ritus begraben.

Aus: www.joseph-roth.net/?page_id=2, Aufruf 1.11.11

Hans-Jürgen Blanke: Entstehung des „Hiob" in einer persönlichen Umbruchsituation Roths

Gegen Ende der Zwanzigerjahre verzichtete Roth in seiner Schriftstellerei mehr und mehr auf die Merkmale der „Neuen Sachlichkeit", die im Sinne des Feuilletonismus[1] das Dokumentarische, Aktuelle, stilistisch Schmucklose der zeitgenössischen Alltagsrealität mit ihren sozialen und politischen Problemen als Basis einer gesellschaftskritischen, dem gesellschaftlichen Engagement dienenden Literatur propagierte.
[...]
Nicht zufällig fiel der Wandel in Roths literarischem Stil mit privaten und beruflichen Schwierigkeiten zusammen. Seit 1926 lag er trotz seiner unbestrittenen Reputation[2] als Journalist in Streit mit seiner Frankfurter Heimatredaktion, in der es einen Richtungsstreit um den Kurs des Feuilletons gab. Die Folge waren finanzielle Probleme und große persönliche und berufliche Unzufriedenheit, die schließlich zu seinem Weggang aus Paris führte. Als noch gravierender erwies sich im Februar 1928 der Beginn einer unheilbaren Nervenkrankheit (Schizophrenie) bei seiner Frau Friedl, die von 1930 an beständig in Heil- und Pflegeanstalten untergebracht war und am 15.7.1940 aufgrund der Bestimmungen des Gesetzes zur „Verhütung erbkranken Nachwuchses" ermordet wurde.
Erste Reaktion auf die persönlich schwierige Situation ist der große Essay „Juden auf Wanderschaft" (1927), in dessen Vorwort Roth sich an jene Leser wendet, „die Achtung haben vor Schmerz, menschlicher Größe und vor dem Schmutz, der überall das Leid begleitet". Intention des Essays ist es, Vorurteile über Juden – etwa das über die vermeintlich revolutionäre Haltung besonders der Ostjuden – abzubauen. Die Juden seien eher „reaktionär aus bürgerlichem Instinkt" – aus Furcht vor einer Veränderung zuungunsten der Juden. Vor dem Hintergrund einer seit 1918 beschleunigten Auflösung jüdischer „Shtetl" und der ungewissen Zukunft des Ostjudentums tut sich Roth schwer hinsichtlich eindeutiger politischer

---
[1] Feuilleton – kultureller Teil oder literarische Beilage zu einer Zeitung
[2] Ruf, Ansehen

Beurteilungen und daraus ableitbarer Konsequenzen. Er laviert zwischen den Forderungen nach Assimilierung[1] der Juden und der nach Gründung eines zionistischen Staates, sodass der Essay bedrückender Ausdruck eines Schwankens zwischen Bekenntnis zum Ostjudentum und zum Katholizismus, zwischen Sympathie für Theodor Herzls Judenstaat und vehementem Antizionismus ist. Auch in dieser Uneindeutigkeit zeigt sich wieder Roths Lebensproblematik: das Gefühl des Außenseiterdaseins und der Heimatlosigkeit.

In dieser persönlichen Umbruchsituation entstand eines der wichtigsten literarischen Werke Roths, *Hiob. Roman eines einfachen Mannes*, der 1930 bei Kiepenheuer in Berlin verlegt und zum erfolgreichsten Buch des Autors wird.

Aus: Hans-Jürgen Blanke: Joseph Roth. Hiob. Oldenbourg Interpretationen, München 1993, S. 12 ff.

Helmuth Nürnberger: Joseph Roths Heimat Galizien

Wenn man von Galizien als Roths Heimat spricht, so hat dies auch einen historischen Aspekt.
Bei der ersten Teilung Polens 1772 hatte Österreich ganz Südpolen erhalten, ein relativ dicht besiedeltes, wirtschaftlich und kulturell jedoch überwiegend armes Land, das im Osten von Ukrainern (man nannte sie in der Monarchie Ruthenen), im Westen von Polen und insgesamt von vielen Juden bevölkert war. Das neu erworbene Gebiet, das bis dahin keine Einheit gebildet hatte, wurde zum „Königreich Galizien und Lodomerien" zusammengefasst; der Legitimation wegen griff man damit auf einen Titel zurück, den die Habsburger als Könige von Ungarn beiläufig führten. 1779 wurde Roths Geburtsort Brody als Handelsplatz begünstigt und erhielt die gleichen Rechte wie die Seehäfen Triest und Fiume. Galizien nahm im österreichischen Staatsverband infolge von Reformen eine aufsteigende Entwicklung (von der nicht zuletzt die unterdrückten Juden profitierten), ohne freilich den Vorsprung der westlichen Kronländer einholen zu können.

---

[1] Anpassung, Angleichung

Ein dreiteiliger Bericht *Reise durch Galizien*, erschienen in der „Frankfurter Zeitung", brachte im November 1924 die erste Beschreibung des Landes aus Roths Feder.

Es ist schwer zu leben. Galizien hat mehr als acht Millionen Einwohner zu ernähren. Die Erde ist reich, die Bewohner sind arm. [...] Zu viele Händler, zu viel Beamte, zu viel Soldaten, zu viel Offiziere gibt es. Alle leben eigentlich von der einzigen produktiven Klasse: den B a u e r n. – Die sind fromm, abergläubisch, furchtsam. Sie leben in scheuer Ehrfurcht vor dem Priester und haben einen maßlosen Respekt vor der „Stadt", aus der die seltsamen Fuhrwerke kommen, die ohne Pferde fahren, die Beamten, die Juden, die Herrschaften, Ärzte, Ingenieure, Geometer, Elektrizität, genannt: Elektryka; die Stadt, in die man die Töchter schickt, auf dass sie Dienstmädchen werden und Prostituierte; die Stadt, in der die Gerichte sind, die schlauen Advokaten, vor denen man sich hüten muss, die gerechten Richter in den Talaren hinter den metallenen Kreuzen, unter dem bunten Bild des Heilands, in dessen heiligem Namen der Mensch verurteilt wird zu Monaten und zu Jahren und auch zum Tode durch den Strang; die Stadt, die man ernährt, damit man von ihr leben kann, damit man in ihr bunte Kopftücher kaufe und Schürzen, die Stadt, in der die „Kommissionen", die Verordnungen, die Paragrafen, die Zeitungen ausbrechen. – So war's, als der Kaiser Franz Joseph regierte, und so ist es heute.

Melancholisch und wissend im Ton, gelegentlich zynisch, erzählt der dreißigjährige Reporter von dem Land, das er – was er kaum andeutet – bereits so lange kennt. Der Bericht beschönigt nicht. Aber er besteht darauf, das Beklagenswerte aus eigener Anschauung und nach eigenem Ermessen zu beklagen, fremdes Urteil hingegen eifersüchtig abzuweisen. Er wendet sich gegen die Vorstellungen von Galizien, wie sie in Westeuropa verbreitet sind. Zuweilen scheint Staunen, das sich übertragen soll, den Erzähler zu überkommen. Sicher ist er der Meinung, er berichte zwar von Armut und Dürftigkeit, aber auch von verborgener Schönheit und von Geheimnissen.

Galizien hat Roth geprägt. Schwermut und Sehnsucht, Liebe und Trauer klingen aus jeder Beschreibung, Leidenschaft, die in Monotonie sich äußert, erfahrener Hass, vor allem Fantasie. Galizien ist die Heimat des Poeten – so fern ist es, auch so kärglich –, und wenn der Poet von ihm erzählt, wenn er, wie er lapidar sagt, *Leute und Gegend* beschreibt, findet er sogleich seinen ganz persönlichen Ton.

Aus dem unvollendeten Roman *Erdbeeren* (um 1930 geschrieben):
Der Herbst bestand bei uns aus flüssigem Gold und flüssigem Silber, aus Wind, Rabenschwärmen und leichten Frösten. Im August wurden die Blätter gelb, in den ersten Septembertagen lagen sie schon auf dem Boden. Niemand kehrte sie zusammen. Ich habe erst im Westen Europas gesehen, dass man den Herbst zusammenfegt zu ordentlichen Misthaufen. – An unsern klaren Herbsttagen wehte kein Wind. Die Sonne war noch sehr warm, schon sehr schräg und sehr gelb. Sie ging in einem roten Westen unter und erwachte jeden Morgen in einem Bett aus Nebel und Silber. Es dauerte lange, ehe der Himmel tiefblau wurde. Dann blieb er so den ganzen Tag. – Die Felder waren gelb, stachlig, hart und taten den Sohlen weh. Sie rochen stärker als im Frühling, schärfer und etwas unbarmherzig. Die Wälder am Rand blieben tiefgrün – es waren Nadelwälder. Im Herbst hatten sie silberne Kämme auf den Häuptern. – Wir brieten Kartoffeln. Es roch nach Feuer, Kohle, verbrannten Schalen, angesengter Erde. Die Sümpfe, an denen die Gegend reich war, trugen eine glänzende, leichte Decke aus gläsernem Frost. Sie dufteten feucht wie Fischernetze. [...] Im November kam der erste Schnee. Er war dünn, glasig und haltbar. Er zerging nicht mehr. Da hörten wir mit dem Kartoffelbraten auf. Wir blieben in unsern Häusern. Wir hatten schlechte Öfen, Fugen in den Türen und Ritzen in den Dielen.
Unsere Fensterrahmen waren aus leichtem, feuchtem Fichtenholz gemacht, sie hatten im Sommer ihre Gestalt verändert und schlossen schlecht. Wir verstopften die Fenster mit Watte. Wir legten Zeitungspapier zwischen Türen und Schwellen. Wir hackten Holz für den Winter. – Im März, wenn die Eiszapfen von den Dächern tropften, hörten wir schon den Frühling galoppieren. Schneeglöckchen ließen wir in den Wäldern. Wir warteten bis zum Mai. Erdbeeren gingen wir pflücken.
Der Roman *Erdbeeren* – von Roth gelegentlich als *Roman meiner Kindheit* bezeichnet, in anderem Zusammenhang spricht er von dem *großangelegten Roman* oder nennt ihn einfach den *Roman*, den „*großen*" – ist als Fragment überliefert; ein Teil des gesammelten Materials ist, wie Bronsen annimmt, im Exil für den Roman *Das falsche Gewicht* verwendet worden.

Galizien und das angrenzende Wolhynien sind Hauptschauplätze in Roths Romanen und Erzählungen. Immer wieder finden sich dort Schilderungen der Landschaft; sie prägen sich dem Leser stark ein und helfen mit, Ton und Atmosphäre des Erzählten zu bestimmen. [...]

Das gibt allem, was von dieser Landschaft und ihren Menschen gesagt wird, die besondere Qualität. Verurteilte und Eingeweihte sind es, die dort leben und sterben. Die Vertrautheit mit den Risiken, die Anpassung an die Gegebenheiten ist aber auch eine Quelle der Kraft.

Nach Roths Meinung war der Mensch des Ostens stärker als der des Westens. Andrea Manga Bell hat erklärt, sie habe in Roth selbst „ganz stark den östlichen Menschen [...] gespürt. Die Leute des Ostens sind viel unmittelbarer, sie haben noch eine unbefangene und kindliche Herzlichkeit, die man sonst nur bei primitiven Menschen und Völkern findet. Solche Menschen können anstellen, was sie wollen, sie bleiben unschuldig und naiv."

Roth besaß eine instinktive Neigung zum Natürlichen, obgleich er ein Stadtkind war. Die Naturliebe des Heranwachsenden ist bezeugt. Das spätere Nomadenleben des Literaten enthielt neben Unrast auch Protest. Wie sein Leutnant Trotta im *Radetzkymarsch* sehnte er sich zuweilen nach einer schlichten, erdnahen Lebensweise. Die Industrielandschaft bedrückte ihn. Er brauchte eine bergende Nähe, die nicht Menschenwerk war.

Für den Autor Roth allerdings ist die Natur, wie alles andere, nur Rohstoff. Was er machte, war Literatur: ein Gewebe aus Worten. Daher besteht bei Roth Galizien – ebenso wie das „Schtetl", das er als Assimilant von innen her vielleicht gar nicht kannte – vor allem aus Stimmungen, Bildern, Situationen, die das Gefühl ansprechen wollen. Die Übermacht der Misere erscheint etwas gemindert. Roth kannte *das Geheimnis des einmal ausgesprochenen Wortes* [...] *(dass es nämlich eine nie mehr auszulöschende Realität geworden ist)*, wie er 1932 schrieb. Der Leser Roths wird unter dem Eindruck perfekter Suggestion Galizien künftig mit den Augen dieses Autors sehen.

Aus: Helmuth Nürnberger, Joseph Roth, Rowohlt TB; Reinbek bei Hamburg 1981, S. 23 ff.

Soma Morgenstern: Ihm war das Irgendwo lieber als das Zuhause

Joseph Roth ist nie Offizier geworden in der österreichischen Armee. Aber er war ein schreibender Soldat. Seine Waffe war die Feder, die er bis zum Tag, da ihm das Delirium das Licht des Tages überschattete, in der Hand behielt. Er war ein freiwilliger Flüchtling
5 von Anbeginn. Vielleicht weil sein Vater einer war, war es in seinem Blut. Er flüchtete erst von seiner Familie. Der Krieg trieb ihn von seinem Studium weg, zu dem er nicht zurückkehrte. Wien verließ er, weil er hier keine Chance für sein Fortkommen sah. Wie ich es ihm später nachmachte, als ich auch nach Berlin übersiedelte. Her-
10 nach begann er mit dem Reisen. Er gehörte aber nicht zu den reisenden Schriftstellern, die es in exotische Länder trieb, von denen Karl Kraus behauptete, ihr Talent beginne ungefähr in Bukarest. Roth trieb es zum Reisen, weil ihm das Irgendwo, ja, das Nirgendwo, lieber war als das Zuhause. Als ihm die *Frankfurter Zeitung* ein-
15 mal einen Korrespondenten-Posten in Warschau anbot, lehnte er vom Fleck weg ab, obwohl viele sich um den Posten rissen, vielleicht weil es einmal geschehen ist, dass ein deutscher Korrespondent der *Frankfurter Zeitung* Gesandter für Polen wurde. Als der Herausgeber der *Frankfurter Zeitung* die Idee hatte, ihn für ein Jahr
20 nach Wien und mich nach Paris zu schicken, lehnten wir das beide ab – ich, weil ich zwar gern nach Paris für ein Jahr gegangen wäre, aber Roth mich vor Friedrich Sieburg[1] warnte, er, weil er zwar gern für ein Jahr nach Wien gegangen wäre, aber nicht mit der „Mischpoche[2] seiner Frau" in einer Stadt leben wollte. Im Grunde, weil er sich
25 nicht vorstellen konnte, dass er ein Jahr an einem Ort sitzen könnte. Dabei litt er schon immer an akuter Heimatlosigkeit. Folgendes erlebte ich einmal in dieser Hinsicht: Er hatte keinen Sinn für die Oper und, soweit ich mich erinnere, hörte er sich nie eine an. Aber als in Berlin die Oper unseres gemeinsamen Freundes Karol Rathaus von
30 Kleiber aufgeführt wurde, ging er zur Uraufführung mit mir mit. Ka-

---

[1] politischer Korrespondent mit zunächst reaktionärer, später nationalsozialistischer Gesinnung, der zunächst in Konkurrenz, später in Feindschaft zu Roth stand
[2] jiddischer abwertender Begriff für Verwandtschaft

rol hatte sich ein Sujet ausgesucht, das das traurige Schicksal einer Emigrantenfamilie irgendwo in Südamerika behandelt und an dem auch Karols Oper zugrunde ging. Roth beweinte das Schicksal dieser Heimatlosen drei Akte lang und verbrauchte zwei Taschentücher wie ein Dienstmädchen am Sonntagnachmittag im Kino.
Einmal wurde er sich dieser seiner paradoxen Haltung bewusst. Er war für die *Frankfurter Zeitung* nach Albanien gereist und beschrieb die Hauptstadt Tirana, damals nicht viel mehr als ein balkanisches Dorf. In einem seiner Berichte stand ein Satz, an den ich mich noch heute erinnere und den ich ungefähr aus dem Gedächtnis zitieren kann: Ich verließ das Hotel und kaufte mir eine Zeitung, um zu erfahren, was in der großen Welt vorgeht, die ich verlassen hatte, um ihr mitzuteilen, was in der Welt vorgeht. Das Reisen war seine zweite Art, sich zu berauschen. So wurde ihm die Flucht zur Heimat.
Er wäre vermutlich nur ein blendender Journalist geworden, hätten seine Räusche ihn nicht zum Künstler gemacht. Denn er hatte große Hemmungen, sich an ein Buch heranzuwagen. Der Alkohol wusch ihm die Hemmungen fort. Ist er aber organisch ein Erzähler geworden? Ein Meister ist er nur als Schilderer.

Aus: Soma Morgenstern: Joseph Roths Flucht und Ende. Erinnerungen, Kiepenheuer & Witsch, Köln 2008, S. 281 ff.

Joseph Roth (Mitte) mit Soma Morgenstern (rechts) im Café „Tournon", Ende der 1930-Jahre

Joseph Roth: Juden auf Wanderschaft (Auszug)

Joseph Roth erzählt in dem Essay „Juden auf Wanderschaft" vom Leben und von der Kultur der Ostjuden in den ersten Jahrzehnten des 20. Jahrhunderts. Er schildert das Elend, das viele Juden dazu trieb, ihre Heimat zu verlassen und nach Wien, Paris, Berlin oder Amerika auszuwandern. In einem Vorwort macht Roth deutlich, mit welcher Intention und für welche Leserschaft er schreibt:

VORWORT

Dieses Buch verzichtet auf den Beifall und die Zustimmung, aber auch auf den Widerspruch und sogar die Kritik derjenigen, welche die Ostjuden missachten, verachten, hassen und verfolgen. Es wendet sich nicht an jene Westeuropäer, die aus der Tatsache, dass sie bei Lift und Wasserklosett aufgewachsen sind, das Recht ableiten, über rumänische Läuse, galizische Wanzen, russische Flöhe schlechte Witze vorzubringen. Dieses Buch verzichtet auf die „objektiven" Leser, die mit einem billigen und sauren Wohlwollen von den schwanken Türmen westlicher Zivilisation auf den nahen Osten hinabschielen und auf seine Bewohner; aus purer Humanität die mangelhafte Kanalisation bedauern und aus Furcht vor Ansteckung arme Emigranten in Baracken einsperren, wo die Lösung eines sozialen Problems dem Massentod überlassen bleibt. Dieses Buch will nicht von jenen gelesen werden, die ihre eigenen, durch einen Zufall der Baracke entronnenen Väter oder Urväter verleugnen. Dieses Buch ist nicht für Leser geschrieben, die es dem Autor übel nehmen würden, dass er den Gegenstand seiner Darstellung mit Liebe behandelt, statt mit „wissenschaftlicher Sachlichkeit", die man auch Langeweile nennt.

Für wen also ist dieses Buch bestimmt?

Der Verfasser hegt die törichte Hoffnung, dass es noch Leser gibt, vor denen man die Ostjuden nicht zu verteidigen braucht; Leser, die Achtung haben vor Schmerz, menschlicher Größe und vor dem Schmutz, der überall das Leid begleitet; Westeuropäer, die auf ihre sauberen Matratzen nicht stolz sind; die fühlen, dass sie vom Osten viel zu empfangen hätten, und die vielleicht wissen, dass aus Galizien, Russland, Litauen, Rumänien große Menschen und

große Ideen kommen; aber auch (in ihrem Sinne) nützliche, die das feste Gefüge westlicher Zivilisation stützen und ausbauen helfen – nicht nur die Taschendiebe, die das niederträchtigste Produkt des westlichen Europäertums, nämlich der Lokalbericht, als „Gäste aus dem Osten" bezeichnet.
Dieses Buch wird leider nicht imstande sein, das ostjüdische Problem mit der umfassenden Gründlichkeit zu behandeln, die es erfordert und verdient. Es wird nur die Menschen zu schildern versuchen, die das Problem ausmachen, und die Verhältnisse, die es verursachen. Es wird nur Bericht erstatten über Teile des riesigen Stoffgebiets, das, um in seiner Fülle behandelt zu werden, vom Autor so viel Wanderungen verlangen würde, wie viel einige ostjüdische Generationen durchlitten haben.

Aus: Joseph Roth, Juden auf Wanderschaft, dtv, München 2006, S. 5 f.

Wilhelm von Sternburg: Ein Dichter säuft sich systematisch zu Tode

Der Alkohol hat ihn zerstört. Schon 1932 liest Annette Kolb die bitteren Briefzeilen: „Heute habe ich Unglück hinter und neben mir, graue Haare, eine kranke Leber, und bin unheilbarer Alkoholiker." Im gleichen Jahr schreibt der trinkende Joseph Roth an Alfred Ehrenstein: „Eine beginnende Leberzirrhose ist da – und ich kann sie höchstens aufhalten."
Ein Dichter säuft sich systematisch zu Tode. Die langen Nachtstunden werden zum Albtraum. „Ich habe keine Nächte mehr. Ich sitze bis 3 Uhr morgens herum, ich lege mich angezogen um 4 Uhr hin, ich erwache um 5 Uhr und wandere irr durch's Zimmer. Ich bin seit 2 Wochen nicht aus den Kleidern gekommen." Geschwollene Füße, Hämorrhoiden, die ihm zeitweise das Sitzen zur Qual werden lassen, die sich unter der Jacke sichtbar wölbende Leber, Nierenkoliken, Schlaflosigkeit und das nächtliche Erbrechen, über Wochen ein durch den Alkohol verursachtes Augenleiden, das schmerzende Herz. Der Schriftsteller Soma Morgenstern – er hat den Freund drei Jahre nicht mehr gesehen – zeichnet ein bedrückendes Bild aus dem Spätsommer 1937: „Die Veränderung im Gesicht und in der Gestalt erschütterte mich. Er war damals weniger als drei-

undvierzig Jahre alt, und ...: – er sah aus wie ein sechzigjähriger Säufer. Sein Gesicht mit deutlichen Backenknochen, zu kurzem Kinn, einst von stets wacher Schaugier belebt, war jetzt gedunsen und schlaff, die Nase gerötet, die blauen Augen voll Blutwasser in den Winkeln, das Haar am Kopf stellenweise wie ausgerupft, der Mund von einem dunkelroten, slowakisch herabhängenden Schnurrbart völlig verdeckt." In einem Brief aus dem gleichen Jahr klagt Stefan Zweig über einen gemeinsamen Abend in Salzburg: „... abends der grässlich versoffene Roth ..." Klaus Mann, der Joseph Roth im Pariser Exil häufig begegnet ist, wird später in seinen Erinnerungen festhalten: „Der Dichter Roth beging langsamen Selbstmord, trank sich mählich zu Tod, inmitten der Bewunderer und Kollegen."

Joseph Roth: „Das bin ich wirklich; böse, besoffen, aber gescheit."

Und dazu die Weltereignisse. Bereits im Oktober 1930 erreichen Stefan Zweig die pessimistischen Zeilen: „Sie haben recht, Europa begeht Selbstmord, und die langsame und grausame Art dieses Selbstmordes kommt daher, dass es eine Leiche ist, die Selbstmord begeht. [...] Der Teufel regiert wirklich die Welt." Seit Januar 1933 sind dann in dem Land, dessen Zeitungen und Verlage seine Artikel, Reiseberichte, Glossen, Rezensionen, Essays und Romane veröffentlicht haben, die Nationalsozialisten an der Macht. Als Jude und viel gelesener liberaler Journalist hat er jetzt in Deutschland Schreibverbot. Fanatisierte Studenten und Professoren werfen am 10. Mai 1933 auch seine Bücher in die Flammen. „Aus Berlin schreckliche Nachrichten. Ich bin ganz erledigt", schreibt er schon nach dem Reichstagsbrand Ende Februar an einen französischen

Freund. Wenige Tage später heißt es: „Die Welt ist sehr, sehr dumm, bestialisch. Ein Ochsenstall ist klüger." Sein Urteil ist kompromisslos: „Diese ‚nationale Erneuerung' geht bis zum äußersten Wahnsinn. Es ist genau die Form der in der Psychiatrie bekannten Manischen-Depressiven. So ist dieses Volk."

Im März 1938 marschiert die deutsche Wehrmacht in Österreich ein. Auf dem Wiener Heldenplatz jubeln Hunderttausende dem neuen Heilsbringer und einstigen Landsmann Adolf Hitler zu. Der im Österreich der Habsburger geborene Autor ist jetzt endgültig zum Exildasein verdammt.

Krank, von ständigen Geldsorgen getrieben, deprimiert über den kulturellen und zivilisatorischen Untergang Westeuropas grübelnd, sitzt er dennoch Tag für Tag am Tisch eines seiner geliebten Kaffeehäuser in Paris, Marseille, Nizza, Amsterdam oder Ostende und schreibt. Die wachsende Zahl der Untertassen vor den sich mit seiner kleinen, so zart anmutenden Handschrift füllenden weißen Blättern dokumentiert den maßlosen Cognac- oder Schnapskonsum. Angesichts des körperlichen Verfalls und der schwierigen, persönlich als hoffnungslos empfundenen äußeren Umstände erscheint es wie ein Wunder, dass Roth in den etwas mehr als sechs Jahren seines Exils noch zwölf Romane und Erzählungen und etwa 160 Artikel verfasst. Franz Kafka offenbart sich 1912 in einem Brief an die spätere Verlobte Felice Bauer mit den Sätzen: „Mein Leben besteht und bestand im Grunde von jeher aus Versuchen zu schreiben [...] Schrieb ich aber nicht, dann lag ich auch schon auf dem Boden, wert hinausgekehrt zu werden." Ähnlich wird sich der Schriftsteller Joseph Roth 1936 gegenüber dem Kollegen Stefan Zweig äußern, wenngleich ihm Schreibhemmungen fremd geblieben sind: „Ich kenne, glaube ich, die Welt nur, wenn ich schreibe, und, wenn ich die Feder weglege, bin ich verloren."

Auch der Briefschreiber Roth verstummt nicht. Seine Freunde, seine Exilverlage, seine in Paris lebende Übersetzerin oder die Mitarbeiter der Zeitungsredaktionen, die ihm noch offenstehen, erreichen materielle Hilferufe, verzweifelte Anmerkungen zur politischen Lage oder spöttische Selbstbespiegelungen.

Aus: Wilhelmine v. Sternburg, Joseph Roth. Eine Biographie. Kiepenheuer & Witsch, Köln 2009, S. 11 ff.

Joseph Roth: Die Legende vom heiligen Trinker (Auszug)

„Die Legende vom heiligen Trinker" ist Joseph Roths letztes Werk. Die Erzählung handelt von Andreas, einem Pariser Clochard (heute würde man sagen: ein Obdachloser), der auf wundersame Weise Geld geschenkt bekommt. Der Geber beauftragt ihn, den Betrag irgendwann, wenn es ihm möglich ist, in der Kirche der heiligen Therese zu spenden. Für Andreas sind das Geld und weitere wundersame Ereignisse eine Möglichkeit, seine letzten Lebenstage in Würde zu verbringen.
Joseph Roth selbst nennt die Erzählung „Mein Testament". Er schrieb sie 1939 und nimmt seinen eigenen Tod in ihr poetisch vorweg.

Hierauf, während er seine halb zerfetzten Papiere vor sich auf dem Tisch ausbreitete, erinnerte er sich daran, dass er eines Tages, vor vielen Jahren, hierhergekommen war, weil man in der Zeitung kundgemacht hatte, dass man in Frankreich Kohlenarbeiter suche.
5 Und er hatte sich sein Lebtag nach einem fernen Lande gesehnt. Und er hatte in den Gruben von Quebecque gearbeitet, und er war einquartiert gewesen bei seinen Landsleuten, dem Ehepaare Schebiec. Und er liebte die Frau, und da der Mann sie eines Tages zu Tode schlagen wollte, schlug er, Andreas, den Mann tot. Dann saß
10 er zwei Jahre im Kriminal.
Diese Frau war eben Karoline.
Und dieses alles dachte Andreas im Betrachten seiner bereits ungültig gewordenen Papiere. Und hierauf bestellte er noch einen Pernod, denn er war ganz unglücklich.
15 Als er sich endlich erhob, verspürte er zwar eine Art von Hunger, aber nur jenen, von dem lediglich Trinker befallen werden können. Es ist dies nämlich eine besondere Art von Begehrlichkeit (nicht nach Nahrung), die lediglich ein paar Augenblicke dauert und sofort gestillt wird, sobald derjenige, der sie verspürt, sich ein be-
20 stimmtes Getränk vorstellt, das ihm in diesem bestimmten Moment zu behagen scheint.
Lange schon hatte Andreas vergessen, wie er mit Vatersnamen hieß. Jetzt aber, nachdem er soeben seine ungültigen Papiere noch einmal gesehen hatte, erinnerte er sich daran, dass er Kartak hieße:

Andreas Kartak. Und es war ihm, als entdeckte er sich selbst erst seit langen Jahren wieder.

Immerhin grollte er einigermaßen dem Schicksal, das ihm nicht wieder, wie das letzte Mal, einen dicken, schnurrbärtigen, kinder-
⁵ gesichtigen Mann in dieses Caféhaus geschickt hatte, der es ihm möglich gemacht hätte, neues Geld zu verdienen. Denn an nichts gewöhnen sich die Menschen so leicht wie an Wunder, wenn sie ihnen ein-, zwei-, dreimal widerfahren sind. Ja! Die Natur der Menschen ist derart, dass sie sogar böse werden, wenn ihnen nicht
¹⁰ unaufhörlich all jenes zuteilwird, was ihnen ein zufälliges und vorübergehendes Geschick versprochen zu haben scheint. So sind die Menschen – und was wollten wir anderes von Andreas erwarten? Den Rest des Tages verbrachte er also in verschiedenen anderen Tavernen, und er gab sich bereits damit zufrieden, dass die Zeit
¹⁵ der Wunder, die er erlebt hatte, vorbei sei, endgültig vorbei sei, und seine alte Zeit nun wieder begonnen habe. Und zu jenem langsamen Untergang entschlossen, zu dem Trinker immer bereit sind – Nüchterne werden das nie erfahren! –, begab sich Andreas wieder an die Ufer der Seine unter die Brücken.

²⁰ Er schlief dort, halb bei Tag und halb bei Nacht, so wie er es gewohnt gewesen war seit einem Jahr, hier und dort eine Flasche Schnaps ausleihend bei dem und jenem seiner Schicksalsgenossen – bis zur Nacht des Donnerstags auf Freitag.

Roth, Joseph: Die Legende vom heiligen Trinker, dtv, München ⁶2010, S. 35 ff.

2. Zur Situation der Ostjuden zu Beginn des 20. Jahrhunderts

Der erste Teil des Romans „Hiob" spielt in einem ostjüdischen Schtetl (auch Stetl oder Shtetl, jiddisch für „Städtchen"). Roth selbst hat während seiner Kindheit und Jugend nie unter solch armen Bedingungen gelebt wie Mendel Singer; autobiografisch ist aber die Gegend, in der er
5 *seine Romanhandlung spielen lässt. Die Juden in Galizien (im Grenzland zwischen Österreich-Ungarn, Polen und dem Russischen Reich) bildeten eigene Gemeinschaften, in denen sie ihre Religion, ihre Kultur und ihre Sprache pflegten. Man kann diese Wohnviertel vielleicht vergleichen mit den heutigen ethnisch geprägten Stadtteilen in Großstäd-*
10 *ten wie Berlin oder Köln.*
Das jüdische Volk ist im Lauf seiner Geschichte immer wieder Repressalien und Vertreibungen ausgesetzt gewesen. Seit dem 16. Jahrhundert gab es eine starke jüdische Gruppe in Polen, die dort zunächst unter günstigen Bedingungen lebte. Man nennt diese Situation einer
15 *Minderheit „Diaspora" (vom griechischen Wort für „Zerstreutheit").*
Das Gerücht, die Ermordung des Zaren Alexander II. (1818–1881) sei ein jüdischer Anschlag gewesen, führte 1882 zu gewaltsamen Ausschreitungen, die sich in den folgenden Jahrzehnten wiederholten. Infolgedessen gab es starke Emigrationsbewegungen nach Amerika, aber
20 *auch nach Österreich und Frankreich.*

Christina Kayales, Astrid Fiehland van de Vegt: Leben in der Diaspora – Einige Beispiele

Im 2. und 3. Jahrhundert leben Juden verstreut über das gesamte Römische Reich. Der seit dem 4. Jahrhundert immer stärker werdende christliche Einfluss auf das Römische Reich führt sie in eine bedrückende Lage. Antijüdische Gesetze häufen sich, und es
5 kommt zu immer stärkerer Konfrontation zwischen Christentum und Judentum. In den folgenden Jahrhunderten unterscheidet sich die Situation der Juden in den verschiedenen Teilen der Welt oftmals erheblich. Dazu nur einige Beispiele:
– *Unter dem Islam*, der sich seit dem 7. Jahrhundert von der Ara-
10 bischen Halbinsel her immer weiter ausdehnt, werden Juden als

Minderheit geduldet. Als „Volk des Buches" genießen sie ebenso wie die Christen den Schutz der muslimischen Herrscher. Ihr Status ist der einer „Dhimmi"-Gemeinschaft (= Gemeinschaft von Schutzbefohlenen), umgeben vom „Haus des Islam". So können sich beispielsweise das babylonische und nordafrikanische Judentum behaupten, während das Judentum in Spanien unter islamischer Herrschaft von 900–1140 sogar eine Blütezeit erlebt. Bis in das 20. Jahrhundert hinein bestehen in fast allen arabischen Ländern jüdische Gemeinden: mal toleriert, mal bedrückenden Gesetzen und Schikanen ausgeliefert. Nach 1948 wandert der größte Teil dieser Jüdinnen und Juden nach Israel ein.

– *In Frankreich* leben Juden lange Zeit nahezu ungehindert bis zur Zeit der Kreuzzüge, als sie im gesamten westlichen Europa verfolgt und vertrieben werden. Das Schicksal der Juden bleibt immer von der Gnade oder Ungnade der Herrscher abhängig, in deren Land sie leben. Erst im 19. Jahrhundert bringen die Auswirkungen der Französischen Revolution (1789) eine allmähliche Verbesserung ihrer rechtlichen und sozialen Lage, jedenfalls in Westeuropa.

– *In Osteuropa* dagegen erhalten Jüdinnen und Juden keine Gleichberechtigung, sondern sind immer wieder grausamen Verfolgungen und Pogromen ausgesetzt. Unter diesen bedrückenden Verhältnissen entwickeln sich im 19. Jahrhundert erste Ideen zu einer modernen jüdischen Nationalbewegung. Seit 1882 kommt es in mehreren Einwanderungswellen zur Ansiedlung von Juden aus dem zaristischen Russland im Lande Israel. Unter dem Druck des modernen Antisemitismus gewinnt der Gedanke des Zionismus auch in Westeuropa an Bedeutung.

– *Jüdisches Leben in den USA:* Im 20. Jahrhundert verlagert sich der Schwerpunkt jüdischen Lebens von Europa nach Israel und in die USA. Heute leben ca. 5,5 Millionen Juden in den USA. New York ist mit ca. 1,7 Millionen Juden die Stadt mit der größten jüdischen Bevölkerung. Ihr folgt Los Angeles mit ca. 500.000. Charakteristisch für die Situation des Judentums in den USA ist die religiöse Vielfalt. Alle religiösen Strömungen sind hier vorhanden: das reformierte Judentum, die konservative Bewegung, der Rekonstruktionismus (welcher besonders die verbindende Bedeutung der jüdischen Zivilisation betont) und zahlreiche orthodoxe Bewegungen von neo-orthodox bis hin zu ultra-orthodox. Die Mehrheit der Bevölkerung (mehr als 80 %) gehört dem nicht-orthodoxen Spektrum an. Dem konservativen Judentum rechnen sich knapp 40 % zu, dem reformierten Judentum ca. 35 %, der Orthodoxie – in all ihren Schattierungen – ca. 12 %. Die religiösen Strömungen haben je ihre eigenen Ausbildungsstätten: so z. B. das Jewish Theological Seminary (konservativ), das Hebrew Union College (reform), die Yeshive University (modern-orthodox) sowie ihre Gemeinde- und Rabbinerorganisationen. Im Hinblick auf soziale Fragen kooperieren die Strömungen miteinander. Daneben gibt es eine große Vielfalt jüdischer Organisationen und Vereine.

– Die genannten jüngsten Entwicklungen stehen immer auch in der Konsequenz der tiefen Zäsur, die das Judentum in der Mitte Europas im 20. Jahrhundert erfahren musste: Nach dem Erstarken des Nationalsozialismus in den 30er-Jahren und der immer brutaleren Umsetzung des nationalsozialistischen Rassenwahns durch weite Teile der deutschen Gesellschaft setzt eine Fluchtbewegung der Juden aus dem Machtbereich Deutschlands in alle Welt ein. Etwa 6 Millionen Juden in Europa, die sich der Schreckensherrschaft nicht entziehen können, werden bis 1945 umgebracht. Erst mit der Proklamierung des unabhängigen Staates Israel im Jahre 1948 wird ein Neuanfang in der Geschichte der Juden gesetzt.

Aus: Christina Kayales und Astrid Fiehland van de Vegt (Hg.): Was jeder vom Judentum wissen muss, Gütersloher Verlaghaus, Gütersloh 2005, S. 90 ff.

Königreich Galizien und Lodomerien

Galizien ist eine Landschaft im Westen der Ukraine und im Süden Polens. Das Königreich Galizien und Lodomerien (auch Wolhynien) gehörte bis 1867 zu Österreich-Ungarn und wurde danach im Zuge des Ausgleichs mit Polen faktisch selbstständig. 1873 erhielt Galizien unter polnischer Führung die vollständige Autonomie zuerkannt. Das Königreich Galizien und Lodomerien hatte im Jahr

1914 eine Fläche von 78.497 km². Hauptstadt war Lemberg (heute ukrainisch Lwiw).
Problematisch war in der strukturschwachen Region die Lage der ländlichen Bevölkerung und der größtenteils nicht assimilierten[1] Juden im Osten. Auch deshalb entstanden bald populistische Bewegungen der Bauern, die die Grundlagen für die in der Zwischenkriegszeit mächtigen Bauernparteien legten. Das liberale geistige Klima am Vorabend des Ersten Weltkrieges ermöglichte auch die Aufstellung paramilitärischer[2] Verbände, die für die Wiedererlangung der Unabhängigkeit kämpfen sollten.

Aus: http://de.wikipedia.org/wiki/Galizien, Aufruf 1.11.2011

[1] angepasst, angeglichen
[2] halb militärisch, militärähnlich

Jüdische Bevölkerung im Osten Galiziens

Die jüdischen Galizier hatten fast überall eigene Stadtviertel (Schtetl) und waren in einigen Kleinstädten des Ostens Galiziens fast unter sich. In ihrer Sprache, Jiddisch, erschienen Bücher und Zeitungen. Die (assimilierten) Juden in den größeren Städten sprachen und schrieben Deutsch oder Polnisch. Von den Juden Galiziens kamen herausragende intellektuelle Impulse, nicht nur im religiösen und philosophischen Bereich – z. B. Martin Buber[1] –, sondern auch in literarischer Hinsicht – etwa Joseph Roth, Manès Sperber[2] oder Mascha Kaléko[3] – sowie auf anderen Gebieten (Naturwissenschaften, Film (Billy Wilder[4]), Rechtswissenschaft usw.). Diese Impulse beruhten darauf, dass Gelehrsamkeit und Bildung bei Juden seit Jahrhunderten in hohem Ansehen standen und die Familien, soweit sie dazu finanziell imstande waren, große Anstrengungen unternahmen, ihren Kindem Bildung zu vermitteln. Die Juden waren die einzige Gruppe der Bevölkerung, in der keine nationalistisch-partikulare Perspektive entwickelt wurde, sondern die die gesamte Monarchie als ihre Heimat betrachtete. Der Zionismus[5] spielte aber auch bei den galizischen Juden eine bedeutende Rolle.

Ab den 1840er-Jahren begann der jüdische Bevölkerungsanteil in Galizien anzusteigen. Gründe hierfür lagen in der Zuwanderung aus Russland und den russisch besetzten Teilen Polens unter Zar Nikolaus I. (1796–1855), der die Rechte der russischen und polnischen Juden einschränkte und ihnen zusätzliche Verpflichtungen auferlegte. Zudem legte er in mehreren westlichen Provinzen Russlands einen „Ansiedlungsrayon[6]" fest, der [...] die einzige Gegend hätte sein sollen, in der jüdische Bevölkerung erlaubt war. Diese Politik wurde lange mehr oder wenig streng verfolgt, was viele Juden zur Auswanderung aus Russland bewog. Viele gingen in die

---

[1] (1878–1965), Religionsphilosoph
[2] (1905–1984), Schriftsteller, Sozialpsychologe und Philosoph
[3] (1907–1975), Lyrikerin
[4] (1907–2002), Drehbuchautor, Regisseur und Filmproduzent
[5] jüdische Bewegung mit dem Ziel, einen nationalen Staat für Juden in Palästina zu schaffen
[6] Rayon – Bezirk

USA, viele auch nach Galizien. Ein Grund für diese Zuwanderung dürfte auch gewesen sein, dass Juden ab der Revolution 1848 und dem Toleranzpatent von 1867 durch ihr Religionsbekenntnis in Österreich kaum noch staatliche Nachteile zu befürchten hatten, da vor dem Staat nun alle Religionen gleichberechtigt waren. [...]
Die wirtschaftliche Situation der Masse der jüdischen Galizier gestaltete sich ebenso

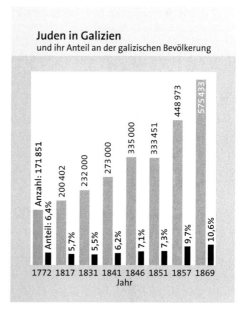

Juden in Galizien
und ihr Anteil an der galizischen Bevölkerung

Anzahl: 171 851, 200 402, 232 000, 273 000, 335 000, 333 451, 448 973, 575 433
Anteil: 6,4%, 5,7%, 5,5%, 6,2%, 7,1%, 7,3%, 9,7%, 10,6%
Jahr: 1772, 1817, 1831, 1841, 1846, 1851, 1857, 1869

dürftig wie die der ruthenischen Bevölkerung. Teilweise lebten sie in bitterster Armut. Die sogenannten *jüdischen Berufe* waren überfüllt, die zahlreichen Zwergbetriebe waren kaum in der Lage, die meist großen Familien ausreichend zu ernähren. 1857 wanderten daher 2.000 jüdische Galizier aus, 1890 waren es 7000. Die Mehrheit von ihnen bevorzugte die USA als Auswanderungsziel. Zwischen 1880 und 1910 wanderten insgesamt 236.504 jüdische Galizier in die Vereinigten Staaten aus.

Die Juden bekannten sich seit dem galizischen Ausgleich immer mehr zur polnischen Nationalität, sie assimilierten sich sprachlich an die Mehrheitsbevölkerung. Dadurch sank der Anteil der deutschsprachigen Galizier, die zum Großteil Juden waren. Im Jahr 1880 erklärten sich noch 5,4 % der Bevölkerung als deutschsprachig, im Jahr 1910 waren es nur noch 1,1 %. Dabei blieb der jüdische Bevölkerungsanteil in Galizien konstant bei 11 %, der Anteil der deutschsprachigen Nichtjuden bei 0,5 %.

Im östlichen Teil des Kronlandes herrschten polnische Großgrundbesitzer über ukrainische Bauern. Die Juden, die dort über 10 % der Bevölkerung ausmachten, nahmen als Händler und Handwerker seit Langem eine Mittlerrolle zwischen Adel und Großgrundbesitzern und den armen Bauern ein. Sie lebten mehrheitlich in den Städten, wo sie große Bevölkerungsanteile stellten, oder in eigenen Dörfern (Schtetl). Im Sinne des polnischen Nationalismus sollten sie nun von diesen Schlüsselpositionen in der Gesellschaft zurückgedrängt werden, die Wirtschaft sollte „polnischer" werden und die Industrialisierung, die Galizien bisher als de facto „landwirtschaftliche Kolonie" der Monarchie „verschlafen hatte", nachgeholt werden. Der polnische Adel gründete Genossenschaften und Syndikate[1] (kólka rolnicze) und unterstützte Polen bei der Gründung eigener Unternehmen, um die jüdischen Manufakturen, Handwerker und Händler zurückzudrängen. Zugleich wurden Juden systematisch wirtschaftlich benachteiligt und antisemitische Agitation[2] gestreut. Die katholische Kirche ließ alte antisemitische Legenden wie jene vom jüdischen Ritualmord wieder aufleben. All dies führte zunehmend zu einer pogromartigen[3] Stimmung in der polnisch-christlichen Bevölkerung und steigendem Emigrationsdruck unter den Juden aufgrund der zunehmenden gesellschaftlichen, wirtschaftlichen und politischen Benachteiligungen und Einschränkungen. Ab 1871 häuften sich wirtschaftliche Boykottaufrufe gegen Juden und in den 1890er-Jahren mehrten sich gewalttätige Übergriffe gegenüber der jüdischen Bevölkerungsgruppe.

Aus: http://de.wikipedia.org/wiki/Galizien#Kronland_Galizien_und_Lodomerien, Aufruf 1.11.2011

---

[1] Zusammenschluss von Unternehmen
[2] aggressive Beeinflussung
[3] Pogrom – Ausschreitungen

Anhang 181

Prozentsatz an jüdischer Bevölkerung in Galizien im Jahr 1910

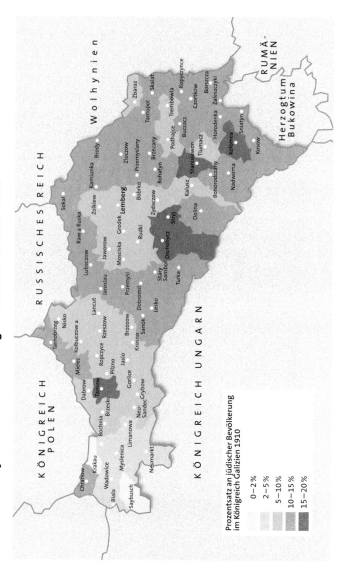

Prozentsatz an jüdischer Bevölkerung im Königreich Galizien 1910

0–2 %
2–5 %
5–10 %
10–15 %
15–20 %

Joseph Roth: Ostjuden im Westen (Aus: Juden auf Wanderschaft)

Der Ostjude weiß in seiner Heimat nichts von der sozialen Ungerechtigkeit des Westens; nichts von der Herrschaft des Vorurteils, das die Wege, Handlungen, Sitten und Weltanschauungen des durchschnittlichen Westeuropäers beherrscht; nichts von der Enge des westlichen Horizonts, den Kraftanlagen umsäumen und Fabrikschornsteine durchzacken; nichts von dem Hass, der bereits so stark ist, dass man ihn als daseinerhaltendes (aber lebentötendes) Mittel sorgfaltig hütet, wie ein ewiges Feuer, an dem sich der Egoismus jedes Menschen und jedes Landes wärmt. Der Ostjude sieht mit einer Sehnsucht nach dem Westen, die dieser keinesfalls verdient. Dem Ostjuden bedeutet der Westen Freiheit, die Möglichkeit, zu arbeiten und seine Talente zu entfalten, Gerechtigkeit und autonome Herrschaft des Geistes. Ingenieure, Automobile, Bücher, Gedichte schickt Westeuropa nach dem Osten. Es schickt Propagandaseifen und Hygiene, Nützliches und Erhebendes, es macht eine lügnerische Toilette für den Osten. Dem Ostjuden ist Deutschland zum Beispiel immer noch das Land Goethes und Schillers, der deutschen Dichter, die jeder lernbegierige jüdische Jüngling besser kennt als unser hakenkreuzlerischer Gymnasiast. Der Ostjude hat im Krieg nur jenen General kennengelernt, der eine humane Ansprache an die Jidden in Polen affichieren[1] ließ, die das Kriegspressequartier formuliert hatte, nicht aber den General, der kein schöngeistiges Buch gelesen hat und trotzdem den Krieg verliert.

Dagegen sieht der Ostjude nicht die Vorzüge seiner Heimat; nicht die grenzenlose Weite des Horizonts; nichts von der Qualität dieses Menschenmaterials, das Heilige und Mörder aus Torheit hergeben kann, Melodien von trauriger Größe und besessener Liebe. Er sieht nicht die Güte des slawischen Menschen, dessen Roheit noch anständiger ist als die gezähmte Bestialität des Westeuropäers, der sich in Perversionen Luft macht und das Gesetz umschleicht, mit dem höflichen Hut in der furchtsamen Hand.

---

[1] anschlagen, aushängen

Der Ostjude sieht die Schönheit des Ostens nicht. Man verbot ihm, in Dörfern zu leben, aber auch in großen Städten. In schmutzigen Straßen, in verfallenen Häusern leben die Juden. Der christliche Nachbar bedroht sie. Der Herr schlägt sie. Der Beamte lässt sie einsperren. Der Offizier schießt auf sie, ohne bestraft zu werden. Der Hund verbellt sie, weil sie mit einer Tracht erscheinen, die Tiere ebenso wie primitive Menschen reizt. In dunklen Chedern werden sie erzogen. Die schmerzliche Aussichtslosigkeit des jüdischen Gebets lernen sie im frühesten Kindesalter kennen; den leidenschaftlichen Kampf mit einem Gott, der mehr straft, als er liebt, und der einen Genuss wie eine Sünde ankreidet; die strenge Pflicht, zu lernen und mit jungen Augen, die noch hungrig nach der Anschauung sind, das Abstrakte zu suchen.

[...]

Sowohl die nationalen als auch die assimilierten Juden bleiben meist im Osten. Jene, weil sie ihre Rechte erkämpfen und nicht fliehen wollen, diese, weil sie sich einbilden, die Rechte zu besitzen, oder weil sie das Land lieben, wie der christliche Teil des Volkes – und mehr als dieser. Die Emigranten also sind Menschen, die müde werden dieser kleinen und grausamen Kämpfe und die wissen, fühlen oder nur ahnen, dass im Westen ganz andere Probleme lebendig werden, neben den nationalen, und dass die nationalen Streitigkeiten im Westen ein lärmendes Echo von gestern sind und nur ein Schall von heute; dass im Westen ein europäischer Gedanke geboren ist, der übermorgen oder sehr spät und nicht ohne Leid zu einem Weltgedanken reifen wird. Diese Juden ziehen es vor, in Ländern zu leben, in denen die Rassen- und nationalen Fragen nur noch die stimmkräftigen und sogar mächtigen, aber zweifellos gestrigen und mit einem Geruch von Moder, Blut und Dummheit umherwandelnden Teile der Völker beschäftigen, in Ländern, in denen trotz allem einige Köpfe an den Fragen von morgen arbeiten. (Diese Emigranten stammen aus den russischen Grenzländern, *nicht* aus Russland.) Andere wandern aus, weil sie Beruf und Arbeit verloren haben oder nicht finden. Es sind Brotsucher, Proletarier, wenn auch nicht immer mit proletarischem Bewusstsein. Andere sind vor dem Krieg und der Revolution geflohen. Es sind „Flüchtlinge", meist Kleinbürger und Bürger, verbissene Feinde der Revolution und konservativ, wie es kein bodenständiger Landadeliger sein könnte.

Viele wandern aus Trieb und ohne recht zu wissen warum. Sie folgen einem unbestimmten Ruf der Fremde oder dem bestimmten eines arrivierten[1] Verwandten, der Lust, die Welt zu sehen und der angeblichen Enge der Heimat zu entfliehen, dem Willen, zu wirken und ihre Kräfte gelten zu lassen.

Aus: Joseph Roth, Juden auf Wanderschaft, dtv, München 2006, S. 7 ff.

Schulbildung im Schtetl – Der Cheder

Die ostjüdischen „Schtetl" waren durch unvorstellbare Armut und Enge gekennzeichnet. Die Juden lebten hier von der übrigen Welt völlig abgeschlossen und verharrten in mittelalterlichen Lebensformen. Die Aufklärung und die Emanzipation der Juden in Westeuropa gingen an den Ostjuden spurlos vorüber. Trotzdem blieb das Schtetl stets ein Ort jüdischen Zusammenhalts. Innigste Frömmigkeit gab auch dem ärmsten Juden Würde und machte das Schtetl zu einem „in Lumpen gehüllten Königreich des Geistes". Im Schtetl entstand dadurch eine spezifische jüdische Kultur und Religiosität. Dennoch war für viele die Not erdrückend und sie versuchten, ihr Heil in der Auswanderung (häufig nach Amerika) zu finden. Die eigentliche Vaterpflicht der religiösen Erziehung wurde

Schtetlbewohner vor ihrer Wohnung, um 1910

---

[1] beruflich oder gesellschaftlich emporgekommen

im Schtetl von der armen Bevölkerungsmehrheit oft dem Cheder, einer Art Grundschule, überlassen. Jeder Cheder wurde von einem Lehrer, dem Melammed, geleitet und privat finanziert. Das karge Einkommen und die Missachtung dieser Kinderlehrer in der Öffentlichkeit entsprach der oft mäßigen Qualität ihres Unterrichts. Bettelarm und ohne jegliche Ausbildung lehrten sie die Jungen im Alter von 3–15 Jahren ziemlich unsystematisch Abschnitte der Thora im Original und in jiddischer Übersetzung sowie leichtere Talmud[1]-Stellen. Der Schultag dauerte oft acht bis zwölf Stunden, denn vielen Eltern ging es vordergründig um die Beaufsichtigung ihrer Kinder, während sie arbeiteten, um für das Wohl der Familie zu sorgen. Nur die Knaben besuchten bis zu ihrer Bar Mizwa den Cheder. Die Mädchen erhielten, jeweils den häuslichen Verhältnissen entsprechend, eine recht unterschiedliche Erziehung, deren Ziel es war, später einen rituell korrekten Haushalt führen zu können. Für Mädchen und Frauen gab es besondere Gebetbücher und Erbauungsliteratur, welche zum größten Teil in Jiddisch geschrieben waren. Außerdem hatten die Frauen einen gewissen Freiraum für weltliche Lektüre. So konnte es vorkommen, dass sie über einen weiteren Horizont verfügten als ihre „nur" rabbinisch gebildeten Männer, welche sich ausschließlich den heiligen Schriften widmen sollten. Nach dem Abschluss des Cheders musste entschieden werden, ob der Junge das Talent für ein lebenslanges Studium besaß oder ob er ins Geschäftsleben eintreten musste. War der Junge befähigt für das Studium, kam er auf die Jeschiwa, eine Art theologische Hochschule, und war nun ein Jeschiwe-Bocher („Jeschiwa-Junge"). Nur wenige Eltern konnten das Studium finanzieren. Die Lösung dieses Problems zeigt, welchen Stellenwert das religiöse Studium im Schtetl hatte, denn die Gemeinde übernahm nicht nur die Unterhaltung der Jeschiwa, sondern auch die der ärmeren Studenten. Die Ausbildung beschränkte sich dabei fast ausschließlich auf die traditionellen Texte des Talmud und die rabbinischen Gesetzessammlungen.

Aus: www.hagalil.com/deutschland/ost/judentum/ostjudentum.htm, Aufruf 1.11.2011

---

[1] Sammlung jüdischer Gesetze und Überlieferungen

Manès Sperber: Zablotow

Manès Sperber, 1905 in Ostgalizien geboren, verbrachte seine Jugend in Wien. Von 1934 an lebte er bis zu seinem Tod am 5. Februar 1984 hauptsächlich in Paris. In seiner Schrift „Die Wasserträger Gottes" (1974), die Teil seiner Autobiografie ist, beschreibt Sperber das jüdische Leben im Schtetl, den Alltag und die Prinzipien, nach denen es aufgebaut war.

Zablotow, so hieß dieser kleine Ort, der Hunderten anderen Städtchen ähnlich war, in denen bis 1942 die jüdische Bevölkerung Galiziens, Russisch-Polens, Litauens, Weißrusslands und der Ukraine auf engem Raum zusammengepfercht lebte. Zablotow – schon der
5 Name ist unangenehm: Er spielt auf den lehmigen Boden, auf die ungepflasterten Straßen an, in denen man zu versinken drohte, sobald die unaufhörlichen Herbstregen sie aufgeweicht hatten. Die dreitausend Einwohner waren zu neunzig Prozent Juden: Handwerker, viel mehr als man je brauchen konnte, Händler mehr als
10 Käufer – Händler ohne Kapital, welche die Waren, die sie anboten, zumeist selbst noch nicht bezahlt hatten. [...]
Die Zablotower waren wie die Bewohner der anderen Städtchen „Luftmenschen" oder „Luftexistenzen", wie sie sich selbst gerne nannten – mit jener Selbstironie, auf die sie schwerer verzichten
15 hätten können als auf ihre kärgliche Nahrung oder ihre schäbige Kleidung.
Habe ich von der Armseligkeit des Städtels gesprochen? Das Wort ist irreführend, weil durchaus unzureichend. Sich kaum je wirklich satt zu essen war das Schicksal der meisten, obschon die Nahrungs-
20 mittel dort weit billiger waren als im Westen. Viele Kinder träumten davon, einmal, ein einziges Mal, ein wirklich neues Gewand, ein Paar neue Schuhe zu bekommen – aber es geschah nur höchst selten. Gewendet, dann gekürzt, dann wieder gewendet, mit passenden und oft unpassenden Flicken repariert – eine Harlekinade[1] weit und
25 breit, über die niemand lachte. Die Flickschneider und die Flickschuster waren die meistbeschäftigten Handwerker, ohne sie hätten viele Kinder nackt und auch im Winter barfuß gehen müssen.

---

[1] Komödie, Scherz auf Kosten einer Person

Es gab Männer, die fasteten nicht nur an den zahlreichen Fasttagen, sondern überdies jeden Montag und Donnerstag, damit auch die Kinder oder die Enkel etwas mehr zu essen hätten. Von dem für den Sabbat gebackenen, geflochtenen Weißbrot verzehrte man nur so viel, als notwendig war, um die vorgesehenen Segenssprüche zu rechtfertigen, den Rest aber bewahrte man während der Woche auf – für den Fall, dass einer krank würde. Bis spät in den kalten Herbst gingen die Kinder barfuß; im Winter mussten häufig ein oder zwei Paar Stiefel für die ganze Familie reichen. Man heizte mit der billigsten Braunkohle, aber auch für sie reichte das Geld nicht. Reichen musste es jedoch in jeder Familie für eines: für den Lohn des Lehrers. Vom dritten Lebensjahr an mussten die Kinder, die Buben, nicht die Mädchen, in den *Cheder*, die Schule, in der man Hebräisch lesen, beten und schließlich die Bibel übersetzen lernte. [...]
Wie viele auch hungerten, niemand verhungerte. Man erzählte: Mitglieder der Gemeinde weckten den Rabbi am frühen Morgen: „Es ist etwas Furchtbares geschehen", klagten sie. „In unserer Mitte ist einer hungers gestorben, man hat ihn soeben tot in seiner Stube aufgefunden." Darauf der Rabbi: „Das ist nicht wahr. Ja, es ist unmöglich. Hättest du oder du oder du ihm ein Stück Brot verweigert, wenn er es verlangt hätte?" – „Nein", antworteten sie, „aber Elieser war zu stolz, um etwas zu bitten." – „Also sagt nicht, dass mitten unter uns einer hungers gestorben ist, denn Elieser ist an seinem Stolze zugrunde gegangen."
Es gab solch Stolze, aber sie waren selten; die meisten hungerten sich durch, bis ihre Kinder ihnen helfen konnten, die nach Amerika auswanderten, oder bis sie an einer Lungenkrankheit oder am Herzschlag starben.
Ja, es war eine bis zur Absurdität maßlose, groteske Armut, jedoch keine Armseligkeit, weil die Zablotower nicht nur etwa glaubten, sondern wussten, dass der Zustand nur provisorisch war und sich bald alles ändern würde, auch wenn die Not schon Jahrzehnte, wenn nicht gar Jahrhunderte dauerte – in der Tat seit dem Siege des Kosakenhetmans[1] Bogdan Chmielnicki im Jahre 1648. Gott, ihr Gott natürlich, griff stets ein. Spät, sehr spät, aber nie zu spät.

---

[1] Ukrainischer Titel für den Anführer des Kosakenaufstands 1648

Darüber hinaus konnte man jeden Augenblick mit der Ankunft des Messias, also mit der endgültigen Erlösung rechnen. In den zahlreichen Bet- und Studierstuben, die es in jedem Städtchen gab, fanden sich immer welche, die während der endlosen Gespräche zwischen dem Nachmittags- und dem Abendgebet bewiesen, dass eben das Übermaß von Leid und Not der Beweis dafür wäre, dass der Messias unaufhaltsam nahte. Unter den Zuhörern mochte es Zweifler geben und Kleinmütige, die befürchteten, dass sie noch vor der Erlösung sterben könnten, doch gab es kaum einen, der nicht an den Messias und sein nahes Kommen glaubte.

[...]

Denke ich an diese Juden zurück, wie ich sie bis zu meinem zehnten Lebensjahr täglich in den Gassen, auf dem Marktplatz, in Bethäusern und Studierstuben sah, so bringt mir die Erinnerung zweierlei Geräusche zurück: Seufzen, viel Seufzen und Ächzen, aber auch Gelächter, gutmütiges oder spöttisches, doch stets lautes Lachen, in das auch die Seufzenden und Ächzenden bald einstimmten. Jedes Bonmot, „ein gut' Wörtl", wurde sofort aufgenommen, wiederholt und ausgekostet, bis ein anderes es schließlich verdrängte. Außer den Bonmots zitierte man auch häufig weise, tiefe und besonders scharfsinnige Aussprüche. Chassidim brachten sie vom Hofe ihres Zaddik, des Wunderrabbi, zu dem sie immer wieder fuhren. ...

Nun, was dachten denn die Leute vom Städtel selbst? Wussten sie, wie hässlich ihre Häuser und wie unschön ihre armselige Kleidung war? Gewiss fehlte ihnen die Möglichkeit zu vergleichen, denn die meisten von ihnen starben, ehe sie sich ein- oder höchstens zweimal weiter als 30 Kilometer entfernt hatten. Die nahen Dörfer gefielen ihnen keineswegs, die strohbedeckten Hütten der Ukrainer waren in ihren Augen viel hässlicher als ihre eigenen Häuser; überdies mieden sie möglichst die Dörfer, weil sie mit Recht fürchteten, dort der Feindseligkeit zu begegnen. Dennoch waren diese Städtchen keine Gettos, sondern wesensmäßig ebenso wie definitionsgemäß das Gegenteil. Ein Städtel war nicht das Anhängsel einer christlichen Gemeinde innerhalb der Bannmeile, nicht ein diskriminierter Fremdkörper innerhalb einer höheren Zivilisation, sondern im Gegenteil eine scharf profilierte, in ihren Grundlagen gefestigte autonome Gemeinschaft mit einer eigenartigen Kultur – dies inmitten von Armut und Hässlichkeit und eingekreist von Feinden des jüdischen Glaubens. Das Städtel war ein Zentrum, von dem aus gesehen die slawischen Dörfer periphere Agglomerationen[1] waren, deren Einwohner, zumeist Analphabeten, zum Geistigen kaum eine Beziehung hatten. In all seiner Misere war das jüdische Städtchen eine kleine Civitas Dei[2] – geistig und geistlich erstaunlich, in mancher Hinsicht um Jahrhunderte zurückgeblieben, nicht selten abstoßend, aber dennoch bewundernswert, weil das Leben dieser Menschen täglich, ja stündlich und bis in die letzte Einzelheit durch ihre wahrhaft beispiellose Treue zu einem unablässig fordernden Glauben bestimmt wurde. Die Juden des Gettos von Venedig, von Rom oder Worms blieben eine in der eigenen Vaterstadt diskriminierte exilierte Minderheit, während die Einwohner des Städtels majoritär[3], also bei sich zu Hause waren; ihre nicht jüdischen Nachbarn, etwa die polnischen Adeligen, mochten mächtig und reich sein und auf sie herabsehen: Die Juden waren jedoch von ihrer eigenen Überlegenheit überzeugt. Im Städtel gab es nicht die Spur eines Minderwertigkeitsgefühls wegen der Zugehörigkeit zum Judentum und daher nicht die geringste Neigung, das eigene Wesen zu verhüllen oder wie die anderen zu werden.

Aus: Manès Sperber: Die Wasserträger Gottes, dtv, München 1978, S. 14 ff.

Alfred Paffenholz: Zionismus, Shoa und der Staat Israel

In der zweiten Hälfte des 19. Jahrhunderts flammte neue Judenfeindschaft auf, die unter den Juden zu einem erneuten jüdischen Selbstverständnis führte, das auf der Verbindung von Volk, Glaube und Land beruhte. Der Zionismus als politische Bewegung wurde geboren. Er ist eine Reaktion auf den offenen Antisemitismus in Mittel- und Westeuropa und auf die russischen Pogrome nach der Ermordung von Zar Alexander II. im Jahr 1881, für die „die Juden" verantwortlich gemacht wurden. In Frankreich war es der weltweit

---

[1] Umland-, Randgebiete
[2] lat.: Gottesstaat
[3] in der Mehrheit

Aufsehen erregende Prozess gegen den jüdischen Hauptmann Alfred Dreyfus, der zu Unrecht der Spionage beschuldigt und verurteilt wurde. Im Gefolge des Dreyfus-Prozesses kam es in Frankreich zu einer nicht für möglich gehaltenen offenen Judenfeindschaft, die den Wiener Journalisten Theodor Herzl, der dem Prozess als Berichterstatter beiwohnte, zu dem Entschluss kommen ließ: Wir sind ein Volk, und wir brauchen einen eigenen jüdischen Staat. Das war die Initialzündung zur Belebung des nationaljüdischen Gedankens in Westeuropa. Herzl (1860–1904) veröffentlichte 1896 seine Schrift „Der Judenstaat" und wurde zum Vorkämpfer eines jüdischen Nationalstaates. Den 1890 von Nathan Birnbaum geprägten Begriff „Zionismus" entwickelte Herzl zum politischen Programm, das 1897 von ihm auf dem ersten Zionistenkongress in Basel hoffnungsvoll so beschrieben wurde: „Wir wollen den Grundstein legen zu dem Haus, das dereinst die jüdische Nation beherbergen wird." Konkret heißt es dann im Basler Programm [...]: „Der Zionismus erstrebt für das jüdische Volk die Schaffung einer öffentlich-rechtlich gesicherten Heimstätte in Palästina." Mit dem Aufbau einer zionistischen Weltorganisation begann die zähe praktische Durchsetzung der Idee, die schließlich 1948 zur Gründung des Staates Israel führte.

Zwischen der Ausbreitung der zionistischen Idee und der Gründung des neuen nationalen Judenstaates lag die größte Katastrophe des jüdischen Volkes: die Shoah (hebr. „Verwüstung", „Vernichtung"), der Völkermord an den europäischen Juden im nationalsozialistischen Machtbereich in den Jahren 1933–45, ideologisch vorbereitet und mit fabrikmäßiger Perfektion organisiert. Über sechs Millionen Juden wurden ermordet, ein Drittel des jüdischen Volkes. Eine solche systematische Ausrottung menschlichen Lebens hatte es bis dahin in der Geschichte der Menschheit nicht gegeben.

Aus: Alfred Paffenholz: Das Paradies ist freitags im Badehaus: Lesebuch zum Judentum, Patmos Verlag, Düsseldorf 1995, S. 40 f.

Werner Trutwin: Die Chassidim – Die osteuropäischen Frommen

Im 17. Jahrhundert lag ein Schwerpunkt der jüdischen Diaspora in *Osteuropa* und da vor allem in *Polen*. Hier sprach man Jiddisch. Das Jiddische war eine aus Deutschland mitgebrachte Sprache, in der im 19. Jahrhundert eine bedeutende Literatur entstand, die heute aber vom Aussterben bedroht ist. Die meisten Juden lebten hier arm und bescheiden in ihren kleinen Gemeinden, wo sie ihre Synagogen hatten und eine eigene Kultur entwickeln konnten. Einige hatten als Gutsverwalter des katholischen polnischen Adels einen gehobenen sozialen Status.

Aus ihrem armen, aber friedlichen Leben wurden die Juden in Polen in den Jahren um 1648 durch den Kosakenaufstand des *Bogdan Chmielnicki* (1595–1657) herausgerissen. Dieser Anführer einer marodierenden[1] Bande kam aus der Ukraine und gehörte der orthodoxen Kirche an. Seine Wut richtete sich zuerst gegen die katholischen polnischen Adligen, die die ukrainischen Bauern ausgebeutet hatten, dann aber auch gegen deren jüdische Verwalter und Pächter, weil er sie und alle Juden für mitverantwortlich hielt. Wahllos ging er gegen die jüdische Unter- und Mittelschicht vor. Er richtete unter Juden ein furchtbares Blutbad an. Bei den Metzeleien wurden 100 000–125 000 Juden erschlagen, ihre Dörfer verbrannt, ihr Besitz geplündert. Es geschahen Greueltaten an Frauen und Kindern, wie man sie bis dahin nicht für möglich gehalten hatte. Von diesem Pogrom hat sich das osteuropäische Judentum nie mehr erholt. Es konnte das bisherige soziale und kulturelle Niveau nicht mehr halten.

Kosakenführer Bogdan Chmielnicki

---

[1] plündernd

[...]

Der Chassidismus ist die Bewegung, die es den Juden in Osteuropa ermöglichte, die Katastrophen der Vergangenheit produktiv zu verarbeiten. Den „Chassidim" (d. h. „Frommen") gelang es in Anlehnung an Tendenzen in der Kabbala[1], die Verzweiflung der Juden abzubauen und wieder Hoffnung und Lebensfreude in das Judentum zu bringen. Dafür war es notwendig, überspannte messianische Hoffnungen aufzugeben und die Freude an Gott nicht in der fernen Zukunft, sondern mitten im gegenwärtigen Alltag zu suchen. Die charismatischen Meister der Chassidim waren manchmal *Ekstatiker, Wundertäter und Heilige*. Sie machten aus der hohen Mystik der Kabbala eine Mystik des Alltags, in der sich spontane Frömmigkeit und Werke der Liebe verbanden. In allen Dingen der Welt sahen sie Funken von Gottes Herrlichkeit. Gott ist in jedem Ding verborgen anwesend. Alle Dinge leben aus der Kraft Gottes. Sie gilt es zu entdecken, indem man von der Oberfläche der Dinge in ihre Tiefe zu gelangen sucht. So kann die Welt erlöst werden. Vor allem soll der Mensch den Funken des göttlichen Lichts in sich selbst entdecken. Der Mensch kann durch die Kraft seiner Seele Gott in sich finden. Die Krönung aller Taten ist Mitmenschlichkeit, die mit Gerechtigkeit verbunden ist. Juden tragen durch die Dreiheit von Demut, Lebensfreude und Gebet zur Erlösung der Welt und der Menschen und letztlich sogar zur Erlösung Gottes bei.

Für die Frommen ist keine Handlung zu gering, wenn sie nur mit der rechten inneren Einstellung getan wird. Durch Essen und Trinken, Arbeiten und Dienen, Helfen und Schenken hat der Chassid die Möglichkeit, das Göttliche, das wie ein Lichtfunke in ihm ist, zum Leuchten zu bringen und den Weg zur Erlösung zu finden. Nicht bestimmte Gesetze, sondern jede Tat kann der Weg zum Herzen der Welt werden. Die Chassidim ließen sich trotz ihrer Armut und vieler Leiden nicht davon abbringen, zu tanzen und zu singen, mit Freunden zusammen zu sein und sich an der Welt als einer Gabe Gottes zu erfreuen.

---

[1] jüdische Mystik

Von Männern wie dem Baal Schem Tow („Herr des guten Namens"), Levi Jizchak von Berditschew, Rabbi Sussja und vielen anderen sind wunderbare Worte und Taten überliefert. Die *Erzählungen der Chassidim* gehören zu den Kostbarkeiten der jüdischen Literatur. Sie sind treffsicher in der Formulierung, humorvoll und melancholisch zugleich, voll konkreter Frömmigkeit und tiefer Menschlichkeit.

Aus: Trutwin, Werner: Die Weltreligionen. Arbeitsbücher für die Sekundarstufe II. Judentum, Patmos Verlag, Düsseldorf 1998, S. 98 f.

Elie Wiesel: Die Kraft des Erzählens – Eine chassidische Geschichte

Elie Wiesel (*1928 in Rumänien) ist ein jüdischer Schriftsteller und Überlebender des Holocausts. Neben der eigenen journalistischen und literarischen Tätigkeit hat er überlieferte traditionelle Geschichten des Judentums herausgegeben, die ihm z. T. in seiner Kindheit selbst von seinem Großvater erzählt worden sind.

Wenn der Großrabbi Israel Baal-Schem-Tov sah, dass dem jüdischen Volk Unheil drohte, zog er sich für gewöhnlich an einen bestimmten Ort im Walde zurück; dort zündete er ein Feuer an, sprach ein bestimmtes Gebet, und das Wunder geschah: Das Unheil war gebannt.
Später, als sein Schüler, der berühmte Maggid von Mesritsch, aus den gleichen Gründen im Himmel vorstellig werden sollte, begab er sich an denselben Ort im Wald und sagte: HERR des Weltalls, leih mir dein Ohr. Ich weiß zwar nicht, wie man ein Feuer entzündet, doch ich bin noch imstande, das Gebet zu sprechen. Und das Wunder geschah.
Später ging auch der Rabbi Mosche Leib von Sasow, um sein Volk zu retten, in den Wald und sagte: Ich weiß nicht, wie man ein Feuer entzündet, ich kenn' auch das Gebet nicht, ich finde aber wenigstens den Ort, und das sollte genügen. Und es genügte: Wiederum geschah das Wunder.
Dann kam der Rabbi Israel von Rizzin an die Reihe, um die Bedrohung zu vereiteln. Er saß im Sessel, legte seinen Kopf in beide

Hände und sagte zu Gott: Ich bin unfähig, das Feuer zu entzünden, ich kenne nicht das Gebet, ich vermag nicht einmal, den Ort im Walde wiederzufinden. Alles, was ich tun kann, ist, diese Geschichte zu erzählen. Das sollte genügen. Und es genügte.

Aus: Elie Wiesel: Die Pforten des Waldes, Frankfurt/M., 1967, S. 7

3. Jüdische Riten und Symbole

Die jüdische Glaubensgemeinschaft sieht ihre Gründung in dem Bund, den Gott einst mit den Stammvätern des Volkes Israel geschlossen hat. Jude zu sein hat also zugleich eine religiöse wie auch eine soziale Dimension.

Es gibt innerhalb des Judentums verschiedene Strömungen und Gruppierungen, die sich in ihrer Strenggläubigkeit und in ihrem Selbstverständnis voneinander unterscheiden. Für die orthodoxen Juden gibt es kaum eine Trennung zwischen Alltagsleben und Religion. Sie bemühen sich um die Einhaltung der Vorschriften aus Thora und Talmud.

Mendel Singer, die Hauptfigur des Romans „Hiob", ist verwurzelt in dieser strenggläubigen jüdischen Tradition. Die Gebets- und Festtraditionen prägen sein Leben. So ist es auch kein Zufall, dass das erlösende Wiedersehen mit seinem Sohn Menuchim am Sederabend, dem Vorabend des Pessachfestes, stattfindet.

Werner Trutwin: Wer ist ein Jude?

„Wer ist ein Jude?" Die Frage klingt einfach und ist doch nicht leicht zu beantworten. Sie wird im Judentum seit Langem unterschiedlich diskutiert. Ist ein Jude der Angehörige einer *Religion*? Oder eines *Volkes*? Oder einer *Nation*? Oder einer *Schicksalsgemeinschaft*? Oder gar einer *Rasse*? Die Frage verschärft sich noch, da alle diese Begriffe unterschiedlich definiert werden können.
Nach der *Halacha*, dem maßgeblichen jüdischen Religionsgesetz, ist Jude, wer eine jüdische Mutter hat oder nach orthodoxer Norm („rite") zum Judentum übergetreten ist.

In der *Vergangenheit* galt im Judentum lange die biblische Aussage, ein Jude sei ein Nachkomme Abrahams, Isaaks und Jakobs. Aus deren Nachkommenschaft sei das Judentum als Volk mit einer eigenen Religion hervorgegangen, das in der alten Welt auch einen eigenen jüdischen Staat gebildet habe. Allerdings konnte man auch, wenn man nicht aus der Ahnenreihe Abrahams, Isaaks und Jakobs stammte, in das Judentum aufgenommen und dann zu den „Kindern Abrahams" gezählt werden. Wer sich als Nichtjude beschneiden ließ und das jüdische Religionsgesetz annahm, wurde „*Proselyt*" (griech. für „Fremdling", „Hinzugekommener"; hebr.:

„Ger") genannt. Auch nicht jüdische Frauen können Jüdinnen werden. Die bekannteste Proselytin in der Bibel ist die Moabiterin Rut, die zur Stammmutter des Königs David wurde. Da es immer Übertritte zum Judentum gab, ist es absurd, von einer „jüdischen Rasse" zu reden, wie es die nationalsozialistische Ideologie mit ihren verhängnisvollen Folgen versucht hat. Die Bedingungen für die Aufnahme in das Judentum sind bis heute sehr streng, da das Judentum keine missionarische Religion ist.

Als nach der Zerstörung des jüdischen Staates 70 n. Chr. ein Großteil des Judentums in der christlichen oder islamischen Diaspora lebte, sahen viele Juden ihre jüdische Identität vor allem in der Religion begründet. Wer zum Christentum oder Islam übertrat, trennte sich in der Regel vom Judentum.

In der *Neuzeit* ist das jüdische Selbstverständnis in die Krise geraten, weil spätestens seit der Aufklärung die Begriffe Religion, Nation und Volk neu und nicht mehr einheitlich verstanden wurden. Darum werden im *heutigen Judentum* verschiedene Antworten auf die Frage gegeben, wer denn ein Jude sei.

Das *Reformjudentum,* das vor allem in der Diaspora verbreitet ist, sieht im Judentum vor allem eine religiöse Größe. Danach sind die Juden in den Ländern, in denen sie leben, Staatsangehörige, also z. B. US-Amerikaner, Russen, Polen oder Deutsche. Sie gehören der jüdischen Religionsgemeinschaft („Konfession") genauso an wie Katholiken oder Protestanten ihrer jeweiligen Konfession. Wer sich nicht mehr religiös an das Judentum gebunden fühlt, verliert sein Judesein, nicht aber die Staatsbürgerschaft.

Manche *Zionisten* und *Israelis* sehen dagegen die jüdische Religion für das jüdische Selbstverständnis als unwesentlich an, weil sie oftmals selbst areligiös oder antireligiös sind. Für sie ist das Judentum ein Volk und eine Nation im modern-säkular-politischen Sinn. Auch nicht religiöse Juden bleiben hier Juden.

Allerdings hat die jüdische Orthodoxie in Israel verhindert, dass diese Auffassung zur Staatsdoktrin wurde. Darum gilt im Land die alte Regel der Halacha, die sogar noch um ein drittes Merkmal zur Kennzeichnung des Judentums (nicht der israelischen Staatsbürgerschaft) ergänzt wird. Danach kann man in Israel nicht Jude (wohl Israeli) bleiben, wenn man zu einer anderen Religion übergetreten ist. Diese Festlegung unterstellt, dass das Judesein sowohl die Zugehörigkeit zum Volk wie zur Religion umfasst. Beide Faktoren sind als eine Einheit gesehen, obwohl das dem heutigen Selbstverständnis vieler Juden/Israelis widerspricht. Paradoxerweise bleibt ein areligiöser und ein antireligiöser Jude in Israel ein Jude, während ein Jude, der zum Christentum oder Islam übertritt, sein Judesein verliert.

Die *orthodoxen und konservativen Juden* wenden sich entschieden dagegen, das Judentum nur religiös oder nur politisch zu verstehen. Für sie gehören entsprechend den alten Traditionen die beiden Elemente Religion und Volkszugehörigkeit untrennbar zum Judentum. Damit bilden sie ein wichtiges Bindeglied zwischen den so verschiedenen Richtungen der Reformjuden und der Zionisten. Für viele Juden bahnt sich heute eine *neue Auffassung* an. Danach sind alle diejenigen Juden, die sich entweder zum Volk der Juden in Israel und in der Diaspora oder/und zur Religion des Judentums bekennen. Manche halten sich auch nur deshalb für Juden, weil sie sich einer unvergleichlichen *Schicksalsgemeinschaft* zugehörig fühlen, zu deren Tradition die gemeinsame Geschichte und das religiöse Erbe mit seinen vielen Bräuchen und Festen gehört, wenn es auch in seiner Verbindlichkeit nicht mehr akzeptiert wird. Für sie verliert die Frage ihre Bedeutung, ob sie zu einer Religion oder zu einem Volk gehören.

Aus: Werner Trutwin: Die Weltreligionen. Arbeitsbücher für die Sekundarstufe II. Judentum, Patmos Verlag, Düsseldorf, 1998, S. 16 f.

Joseph Roth: Die Freude an der Thora[1]

Einige Wochen später feierten [die Juden in dieser kleinen Stadt] das Fest der Thora, und ich sah, wie sie tanzten. Das war nicht der Tanz eines degenerierten[2] Geschlechts. Es war nicht nur die Kraft

---

[1] Die Thora (auch Tora, „Lehre", „Unterweisung") ist die wichtigste jüdische Schrift. Sie umfasst die fünf Bücher Mose, in ihnen die 613 Ge- und Verbote, die ein Jude einhalten soll. Die Gläubigen verstehen dies weniger als Einschränkung als vielmehr als gute Weisung zu einem gelingenden Leben.

[2] verkümmerten

eines fanatischen Glaubens. Es war gewiss eine Gesundheit, die den Anlass zu ihrem Ausbruch im Religiösen fand.

Die Chassidim fassten sich bei den Händen, tanzten in der Runde, lösten den Ring und klatschten in die Hände, warfen die Köpfe im Takt nach links und rechts, ergriffen die Thorarollen und schwenkten sie im Kreis wie Mädchen und drückten sie an die Brust, küssten sie und weinten vor Freude. Es war im Tanz eine erotische Lust.

Es rührte mich tief, dass ein ganzes Volk seine Sinnenfreude seinem Gott opferte und das Buch der strengsten Gesetze zu seiner Geliebten machte und nicht mehr trennen konnte zwischen körperlichem Verlangen und geistigem Genuss, sondern beides vereinte. Es war Brunst und Inbrunst, der Tanz ein Gottesdienst und das Gebet sinnlicher Exzess.

Die Menschen tranken Met[1] aus großen Kannen. Woher stammt die Lüge, dass Juden nicht trinken können? Es ist halb eine Bewunderung, aber auch halb ein Vorwurf, ein Misstrauen gegen eine Rasse, der man die Stete der Besinnung vorwirft. Ich aber sah, wie Juden die Besinnung verloren, allerdings nicht nach drei Krügen Bier, sondern nach fünf Kannen schweren Mets, und nicht aus An-

---

[1] Honigwein

lass einer Siegesfeier, sondern aus Freude darüber, dass Gott ihnen Gesetz und Wissen gegeben hatte.

Aus: Joseph Roth: Juden auf Wanderschaft, dtv, München 2006, S. 37 f.

Sch'ma Israel

Das Sch'ma Israel („Höre Israel") ist das wichtigste Gebet für fromme Juden. Es wird morgens und abends gebetet, ist Bestandteil des Synagogen-Gottesdienstes und wird auch am Sterbebett gesprochen.
Dieser Text aus dem sechsten Kapitel des Buches Deuteronomium ist darüber hinaus Grundlage für die Tradition des Anlegens von Gebetsriemen (Tefillin). Eine Abschrift des Textes findet sich auch in kleinen Kapseln (Mesusot), die orthodoxe Juden an den Türen ihrer Häuser befestigen.

4 Höre, Israel! Jahwe, unser Gott, Jahwe ist einzig.
5 Darum sollst du den Herrn, deinen Gott, lieben mit ganzem Herzen, mit ganzer Seele und mit ganzer Kraft.
6 Diese Worte, auf die ich dich heute verpflichte, sollen auf deinem Herzen geschrieben stehen.
7 Du sollst sie deinen Söhnen wiederholen. Du sollst von ihnen reden, wenn du zu Hause sitzt und wenn du auf der Straße gehst, wenn du dich schlafen legst und wenn du aufstehst.
8 Du sollst sie als Zeichen um das Handgelenk binden. Sie sollen zum Schmuck auf deiner Stirn werden.
9 Du sollst sie auf die Türpfosten deines Hauses und in deine Stadttore schreiben.

Aus: Einheitsübersetzung
der Heiligen Schrift © 1980
Katholische Bibelanstalt, Stuttgart

Marc-Alain Ouaknin: Tallit und Zizit
Der Tallit

Der *Tallit* ist ein Gebetsschal, den die Juden beim Gebet und bei verschiedenen religiösen Zeremonien tragen. Dem *Talmud* zufolge, kann man anhand dieses beispielhaften Ritus verstehen, wie die Riten im Allgemeinen funktionieren: als Inschrift der leben-
5 digen Sprache in den Stoff, insbesondere als Inschrift des Namens, der Namen Gottes in die Wirklichkeit der Dinge, sodass die Welt von den Schwingungen dieses Namens durchdrungen wird. [...] Der *Tallit* ist ein rechteckiger Schal, der aus jedem Stoff, üblicherweise aber aus Wolle, Leinen oder Seide, hergestellt werden
10 kann. Er ist weiß und wird von schwarzen, blauen oder mehrfarbigen Streifen durchzogen. Der *Tallit* muss vier Ecken haben, an denen die Schaufäden bzw. *Zizit* be-
15 festigt werden. [...] Bevor man sich in den *Tallit* hüllt, spricht man den Segen: „Du bist Quelle des Segens, Herr unser Gott, Kö-
20 nig der Welt, der uns geheiligt durch seine Gebote und uns befohlen hat, uns in die *Zizit* zu hüllen."
Manchmal ist oben auf
25 dem *Tallit* der hebräische Segen eingestickt, sodass er gelesen werden kann.

Jude in Tallit vor der Klagemauer

So erhält der Stoff seine eigentliche Bedeutung als Textur, als Text. Einige Kommentatoren
30 betrachten übrigens die schwarzen oder blauen Streifen als Zeilen auf einem weißen Blatt.

Die Zizit

Die *Zizit* sind die Schaufäden, die an den vier Ecken des *Tallit* hängen. Einen Ritus ausüben, das heißt erst einmal, den göttlichen Namen im Stoff der uns umgebenden Wirklichkeit lesen zu können. Das verwirklicht in erster Linie der Ritus des *Tallit* und der *Zizit*. Er besteht darin, ein viereckiges Gewand zu tragen, an dessen Enden vier Fäden hängen, die so geknüpft werden, dass die Anzahl der Knoten und Umwicklungen der Zahl nach dem Gottesnamen entsprechen. Es gibt zwei verschiedene Traditionen, die *Zizit* zu knüpfen: Die erste trägt den vierbuchstabigen Gottesnamen JHWH in seiner einfachen Form in den Stoff ein. Wir müssen erst einmal feststellen, dass es auf hebräisch eine Entsprechung zwischen Buchstaben und Zahlen gibt. Den Buchstaben des Gottesnamens entsprechen nun folgende Zahlen: J=10; H=5; W=6; H=5. [...] Die andere Tradition trägt nicht nur das Tetragramm JHWH in den Stoff ein, sondern eine Variante, die „Gott (JHWH) ist Einzig (ECHAD)" bedeutet und den Zahlenwert 39 und nicht 26 ergibt, da JHWH = 26 und ECHAD = 13 ausmacht.

Aus: Marc-Alain Ouaknin: Symbole des Judentums, Verlag Christian Brandstätter, Wien 1995, S. 14 ff.

Simon Philip de Vries: Der Seder

Simon Philip de Vries (1870–1944) war 48 Jahre lang Rabbiner einer jüdischen Gemeinde in den Niederlanden. Er bemerkte das große Interesse, das Nichtjuden dem Leben und den Traditionen ihrer jüdischen Mitbürger entgegenbrachten. De Vries schrieb daraufhin wöchentlich einen Beitrag für eine nicht jüdische Zeitung, in dem er die Sitten und Gebräuche seiner Religion beschrieb und erklärte. Seine Artikel wurden später auch als Buch herausgegeben. Rabbi de Vries kam 1944 im Konzentrationslager Bergen-Belsen ums Leben.

Wir sitzen jetzt alle am *Seder*tisch. Der Vater des Hauses leitet den Abend. Am zweiten *Seder*abend kann er diese Ehre ganz oder teilweise einem anderen Tischgast übertragen. In Klammern sollte erklärt werden, dass man in der Diaspora zwei *Seder*abende abhält, in Israel jedoch nur den ersten.

Zuerst wird der Feiertag mit dem *Kiddusch,* der Benediktion[1] über Wein, begrüßt – genau wie am Sabbat und an Feiertagen. Aber heute hebt nicht nur der Hausherr den Becher zur Ehre Gottes und des Feiertags an, auch alle anderen Tischgenossen halten einen
eigenen vollen Becher und trinken mit. Nach dem Segensspruch folgt feierlich der erste Trunk der Freiheit. *Der* Trunk der Freiheit.

Unsere Vorfahren saßen nicht am Tisch wie wir. Ihre Tafel war sehr viel niedriger. Zum Essen legten sie sich bequem hin, im Allgemeinen auf die linke Seite, weil sie Becher und Speisen mit der rechten
Hand nahmen. Nur die Sklaven durften sich nicht hinlegen. Das war das Vorrecht des freien Menschen.

Wenn wir also den Trunk der Freiheit genießen, beugen wir uns etwas nach links und stützen uns auf dem linken Arm. Dem Vater wurde sogar eine Art Sofa zubereitet mit zwei schönen Kissen oder
mit schön gestickten Decken aus Seide. Sie werden als die „Lahn" bezeichnet, Deutsch-Jiddisch für Lehne.

Und jetzt beginnt der eigentliche *Seder.* Der Hausherr verteilt die Zutaten aus der *Seder*schüssel an alle Anwesenden. So essen sie zum Beispiel alle etwas Petersilie oder Sellerie und tunken sie genau wie die Vorfahren in Essig oder Salzwasser. Aber vorher werden dem Hausherrn die Hände gewaschen. Es ist keine symbolische Handlung, deshalb wird auch kein Segensspruch gesagt. Heute Abend ist der Vater ein König. Deshalb bringt man ihm

Sederschüssel

---

[1] Lobpreis

Schüssel und Kanne. Und er steht nicht etwa auf, sondern lässt sich bedienen.

Vor allem bei den Ostjuden war es üblich, dass der Hausherr, der den *Seder* leitet, an diesem Abend sein Sterbegewand anzog, das auch das Obergewand des Priesters war. Der Gedanke an den Tod ist hier entfernt. Im Gegenteil, es soll feierlich zugehen.

Jetzt bricht der Hausherr ein Stück der mittleren Matze ab und legt es auf die Seite; das ist der *Afikoman*, d. h. die Nachspeise, die nach der Mahlzeit verteilt wird. Aber nicht nur die Nachspeise ist symbolisch gemeint, das Gleiche gilt auch für das Fleisch des Passahlamms. Alles, was einst im Tempel üblich war, darf nicht außerhalb des Heiligtums nachvollzogen werden. Deshalb gibt es kein Lamm, sondern nur den symbolischen Knochen. Auch darf kein Fleisch so gebraten werden wie damals das Lamm. Deshalb auch das symbolische Stückchen Matze. Es muss gut versteckt werden, und man darf es zum Schluss nicht vergessen. Der Hausherr legt es zwischen die Kissen der „Lahn".

Jetzt folgt die Erzählung vom Auszug.

Der Hausherr hat den Knochen und das Ei von der *Seder*schüssel genommen. Denn sie sind die Boten der Freiheit und passen nicht zu dem, was jetzt vorgetragen wird. Die Schüssel wird hochgehoben, und alle stützen sie mit den Worten:

„Dies ist das Brot des Elends, das unsere Vorfahren im Lande Mizra-jim (Ägypten) gegessen haben."

Dieser Teil aus der Pessach-Haggada, der Ostererzählung, wird nicht auf Hebräisch gesagt, sondern auf Aramäisch, das die Umgangssprache der Juden Babyloniens war. Also sehr alt und ehrwürdig.

Aber noch mehr wird gesagt, wenn alle die *Seder*schüssel hochheben. Das ist auch der Augenblick, in dem Menschen, die vielleicht auf den *Seder* verzichten müssen, ins Haus gerufen und an den Tisch geladen werden.

„Wer hungrig ist, komme und esse mit uns; wer bedürftig ist, komme und feiere das Passahfest mit uns."

Dann bringen die Juden der Diaspora ihre alte, unvergängliche Hoffnung zum Ausdruck: „Dieses Jahr hier, nächstes Jahr in Israel. Dieses Jahr Knechte, nächstes Jahr freie Menschen."

Die *Seder*schüssel steht wieder auf dem Tisch. Der erste Becher wird getrunken, der erste Toast ausgebracht. Die Gläser werden nachgefüllt.

Jetzt ist eine Kinderstimme zu hören. Der Jüngste fragt: „*Ma nischtana ...?*" Das sind die ersten Worte der bekannten Fragen: „Warum unterscheidet sich diese Nacht von allen anderen Nächten? In allen anderen Nächten können wir Gesäuertes und Ungesäuertes essen, in dieser Nacht nur Ungesäuertes. In allen anderen Nächten können wir allerlei Kräuter essen, in dieser Nacht nur bittere Kräuter. In allen anderen Nächten müssen wir kein einziges Mal eintunken, in dieser Nacht zweimal. In allen anderen Nächten können wir frei sitzend oder angelehnt essen, in dieser Nacht sitzen wir alle angelehnt."

Das Kind stellt die Fragen der *Haggada* auf Hebräisch. Es hat sie vorher heimlich gelernt, denn es soll eine Überraschung sein. Nur die Mutter war eingeweiht. Wie stolz sind die Eltern auf es!

Der Kleine stellt die Fragen für alle Anwesenden. Ist kein kleines Kind anwesend, fragt ein älteres. Oder ein Erwachsener. Und dann beginnt die Erzählung.

Die *Haggada* ist aufgeschlagen. Man liest aus ihr vor, oder sie dient als Leitfaden. Häufig wird sie leider automatisch dahergesagt. Wer könnte das verhindern? Sie ist kein Gebetbuch. Auch keine erbauliche Lektüre im eigentlichen Sinn.

Im 2. Mose 13,8 heißt es: „Ihr sollt euren Söhnen sagen an demselben Tage: Das halten wir um dessentwillen, was uns der Herr getan hat, als wir aus Ägypten zogen."

Deshalb findet der *Seder* an diesem Abend statt. Die Erzählung, die *Haggada*, ist gewachsen, zu einem Buch hat sie sich entwickelt. Dieser Auszug aus Ägypten war der Faden, mit dem viele Gebilde gewirkt wurden. Glatte oder mit Illustrationen. Naive und künstlerische. Nüchterne und märchenhafte. Oberflächliche und tief gehende.

Die *Haggada* ist vielschichtig. Man kann darüber hinweglesen, etwas herauslesen oder hineinlesen. Je nach Wissen und Geschmack. Man kann die alten Kommentare auskramen oder selbst neue hinzufügen. Ganz entsprechend der eigenen Veranlagung. Und je nachdem, wie sie gehandhabt wird, hört sich die Erzählung anders an.

Noch drei weitere Male befiehlt uns die *Thora*, die Geschichte unseren Kindern zu erzählen. Im 2. Mose 12,16–27: „Und wenn eure Kinder zu euch sagen werden: Was habt ihr da für einen Brauch?, sollt ihr sagen ...". Ähnlich im gleichen Buch 3,14. Und schließlich auch im 5. Mose 6,20: „Wenn dich nun dein Sohn morgen fragen wird: Was sind das für Vermahnungen, Gebote und Rechte, die euch der Herr, unser Gott, geboten hat?, so sollst du deinem Sohn sagen: Wir waren Knechte des Pharao in Ägypten, und der Herr führte uns aus Ägypten mit mächtiger Hand ...".

Mit diesen Worten gibt der Vater Antwort auf die Fragen. [...] Dem schließen sich pädagogische Vorträge an. [...] Dem folgen andere Bibelverse, die ähnlich analysiert werden. Dann kommt die Sprache auf die zehn Plagen Ägyptens. Wie könnte es anders sein? [...] Diesen Katastrophen, die unsere Rettung förderten, stehen Gottes Wohltaten an uns gegenüber. Jede Einzelne, so singen wir im Chor, wäre allein schon ausreichend gewesen.

Schließlich kommen wir zu den Symbolen unseres Festes, die in der *Seder*schüssel liegen. Nachdem sie erklärt wurden, heben wir den Becher, ohne zu trinken, hoch, singen die beiden ersten *Hallel-Psalter* (113 und 114) und schließen mit Lob und Dank für die Errettung sowie mit einem Gebet um die endgültige Erlösung von Leib und Seele.

Jetzt trinken wir den zweiten Becher.

Gleich folgt auch die Mahlzeit. Vorher brechen wir wie zu jedem Sabbat oder festlichen Mahl das Brot, heute das ungesäuerte Brot. Aber vor dem Essen waschen sich alle Anwesenden die Hände. Jetzt ist es eine rituelle Handlung mit einem Segensspruch. Als Erstes essen wir *Maror*, die bitteren Kräuter. Wir stippen es, zum zweiten Mal am heutigen Abend, ins *Charosset*, die lehmfarbene Zulage. Und wir halten uns das bittere Sklavenleben vor Augen, das mit dem Auszug aus Ägypten zu Ende ging.

Und jetzt essen wir die Mahlzeit. An ihrem Ende holt der Vater die Nachspeise, den *Afikoman*, hervor, jenes Stück Matze, das er vor der Mahlzeit auf die Seite gelegt hatte, und verteilt es unter den Anwesenden. Häufig passiert es jedoch, dass er ihn nicht findet, weil eines der jüngeren Kinder, wahrscheinlich das jüngste, ihn heimlich entwendet hat. Er erhält ihn nur zurück, wenn er einen kleinen Preis dafür zahlt. Hatte der Vater wirklich nichts gemerkt ...? Dieses Spiel hat sich allem Anschein nach bei vielen eingebürgert. Es wurde begonnen als Mittel, die kleineren Kinder wachzuhalten und ihre Aufmerksamkeit zu fesseln. Wahrscheinlich auch, um diese Nachspeise nicht zu vergessen. Denn sie symbolisiert ja das Fleisch des Passahopfers.

Nach der Mahlzeit wird das dritte Glas gefüllt. Man sagt das Tischgebet. Jeder hat ein volles Glas Wein. Über Wein wird des Öfteren, aber nicht immer, das Tischgebet gesagt. Wie am Sabbat und an Feiertagen, auf Hochzeiten und Beschneidungszeremonien. Der Wein gehört zur feierlichen Stimmung des *Seder*, zur Mahlzeit. Nach dem Dankgebet trinken alle.

Damit geht die Mahlzeit zu Ende.

Und jetzt geht der *Seder* weiter. Die Tür wird weit geöffnet. Denn heute ist die Nacht, in der der Schutz Gottes auf uns liegt. Wer könnte uns also etwas Böses antun? Wer würde uns überfallen?

In den meisten Ländern ist das eine Geste, für die kein besonderer Mut erforderlich ist. Aber im Mittelalter kam es oft vor, dass gerade am *Seder*abend Diebe und Mörder gerade auf diesen Augenblick in der Nähe lauerten, um die Feiernden zu überfallen. Und für Israel hat das Mittelalter lange angehalten und ist auch in unserem Jahrhundert noch nicht zu Ende. Aber auch früher, in Zeiten, in denen man sich der Gefahr bewusst war und praktisch mit ihr rechnen konnte, öffnete man die Tür in der Nacht der Erlösung. Wer anders als der Prophet Elia könnte schon eintreten?

Auch heute noch, wenn einer der Tischgenossen am *Seder*abend die Tür öffnet, überläuft uns so etwas wie ein mystischer Schauer. Dann wird das vierte Glas gefüllt, während wir das *Hallel* nun zu Ende singen, d. h. die Psalter 115 bis 118 und danach Psalm 136. Geschlossen wird mit dem schönen *Nischmat*: „Der Odem alles Lebenden lobe Gott, den Herrn!", das auch in dem Morgengebet für den Sabbat und die Feiertage vorkommt. Und ganz zum Schluss sagt man noch einen abschließenden Segensspruch. Als Schlusswort kommen einige Schöpfungen der *Peytanim*, der liturgischen Dichter. Alle heben das Glas zum letzten Mal und wün-

schen sich geseitig: „Leschana Haba be'Jeruscholajim!" – Nächstes Jahr in Jerusalem! Nach weiteren Segenssprüchen leeren wir das vierte Glas.
Eigentlich ist der *Seder* damit beendet, und wir könnten unser Büchlein schließen. In der *Haggada* stehen aber noch einige Volkslieder, die nicht vergessen werden. Es sind eigenartige, sehr alte Kettenreime. Das letzte dieser Lieder ist auf aramäisch und handelt von einem Lämmchen: „*Chad Gadja*". Es beginnt mit den Worten „Ein Lämmchen, ein Lämmchen! Es kaufte sich mein Vater, zwei *Suse* galt der Kauf ..." *(Suse* waren kleine Münzen, die ungefähr ein Viertel des antiken Schekels wert waren.) [...]
Für viele ist das arme Lämmchen das Volk Israel, das in Stücke zerrissen wird und das seine Feinde verschlingen, die sich jedoch gegenseitig vernichten. Bis Gott dem ein Ende setzt.
Der *Seder* ist nun endgültig zu Ende gegangen.

Aus: Simon Philip De Vries: Jüdische Riten und Symbole, Rowohlt TB, Reinbek bei Hamburg 1990, S. 136 ff.

4. Das alttestamentliche Buch Ijob

Die biblische Erzählung von Ijob (auch Hiob oder Job) gehört zu den großen Werken der Weltliteratur. Sie ist vermutlich zwischen dem 5. und dem 3. vorchristlichen Jahrhundert entstanden und gehört zur Gattung der Weisheitsliteratur. Das Buch besteht aus einer Rahmener-
5 *zählung, die wohl auf eine alte Volksüberlieferung zurückgeht, und Ergänzungen durch einen unbekannten Verfasser.*

Die Erzählung zeigt einen Menschen, der trotz ungeheurer Leiderfahrungen zwar mit Gott ringt, seinen Glauben aber nicht verliert und am Ende belohnt und gestärkt aus dieser Situation hervorgeht.

10 *Hiob ist ein gottesfürchtiger Mann, wie er vorbildlicher kaum sein könnte. Er lebt im Wohlstand mit einer großen Familie (Nachkommenschaft ist im Verständnis des AT ein Zeichen für Lebenskraft und Zukunft). Aufgrund einer Wette des Satans mit Gott wird Hiob auf die Probe gestellt. Die Prüfung besteht darin zu testen, ob Hiob auch im*
15 *größten Leid an seinem Gottesglauben festhalten wird. So verliert dieser alles: seinen Besitz, seine Kinder und zuletzt auch seine Gesundheit. Seine Frau verspottet ihn wegen seiner ungebrochenen Gottesfurcht, drei Freunde suchen vergeblich Erklärungen für das Leid. Schließlich hadert Hiob mit seinem Gott, beteuert seine Unschuld und fordert eine*
20 *Antwort vom Höchsten. Gottes Antwort ist ein Hinweis auf seine Allmacht, die Hiob gläubig anerkennt. Aus dieser Erkenntnis heraus wird Hiob neues Glück zuteil: Gott schenkt ihm, der alles verloren hat, zahlreiche Nachkommen, großen Reichtum und ein langes Leben.*

Heinrich Groß: Das biblische Buch Ijob

„Zu den ganz großen Werken der Weltliteratur gehört das Buch Hiob, das gewöhnlich zusammen mit Äschylus' Prometheus, Dantes Divina Commedia und Goethes Faust genannt wird. Was ihm seine Größe gibt, ist nicht allein die Kraft seiner Sprache und die Fülle der
5 Bilder, die feine Zeichnung der Charaktere und die Bewegtheit der Darstellung im episch-erzählenden Anfang und Schluss, im dramatisch-lebendigen Gespräch mit den Freunden und der Leidenschaftlichkeit seiner Lyrik; sondern ebenso sein Inhalt, der ein ewig aktuelles Thema behandelt. Hier geht es um die ungeheure Spannung
10 im Menschenleben, wie es sein sollte und wie es in Wirklichkeit ist;

um die Frage der Fragen, die so alt ist wie die Menschheit selber und die den nachdenklichen Menschen aller Zeiten innerlich aufs Stärkste beunruhigt und quält: die Frage nach der Ungerechtigkeit im menschlichen Leben" (C. Kuhl, Die Entstehung des AT 1953, 258). Wie kaum in einem anderen biblischen Buch wird in Ijob das grundlegende Problem der menschlichen Existenz ganz allgemein „Der Mensch ringt mit Gott um Gott" scharfsinnig und tiefschürfend, voll brennender Leidenschaftlichkeit von den Betroffenen erlebt, erlitten und diskutiert. Grundsätzlich wie bisher nirgendwo wird die Frage nach Gott, das Theodizeeproblem[1] gestellt, das zugleich die Frage nach dem Menschen wird.

Der *Name* der Titelgestalt ist vielleicht von der hebräischen Wurzel *'jb* mit der Bedeutung „der Angefeindete" herzuleiten oder als: „Wo ist der Vater?" zu übersetzen. [...] Ez 14[14.20] wird Ijob zusammen mit Noach und Daniel als Muster der Gerechtigkeit und Frömmigkeit genannt. Das lässt darauf schließen, dass Ijob als Idealgestalt im Bewusstsein und in der Vorstellungswelt Israels einen besonderen Platz einnahm. Von der angedeuteten Thematik her versteht es sich, dass Ijob zu den Lehrbüchern oder zur Weisheitsliteratur gehört.

Das Buch umfasst 42 Kapitel; 1.2 und 42[7-17], die Rahmenerzählung als Prolog und Epilog, sind in Prosa, das Corpus des Buches ist poetisch abgefasst. [...] Prolog und Epilog schildern das Leben Ijobs als eines von Gott gesegneten, kinderreichen und wohlhabenden vornehmen Mannes, der auf Veranlassung des Satan in zwei Bewährungsproben den Verlust seines gesamten Besitzes, seiner Kinder und seiner Gesundheit hinnehmen muss. Nach dem Epilog wird Ijob, da er sich in den Erprobungen bewährt hat, von Gott gerechtfertigt und von ihm in seinen früheren Glückszustand zurückversetzt, ja sein Besitz wird verdoppelt. Auch erhält er wieder die gleiche Anzahl von Kindern. Wie die Patriarchen stirbt er nach einem langen erfüllten Leben.

Im Anschluss an das in der Rahmenerzählung berichtete plötzliche und unverständliche Geschick, das Ijob Schlag auf Schlag trifft, wird in den Streitgesprächen als eigentlicher Gegenstand des Buches die Frage nach dem gerechten Walten Gottes im Leben der

---

[1] die Frage nach der Rechtfertigung Gottes angesichts des Leids

Menschen leidenschaftlich diskutiert. Es wird fortgesetzt mit dem Schicksal Ijobs exemplifiziert. Dieses Problem wird durch die tägliche Erfahrung laufend neu gestellt: Die Unschuldigen leiden, den gottlosen Frevlern dagegen geht es gut.

Die drei Freunde des Ijob vertreten in ihren oft beherrscht, oft leidenschaftlich, bisweilen ironisch, gelegentlich auch zynisch vorgetragenen Reden eine Vergeltungstheorie, die durch lange Zeit das Verständnis von Tun und Ergehen in Israel deutete und bestimmte. Sie verdankt ihren Ursprung wohl der älteren Weisheitslehre. Nach dem scheinbar geradezu schematisch funktionierenden Gesetz des Tat-Ergehenszusammenhangs werden dem Gerechten hier auf der Erde als Ausgleich für sein Gutsein wie selbstverständlich Glück und Segen, dem Schlechten dagegen als Ausgleich für seine fortgesetzten Gesetzesübertretungen Unheil und Fluch zuteil. Wem es also im Leben wohlerging, der war nach solcher Grundüberzeugung in den Augen der Mitmenschen von Gott gerechtfertigt; wem es dagegen schlecht erging, der erschien ihnen als ein von Gott gezeichneter und gestrafter Sünder. Mit dieser eindimensionalen Vergeltungstheorie treten die Freunde, ohne lang zu überlegen, gegen den vom Unglück heimgesuchten Ijob an. Sie suchen immer wieder nach neuen Gründen, wenigstens von einer geheimen schweren Schuld des Ijob gegen Gott zu sprechen. In Rede und Gegenrede zieht sich diese zumeist leidenschaftlich erregt geführte, bisweilen theologisch beachtlich argumentativ vorgehende Disputation im Hauptteil des Buches dahin, wobei die gegensätzlichen Standpunkte des Ijob und seiner drei Freunde sich kaum einander annähern, sondern je länger desto mehr auseinandergehen. Ijob selbst bietet die ganze Palette rhetorischer Beredsamkeit auf, um seine Freunde zum Verständnis für seine Lage zu gewinnen. Doch ohne Erfolg. Sehr bald werden die Reden Monologe, die auf zwei verschiedenen Ebenen nicht mehr zueinander finden, sondern aneinander vorbeidiskutieren und -argumentieren. Die Freunde bezichtigen in ihrer scheinbar unwiderlegbaren Logik des Schemas den Ijob wenigstens geheimer Schuld vor Gott, Ijob lehnt den Vorwurf permanent ab und weist je neu auf den ihm unverstehbar gewordenen überlegenen Gott hin, von dem er sich trotzdem nicht lossagen kann und von dem er nach dem gleichen

Denkschema wegen seiner tadellosen Lebensführung seine Rechtfertigung und Wiederherstellung verlangt. Offen und unentschieden endet schließlich die Diskussion.

Das Lied über die Weisheit 28 lenkt das Interesse auf den Unterschied zwischen der Weisheit Gottes und dem begrenzten Wissen des Menschen hin, dessen Weisheit zutiefst in der Ehrfurcht vor Gott besteht. Damit wird die Grundlage für die folgenden Teile des Buches gelegt, die mehr und mehr zur Klärung und Entscheidung drängen. [...] So gibt Gott selbst in 38–41 die Antwort. Er weist Ijob auf die Größe und Weite der Schöpfung hin, die menschlichem Verstehen unzugänglich und unbegreiflich bleibt, die aber so prachtvoll und staunenswert ist, dass der Mensch sich vor dem Schöpfer nur in Ehrfurcht verneigen kann. Damit nimmt Gott dem Ijob, der sich wegen des ihm vermeintlich zugefügten Unrechts gegen ihn auflehnte, die letzte Möglichkeit zur Auflehnung. Wenn Gott alle Geschöpfe in einer dem Menschen undurchschaubaren Weisheit ins Dasein stellt, wenn er ihre Geschicke nach seinem unerforschlichen weisen Plan lenkt, dann steht auch das vermeintliche Unrecht Gottes an Ijob in Gottes Plan, dann steht Ijob wie alle Geschöpfe zuletzt doch in der liebenden Fürsorge Gottes. Dieser Gedanke wird an Nilpferd und Krokodil illustriert, die dem Menschen vom Wesen her unheimlich sind und deren Stellung im Kosmos ihm undurchsichtig bleibt. Gleichnishaft sollen sie dartun, dass folglich auch der Gewalttätige und der Frevler nach Gottes weisem Plan eine Aufgabe zu erfüllen haben, wenn sie dem Menschen auch verborgen bleibt, ja wenn er darunter bis zur Auflehnung gegen Gott leiden muss. Überwältigt von der Macht und Weisheit dieses überlegenen Gottes findet Ijob schließlich zurück zur notwendigen Haltung der Ehrfurcht; er kehrt aus der Mitte seines Wesens um und unterwirft sich dem mächtigen, ihm trotz allen gegenteiligen Anscheins in Liebe zugetanen Gott.

Aus: Heinrich Groß: Die neue Echter Bibel. Echter Verlag, Würzburg 1986, S. 5 ff.

Auszüge aus dem Alten Testament

Ijob Kapitel 1, Vers 1–5: Ijobs Frömmigkeit

1 Im Lande Uz lebte ein Mann mit Namen Ijob. Dieser Mann war untadelig und rechtschaffen; er fürchtete Gott und mied das Böse. 2 Sieben Söhne und drei Töchter wurden ihm geboren. 3 Er besaß siebentausend Stück Kleinvieh, dreitausend Kamele, fünfhundert Joch Rinder und fünfhundert Esel, dazu zahlreiches Gesinde. An Ansehen übertraf dieser Mann alle Bewohner des Ostens. 4 Reihum hielten seine Söhne ein Gastmahl, ein jeder an seinem Tag in seinem Haus. Dann schickten sie hin und luden auch ihre Schwestern ein, mit ihnen zu essen und zu trinken. 5 Wenn die Tage des Gastmahls vorbei waren, schickte Ijob hin und entsühnte sie. Früh am Morgen stand er auf und brachte so viele Brandopfer dar, wie er Kinder hatte. Denn Ijob sagte: Vielleicht haben meine Kinder gesündigt und Gott gelästert in ihrem Herzen. So tat Ijob jedes Mal.

Kapitel 1, Vers 6–22: Ijob wird auf die Probe gestellt

6 Nun geschah es eines Tages, da kamen die Gottessöhne, um vor den Herrn hinzutreten; unter ihnen kam auch der Satan. 7 Der Herr sprach zum Satan: Woher kommst du? Der Satan antwortete dem Herrn und sprach: Die Erde habe ich durchstreift, hin und her. 8 Der Herr sprach zum Satan: Hast du auf meinen Knecht Ijob geachtet? Seinesgleichen gibt es nicht auf der Erde, so untadelig und rechtschaffen, er fürchtet Gott und meidet das Böse. 9 Der Satan antwortete dem Herrn und sagte: Geschieht es ohne Grund, dass Ijob Gott fürchtet? 10 Bist du es nicht, der ihn, sein Haus und all das Seine ringsum beschützt? Das Tun seiner Hände hast du gesegnet; sein Besitz hat sich weit ausgebreitet im Land. 11 Aber streck nur deine Hand gegen ihn aus und rühr an all das, was sein ist; wahrhaftig, er wird dir ins Angesicht fluchen. 12 Der Herr sprach zum Satan: Gut, all sein Besitz ist in deiner Hand, nur gegen ihn selbst streck deine Hand nicht aus! Darauf ging der Satan weg vom Angesicht des Herrn. 13 Nun geschah es eines Tages, dass seine Söhne und Töchter im Haus ihres erstgeborenen Bru-

ders aßen und Wein tranken. 14 Da kam ein Bote zu Ijob und meldete: Die Rinder waren beim Pflügen und die Esel weideten daneben. 15 Da fielen Sabäer ein, nahmen sie weg und erschlugen die Knechte mit scharfem Schwert. Ich ganz allein bin entronnen, um es dir zu berichten. 16 Noch ist dieser am Reden, da kommt schon ein anderer und sagt: Feuer Gottes fiel vom Himmel, schlug brennend ein in die Schafe und Knechte und verzehrte sie. Ich ganz allein bin entronnen, um es dir zu berichten. 17 Noch ist dieser am Reden, da kommt schon ein anderer und sagt: Die Chaldäer stellten drei Rotten auf, fielen über die Kamele her, nahmen sie weg und erschlugen die Knechte mit scharfem Schwert. Ich ganz allein bin entronnen, um es dir zu berichten. 18 Noch ist dieser am Reden, da kommt schon ein anderer und sagt: Deine Söhne und Töchter aßen und tranken Wein im Haus ihres erstgeborenen Bruders. 19 Da kam ein gewaltiger Wind über die Wüste und packte das Haus an allen vier Ecken; es stürzte über die jungen Leute und sie starben. Ich ganz allein bin entronnen, um es dir zu berichten. 20 Nun stand Ijob auf, zerriss sein Gewand, schor sich das Haupt, fiel auf die Erde und betete an.
21 Dann sagte er: Nackt kam ich hervor aus dem Schoß meiner Mutter;/
nackt kehre ich dahin zurück./
Der Herr hat gegeben, der Herr hat genommen;/
gelobt sei der Name des Herrn.
22 Bei alldem sündigte Ijob nicht und äußerte nichts Ungehöriges gegen Gott.

Kapitel 42, Vers 7 – 17: Ijobs neues Glück

7 Als der Herr diese Worte zu Ijob gesprochen hatte, sagte der Herr zu Elifas von Teman: Mein Zorn ist entbrannt gegen dich und deine beiden Gefährten; denn ihr habt nicht recht von mir geredet wie mein Knecht Ijob. 8 So nehmt nun sieben Jungtiere und sieben Widder, geht hin zu meinem Knecht Ijob und bringt ein Brandopfer für euch dar! Mein Knecht Ijob aber soll für euch Fürbitte einlegen; nur auf ihn nehme ich Rücksicht, dass ich euch nichts Schlimmeres antue. Denn ihr habt nicht recht von mir geredet wie mein

Knecht Ijob. 9 Da gingen Elifas von Teman, Bildad von Schuach und Zofar von Naama hin und taten, was der Herr ihnen gesagt hatte. Und der Herr nahm Rücksicht auf Ijob. 10 Der Herr wendete das Geschick Ijobs, als er für seinen Nächsten Fürbitte einlegte; und der Herr mehrte den Besitz Ijobs auf das Doppelte. 11 Da kamen zu ihm alle seine Brüder, alle seine Schwestern und alle seine früheren Bekannten und speisten mit ihm in seinem Haus. Sie bezeigten ihm ihr Mitleid und trösteten ihn wegen all des Unglücks, das der Herr über ihn gebracht hatte. Ein jeder schenkte ihm eine Kesita und einen goldenen Ring. 12 Der Herr aber segnete die spätere Lebenszeit Ijobs mehr als seine frühere. Er besaß vierzehntausend Schafe, sechstausend Kamele, tausend Joch Rinder und tausend Esel. 13 Auch bekam er sieben Söhne und drei Töchter. 14 Die erste nannte er Jemima, die zweite Kezia und die dritte Keren-Happuch. 15 Man fand im ganzen Land keine schöneren Frauen als die Töchter Ijobs; ihr Vater gab ihnen Erbbesitz unter ihren Brüdern. 16 Ijob lebte danach noch hundertvierzig Jahre; er sah seine Kinder und Kindeskinder, vier Geschlechter. 17 Dann starb Ijob, hochbetagt und satt an Lebenstagen.

Aus: Einheitsübersetzung der Heiligen Schrift © 1980 Katholische Bibelanstalt, Stuttgart

Künstlerische Umsetzungen

Léon Bonnat (1833–1922): Hiob   Walter Habdank (1930–2001): Hiob

Anhang 215

Albrecht Dürer
(1471–1528):
Hiob von seiner
Frau verhöhnt

Gerard Seghers (1591–1651): Der leidende Hiob/Hiob und
die Freunde und seine Frau

Werner Trutwin: Gott und das Leiden

Das Problem, warum es in der Welt so viel *Leid* und *Böses* gibt, obwohl Gott doch gütig ist und die Macht hat, es abzuwenden oder zu verhindern, bedrückt viele Menschen am meisten. Sie können Gott doch nicht zutrauen, dass er dem Schmerz und dem Leiden seiner Geschöpfe gegenüber gleichgültig ist. Warum lässt er so viel Ungerechtigkeit geschehen? Warum gibt es Hunger und Krieg, Krankheit und Tod? Warum hält Gott das Leid nicht von den Gerechten dieser Welt fern? Warum nicht wenigstens von den unschuldigen Kindern? Warum nicht von seinem Volk Israel, dem er doch seine besondere Treue zugesagt hat? Wie kann er all die vielen Leiden seines Volkes mitansehen?

Diese quälenden Fragen rühren an den Nerv des jüdischen Gottesglaubens. Mit diesen Fragen haben sich die Kleinen und die Großen Israels immer wieder an Gott gewandt. Sie haben die Fragen oft in Demut und Vertrauen, oft aber auch mit Klage, Anklage und Protest an Gott gerichtet. Viele Juden sind darüber an Gott irre geworden. Sie waren verzweifelt, weil sie nicht verstehen konnten, warum es das Böse und das Leid gibt.

Die ganze Bibel ist weithin bestimmt von dem Bemühen, mit diesem Problem fertigzuwerden. Davon zeugen die Erzählungen von Paradies und Sündenfall ebenso wie die Worte der Propheten. Die Psalmen der Frommen und die Lehren der Weisen sind in gleicher Weise wie die visionären Bilder der Apokalyptik von diesen Fragen aufgewühlt. Auch in den späteren Epochen des Judentums sind diese Fragen nicht verstummt. So finden wir im Judentum auf die *eine Frage viele Antworten.*

- Das Leiden ist Gottes Strafe *„unserer Sünden wegen"*. Immer wieder haben das Volk und einzelne Juden die Weisungen der Thora missachtet und den Bund mit Gott verletzt. Durch das Leiden werden die Verfehlungen bewusst. Die Schuldigen erhalten die Chance zu Läuterung und Buße. – Die Frage bleibt, warum Gott mit dem Leiden so oft nicht die Schuldigen, sondern die Unschuldigen bestraft.

- Für das Böse und das Leiden ist nicht Gott verantwortlich. Es kommt letztlich von *widergöttlichen Mächten*. Satan, Teufel, Beelzebub, Dämonen und Todesengel versuchen mit ihren Mitteln,

die Menschen vom richtigen Weg abzubringen und in das Verderben zu stürzen. Sie arbeiten mit Lüge und Verblendung. Sie wenden sich an den Stolz und die Gier des Menschen. – Die Frage bleibt, warum der allmächtige Gott diese bösen Mächte und die so leicht verführbaren Menschen geschaffen hat.
– Das Böse kommt aus der *Freiheit des Menschen,* die zu seiner Grundausstattung gehört. Ohne Freiheit wäre der Mensch nicht Mensch, sondern ein Tier oder ein Ding. Zur menschlichen Freiheit gehört aber die Möglichkeit, Gutes und Böses tun zu können. Die aus der Freiheit erwachsene böse Tat des Menschen ist verantwortlich für das Grauen in unserer Welt. In ähnlicher Weise sprechen die Rabbinen auch vom *bösen Trieb des Menschen.* Aus ihm resultiert viel Böses und viel Leid. – Die Frage bleibt, warum Gott die Menschen mit Freiheit und bösem Trieb ausgestattet hat. Hätte er nicht auch einen Menschen schaffen können, der seine Freiheit nur zum Guten benutzen kann? Wäre nicht auch ein Mensch ohne bösen Trieb in seiner Schöpfung denkbar? Und wie ist das Leid zu verstehen, das nicht aus der Freiheit oder dem bösen Trieb des Menschen kommt, sondern das die *Natur,* Gottes Schöpfung, in Katastrophen und Hungersnöten, in Krankheit und Tod über den Menschen bringt?
– Besonders intensiv stellt das Buch *Ijob* (5.–3. Jh. v. Chr.) die Frage, woher das Leiden kommt und warum es Ijob, einen Unschuldigen, trifft. Sein Verhältnis zu Gott wird durch den Tod von Frau und Kindern, durch Krankheit und Verlust all seiner Habe auf eine schwere Probe gestellt. Mit den konventionellen Antworten seiner Freunde ist er nicht zufrieden. Er kann das Leiden als Strafe Gottes für die Sünden nicht akzeptieren, da es oft auch den Unschuldigen trifft, der keine Strafe verdient hat. Empört und verletzt wendet er sich *gegen alle Erklärungsversuche.* Aber Ijob muss sich auch von Gott fragen lassen, ob er bei der Schöpfung dabei war und ihre Gesetze wirklich kennt. Am Ende sieht Ijob ein, ohne Verständnis geredet zu haben. Er kommt zu der Überzeugung, dass Gott uns das Leid schickt, ohne uns Rechenschaft zu geben, warum er es tut. Aus seiner Klage und Anklage wird *schweigende Hinnahme.*

Aus: Werner Trutwin: Die Weltreligionen. Arbeitsbücher für die Sekundarstufe II., Judentum, Patmos Verlag, Düsseldorf 1998, S. 48 f.

5. Literarische Variationen des Hiob-Motivs

Das biblische Hiob-Motiv hat nicht nur Joseph Roth inspiriert, sondern findet sich bis heute in verschiedenen Spielarten in zahlreichen literarischen Texten unterschiedlicher Gattung wieder.
Hiob wird zum Synonym für den verzweifelt leidenden Menschen, der sich existenzielle Fragen stellt: Gibt es einen Grund für das Leid? Welche Rolle spielt Gott in Bezug auf das Elend? Wie verändern sich Glaube und Lebenssinn angesichts der Katastrophe?
Die folgende Textauswahl zeigt an einigen Beispielen, wie sich auch der moderne Mensch in der alttestamentlichen Erzählung wiederfinden kann.

Georg Langenhorst: Hiob in der Dichtung unserer Zeit

„Er las im Buch Hiob, und er las mit klopfendem Herzen."[1] *Er*, das ist der Schweizer Raimund Gregorius, ein alternder Lehrer, der sein gewohntes Leben von einem Tag auf den anderen hinter sich lässt, nach Portugal fährt und sich dort auf eine Suche nach dem geheimnisvollen Autor eines ihn faszinierenden Buches, letztlich jedoch auf die Suche nach sich selbst begibt. *Er*, das ist der Protagonist eines der reizvollsten Romane der letzten Jahre, 2004 erschienen: „Nachtzug nach Lissabon", veröffentlicht unter dem Pseudonym Pascal MERCIER, hinter dem sich der in Berlin lehrende Schweizer Philosoph Peter BIERI verbirgt. *Er*, das ist einer der jüngsten literarischen Zeugen, welche die bleibende Aktualität und Provokation Hiobs verdeutlichen: „Hat Hiob nicht jeden Grund zu seiner Klage?"[2]

Denn tatsächlich: Bis in unsere Zeit hinein identifizieren sich zahllose Menschen im Leid mit dem biblischen Hiob. Wie keine andere Gestalt der Geistesgeschichte symbolisiert er das Ringen des schmerzgeplagten Unschuldigen mit seinem Gott, der angesichts des Leidens zum Rätsel, zur unbeantworteten Frage geworden ist: „Was ist von einem solchen Gott zu halten? Einem Gott, der Hiob

---

[1] MERCIER (2004) 172.
[2] Ebd. 199.

vorwirft, dass er mit ihm rechte, wo er doch nichts könne und nichts verstehe?"[1] Im Gespräch mit seinen Freunden versuchte schon der biblische Hiob, diesem Urproblem auf den Grund zu gehen, ohne doch zu einer eindeutigen, für alle klar erkennbaren
5 Antwort zu gelangen. In diesem Ringen um Gott aber ist er eigentlich zeitlos, wird Hiob gerade uns – den Menschen des 20. und 21. Jahrhunderts – ein Zeitgenosse.

Aus: Seidl, Theodor/Ernst, Stephanie (Hg.). Das Buch Ijob. Gesamtdeutungen – Einzeltexte – Zentrale Themen, Frankfurt/Main: Peter Lang Verlag 2007, S. 279

Georg Langenhorst: „Es liegt an dir, Hiob – du willst nicht" (zu A. Döblin „Berlin Alexanderplatz")

Alfred Döblins (1878–1957) Großstadtroman „Berlin Alexanderplatz" wird zu Recht zu den größten Errungenschaften der deutschsprachigen Literatur unseres Jahrhunderts gezählt. Der 1929 erschienene Reportageroman bietet ein einzigartiges Zeitzeugnis
5 des Berlin der Weimarer Republik, gerade weil er sich radikal der bis dato so nicht gekannten Collagetechnik bedient: Zeitlich und räumlich eigenständige, weder chronologisch noch logisch streng miteinander verbundene Bildfolgen und Szenen werden hier wie im Film aneinandergeschnitten und erzeugen das Gefühl einer as-
10 soziativen Gleichzeitigkeit. Verschiedene Elemente werden dazu eingesetzt: Erzählung, Dialog, innerer Monolog, Zeitungsausschnitte, Radiosendungen, Moritatenfetzen, Reklameschilder, Schlagertexte, Ausruferslogans – und: biblische Sequenzen.

Vor allem alttestamentliche Figuren und Stimmen werden als Kon-
15 trastprogramm zum Großstadtlärm eingeblendet, und hier an vorderer Stelle – Hiob. Andeutungen auf Hiob durchziehen den gesamten Roman, doch in zwei Episoden erhält Hiob eine für das Romanganze zentrale Bedeutung. Die erste, wichtigere und hier dokumentierte wird umrahmt von kalt-brutalen Beschreibungen
20 des Berliner Schlachthofes. Und tatsächlich geht es hier darum, ob Franz Biberkopf, der als einfacher Berliner Halbweltmann Held dieses Romanes ist, mehr sei als nur ein sein Schicksal dumpf hinnehmendes Stück Vieh. Biberkopf führt – hier als Hiob bezeichnet –

---

[1] Ebd.

ein Gespräch mit einer rätselhaft bleibenden „Stimme" über den Grund und die Möglichkeit der Überwindung seines Leidens. Eine zweite spätere Hiobpassage nimmt die Gleichsetzung Biberkopf = Hiob erneut auf und weist dem Romanhelden den „Hiobweg" –
sich ohne Gerechtigkeitserwartung dem Leben neu zuzuwenden – als Lösung aus seinen Problemen.

Aus: Georg Langenhorst: Hiobs Schrei in die Gegenwart. Ein literarisches Lesebuch zur Frage nach Gott im Leid. Matthias-Grünewald-Verlag, Mainz 1995, S. 61

Alfred Döblin: Berlin Alexanderplatz (Auszug)

„Ich weiß nicht, worum du jammerst."
„Oh, oh."
„Du stöhnst und weißt es auch nicht, Hiob."
„Nein, ich habe –"
„Ich habe?"
„Ich habe keine Kraft. Das ist es."
„Die möchtest du haben."
„Keine Kraft mehr, zu hoffen, keinen Wunsch. Ich habe kein Gebiss. Ich bin weich, ich schäme mich."
„Das hast du gesagt."
„Und es ist wahr."

Alfred Döblin (1878–1957)

„Ja, du weißt es. Das ist das Schrecklichste."
„Es steht mir also schon auf der Stirn. Solch Fetzen bin ich."
„Das ist es, Hiob, woran du am meisten leidest. Du möchtest nicht schwach sein, du möchtest widerstreben können, oder lieber ganz durchlöchert sein, dein Gehirn weg, die Gedanken weg, dann schon ganz Vieh. Wünsche dir etwas."
„Du hast mich schon so viel gefragt, Stimme, jetzt glaube ich, dass du mich fragen darfst. Heile mich! Wenn du es kannst. Ob du Satan oder Gott oder Engel oder Mensch bist, heile mich."
„Von jedem wirst du Heilung annehmen?"
„Heile mich."

„Hiob, überleg dir gut, du kannst mich nicht sehen. Wenn du die Augen aufmachst, erschrickst du vielleicht vor mir. Vielleicht lass ich mich hoch und schrecklich bezahlen."

„Wir werden alles sehen, du sprichst wie jemand, der es ernst nimmt."

„Wenn ich aber Satan oder der Böse bin?"

„Heile mich."

„Ich bin Satan."

„Heile mich."

Da wich die Stimme zurück, wurde schwach und schwächer. Der Hund bellte. Hiob lauschte angstvoll: Er ist weg, ich muss geheilt werden, oder ich muss in den Tod. Er kreischte. Eine grausige Nacht kam. Die Stimme kam noch einmal:

„Und wenn ich der Satan bin, wie wirst du mit mir fertigwerden?"

Hiob schrie: „Du willst mich nicht heilen. Keiner will mir helfen, nicht Gott, nicht Satan, kein Engel, kein Mensch."

„Und du selbst?"

„Was ist mit mir?"

„Du willst ja nicht!"

„Was."

„Wer kann dir helfen, wo du selber nicht willst!"

„Nein, nein", lallte Hiob.

Die Stimme ihm gegenüber: „Gott und der Satan, Engel und Menschen, alle wollen dir helfen, aber du willst nicht – Gott aus Liebe, der Satan, um dich später zu fassen, die Engel und die Menschen, weil sie Gehilfen Gottes und des Satans sind, aber du willst nicht."

„Nein, nein", lallte, brüllte Hiob und warf sich.

Er schrie die ganze Nacht. Die Stimme rief ununterbrochen: „Gott und Satan, die Engel und die Menschen wollen dir helfen, du willst nicht." Hiob ununterbrochen: „Nein, nein." Er suchte die Stimme zu ersticken, sie steigerte sich, steigerte sich immer mehr, sie war ihm immer um einen Grad voraus. Die ganze Nacht. Gegen Morgen fiel Hiob auf das Gesicht.

Stumm lag Hiob.

An diesem Tag heilten seine ersten Geschwüre.

Aus: Alfred Döblin, Berlin Alexanderplatz. Die Geschichte des Franz Biberkopf [1]1929 (München 1965), S. 124–127. © Walter-Verlag AG, 1961.

Mascha Kaléko: Enkel Hiobs

Die einer russisch-jüdischen Familie entstammende Lyrikerin Mascha Kaléko (1912–1975) – eher bekannt als witzige Moralistin und Zeitbeobachterin – hat sich nur selten mit jüdischen oder spezifisch religiösen Themen befasst. In dem hier abgedruckten Gedicht jedoch reiht sie sich vor allem durch den Einsatz zahlreicher Motive der Exodustradition bewusst in das jüdische Geschlecht der „Enkel Hiobs" ein. Das 1940 veröffentlichte Gedicht [...] appelliert aus tiefer Notlage heraus an Gott, er solle sich als jener Retter erweisen, als der er sich vor allem im Exodusgeschehen bereits erwiesen hat.

Aus: Georg Langenhorst, Hiobs Schrei in die Gegenwart. Ein literarisches Lesebuch zur Frage nach Gott im Leid. Matthias-Grünewald-Verlag, Mainz 1995, S. 99

Enkel Hiobs

Wie tief entbrannte über uns dein Zorn!
Wo blieb die Feuersäule, die uns führte,
Dein Wunderfels, der, da man ihn berührte,
Uns Wasser gab, sich wandelte zum Born[1].

Wo bleibt die Stimme, da der Dornbusch flammt?
Nicht Land, nur Blut, wohin wir auch enteilen.
Wo bleibt der Stab, für uns das Meer zu teilen.
Sind wir auf Ewigkeit zum Irr'n verdammt?

Ist uns die letzte Arche schon zerschellt,
Gibt's kein Entfliehen mehr aus solcher Hölle,
Kein Ohr, das vor gewaltgem Schreie gelle,
Ist keine Liebe mehr auf dieser Welt?

Mit Tränen säten wir das erste Korn,
Und sieh, der Halm ist leer, den wir geschnitten.

---

[1] Brunnen

Was willst du, Herr, noch über Hiob schütten?
– Gar tief entbrannte über uns dein Zorn.

Aus: Mascha Kaléko, Enkel Hiobs. Aus Gisela Zoch-Westphal: ‚Aus den sechs Leben der Mascha Kaléko'. Erschienen in ‚Die paar leuchtenden Jahre' © 2003 Deutscher Taschenbuch Verlag, München

Johannes R. Becher: Hiob

Johannes R. Bechers (1891–1958) schlicht „Hiob" benanntes Gedicht stammt aus der Spätphase seines Schaffens, es wird im Jahre 1949
5 *entstanden sein. Becher, überzeugter und selbst ernannter Kommunist und Atheist, ist zu diesem Zeitpunkt nach mehr als zehnjährigem Exil in der UdSSR in die DDR*
10 *zurückgekehrt, lebt in Berlin als Präsident des „Kulturbunds zur demokratischen Erneuerung Deutschlands". Er schreibt dieses Gedicht als Auseinandersetzung mit der Frage nach dem Leid im Wissen um*
15 *Auschwitz und Hiroshima.*

Aus: Georg Langenhorst (Hg): Gedichte zur Bibel, Kösel Verlag, München 2001, S. 156

HIOB

Er bittet nicht, dass Gott sein Leiden wende,
Mitleiden ist es und ist Vorerleiden,
Und aller Leiden leidet er zu Ende.
In seiner Brust und in den Eingeweiden

5 Liegt bloß die Welt in ihrem Leidensgrund.
O Leidensabgrund, der wird offenbaren
Den Menschen sich nach Abertausend Jahren,
Vorhergesagt aus seinem, Hiobs, Mund.

Und dennoch hat er mit dem Leid gestritten,
10 Als wäre in dem Leid ein Widersinn,

Den er hat seiner Zeit vorausgelitten ...
Als er sich leidend fragte einst: „Worin

Besteht das Leid, womit uns Gott geschlagen?",
Erkannte er – o unsagbare Pein –:
5 Das Unerträgliche, das wir ertragen,
Ist Menschenwerk und müsste nicht so sein.

Johannes R. Becher: Hiob. In: Ders.: Gesammelte Werke Bd. 6: Gedichte 1949–1958, Aufbau Verlag, Berlin 1973

Ulrich Schacht: „Gott, auch nur ein Mensch"

Der in der DDR aufgewachsene, seit 1976 in Hamburg lebende Lyriker und Erzähler Ulrich Schacht (*1951) gehört zur jüngeren deutschsprachigen Literaturszene. Vor allem mit seinem zweiten, 1983 erschienenen Gedichtband „Scherbenspur" wurde der ehemalige Theologiestudent einer größeren Öffentlichkeit bekannt. Aus diesem Band stammt das folgende Gedicht.

Aus: Georg Langenhorst, Hiobs Schrei in die Gegenwart. Ein literarisches Lesebuch zur Frage nach Gott im Leid. Matthias-Grünewald-Verlag, Mainz 1995, S. 176

HAT HIOB AN EINEM BEWÖLKTEN NACHMITTAG
geweint? Schien die Sonne? Oder
beides? Der Himmel
bringt alles, sagt Hiob und lacht
5 über so viel Unglück
im Glück. Was sind schon Söhne
und Töchter zum Beispiel? Menschen-
Leiber, lacht Hiob ein wenig zu laut
in die Höhe und sagt dann, kaum
10 hörbar: Der Beweis ist erbracht: Gott
ist auch bloß ein Mensch. Sein Zorn
passt sich an. Wenn ich er wär,
ich würde es auch tun.

Aus: Ulrich Schacht: Scherbenspur. Gedichte (Zürich 1983), S. 71. © 1983 by Amman Verlag & Co., Zürich.

6. Hinweise zur Analyse und Interpretation eines Romanauszugs

Im Folgenden werden die wesentlichen Gesichtspunkte, die es bei einer schriftlichen Analyse eines Romanauszuges zu berücksichtigen gilt, entlang des Analyseaufbaus (Einleitung, Hauptteil, Schluss) stichwortartig vorgestellt.

1. Einleitung
- Autor, Titel …
- Schwerpunkte des Romans, allgemeine Hinweise zu den intentionalen Akzenten (Worum geht es dem Autor in seinem Roman? Was verdeutlicht er insgesamt?)
- *kurze* Inhaltszusammenfassung des Auszugs bzw. inhaltliche Einordnung (Was geschieht kurz zuvor, was schließt sich an?)
- Festlegung der Analysemethode (aspektorientiert, linear-analytisch)

2. Hauptteil
2.1 Linearanalyse auf der Basis einer möglichen Textgliederung
   - den Aufbau kurz beschreiben
   - Beschreibung und Deutung der Einzelabschnitte (Aussage zum Inhalt, zum Deutungsschwerpunkt des Abschnitts und zu den sprachlichen Auffälligkeiten, die die Deutung stützen, Überleitung zum nächsten Abschnitt …)

2.2 Aspektgeleitete Analyse
   - Kennzeichnung der zu bearbeitenden Deutungsaspekte
   - Entfaltung des jeweiligen Deutungsaspekts (Aussage zum inhaltlichen Zusammenhang, in dem der Schwerpunkt relevant ist, Beschreibung der sprachlichen Besonderheiten, die die Deutung stützen, Überleitung zum nächsten Aspekt …)

3. Schlussteil
- Zusammenfassung der Analyseergebnisse
- Vergleich mit dem Gesamtzusammenhang des Romans (Was ist typisch in dem Auszug, welche neuen Akzente sind möglicherweise enthalten?)

Auch das ist wichtig:
- Bearbeiten Sie zunächst die Textvorlage mit einem Stift und planen Sie Ihren Text kurz.
- Zitieren Sie korrekt! Fügen Sie Zitate *richtig* in den Satzbau Ihres Textes ein!
- Arbeiten Sie nach Möglichkeit mit fachsprachlichen Ausdrücken (rhetorische Figuren, grammatische Begriffe …)!
- Verlieren Sie nicht den „roten Faden"! Der Leser muss diesen nachvollziehen können!
- Vermeiden Sie Wiederholungen, die Ihren Text lediglich verlängern, aber keinen Erkenntniswert beinhalten!
- Absätze machen Ihren Text leserfreundlich!
- Beachten Sie die Regeln der Rechtschreibung und Zeichensetzung!